이야기
영국사

이야기 영국사

보급판 1쇄 인쇄 · 2020. 8. 15.
보급판 1쇄 발행 · 2020. 9. 1.

지은이 · 김현수
발행인 · 이상용 이성훈
발행처 · 청아출판사
출판등록 · 1979. 11. 13. 제9-84호
주소 · 경기도 파주시 회동길 363-15
대표전화 · 031-955-6031 팩시밀리 · 031-955-6036
E - mail · chungabook@naver.com

ISBN 978-89-368-1170-9 04900
     978-89-368-1158-7 04900 (세트)

* 값은 뒤표지에 있습니다.
* 잘못된 책은 구입한 서점에서 바꾸어 드립니다.
* 이 책에 대한 문의사항은 이메일을 통해 주십시오.

The History of United Kingdom

이야기 영국사

|아서 왕부터 엘리자베스 2세까지|

김현수 지음

청아출판사

머리말

'민주주의' 정치 체제가 채택되기 시작한 지도 한 세기가 넘었다. 민주주의 체제가 정착하는 과정에 말도 많고 탈도 많았지만 그럼에도 민주주의가 지구촌의 모든 국가들이 추구하는 삶을 위한 최선의 방식임은 부정할 수 없을 것이다.

21세기에 접어든 지금, 우리가 다시 생각해보아야 할 것은 이 체제가 갖고 있는 문제점들을 어떻게 개선할 것인가, 각자의 경우에 맞는 민주주의를 어떻게 만들어나갈 것인가이다. 이런 점들을 놓고 본다면 '어떤 의도와 성격을 가지고 처음 민주주의가 만들어졌는지를 제대로 이해해야 하는 것'이 관건이 될 것이다.

이와 관련하여 강단에서 '영국사'란 과목을 강의하고 있는 저자는 학생들에게 "민주주의의 시작이 영국이기에 민주주의의 의미를 직접적으로 느낄 수 있는 최선의 방법은 영국 역사를 제대로 이해하는 데 있다."고 매번 강조하곤 한다. 그리고 이런 의도를 가지고 강의를 시작해서 강의를 마칠 때쯤이면 학생들의 생각의 폭이 많이 달라져 있음을 느끼게 된다. 이런 학생들의 모습을 보는 것은 여간 보람있는 일이 아니다.

이 책을 쓰게 된 것은 학생들을 가르치면서 느꼈던 보람을 일반 독자들에게서도 느끼고 싶은 욕심 때문이었다. 비록 글이란 공간적 한계와 글쓰기에 따른 한계라는 장애는 있겠지만, 의미만은 전달하고 싶다는 강한 의지가 있었기에 책을 쓰는 힘든 일을 시도하게 되었다.

이 책은 영국의 왕들을 중심으로 중요한 역사적 사실들을 함께 서술했다. 특히 현실감을 더하고자 일부분은 대화체를 사용하였다. 이는《Great Tales from English History: Cheddar Man to the Peasant's Revolt》, 《This Sceptred Isle: BC 55 to 1901》, 《This Sceptred Isle: The Twentieth Century》 등의 책과 BBC에서 방영한 Simon Schama 교수의 《A History of Britain》에서 참고하였다.

연도와 이름에 대해서도 정확하게 표기하려고 했지만 그래도 문제점들이 있을 것이다. 이것은 현 역사가 안고 있는 숙제이기에 독자들의 넓은 아량을 바란다.

이 책에 대한 구상은 몇 년 전부터 청아출판사와 함께 의견을 모았던 것이었다. 하지만 나의 능력이 부족했던 관계로 오늘에 이르러서야 겨우 출판을 할 수 있게 되었다. 그동안 말없이 저자를 믿고 지켜봐 준 사장님과 편집부 직원들에게 감사의 마음을 전한다. 그리고 건강하게 학문의 길을 갈 수 있도록 울타리가 되어 준 가족들에게도 고마움의 마음을 전한다. 마지막으로 부족한 저자에게 늘 지혜와 지식을 허락해 주시는 하나님께 영광을 바친다.

김현수

차례

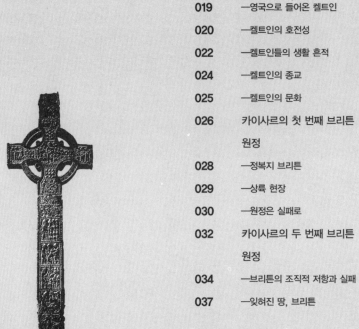

2 잉글랜드 왕국 성립

5 시민권과 타협한 왕권

1
유럽 대륙을 품은 섬나라

The History of United Kingdom

유럽 대륙을 품은 섬나라

섬이란 지형적 특성은 극단적인 두 갈래의 문화를 만들 수가 있다. 대륙과 철저하게 단절된 고립 문화를 형성하는 것과 대륙의 문화가 모두 흘러들어가 복합적인 문화를 만드는 것이다. 유라시아 대륙의 서쪽 끝에 위치한 '브리튼'이라 불리는 섬나라 영국은 후자인 대륙의 모든 문화를 품은 경우이다.

브리튼에도 선사 시대에 살았을 것으로 추측되는 선민족의 유적이 보이지만 그들이 어디에서 왔는지는 확실하게 밝혀지지 않았다. 단지 이베리아 반도를 통해 들어온 것으로 추측하고 있을 뿐이다. 이에 반해 영국의 최초의 정착 민족으로 보는 켈트족의 경우는 조금 더 얼굴이 드러나 있다. 유물과 유적이 뚜렷하게 남아 있기 때문이다. 역사가들은 이를 토대로 그들이 유럽 대륙으로부터 들어왔다고 확신하고 있다.

켈트족의 뒤를 이은 것은 유럽 대륙을 지배했던 로마였다. 강력한 군대와 대륙 문화의 꽃을 피운 로마인들에게 브리튼은 굴복할 수밖에 없었다. 하지만 5세기가 되면서 고대 로마 제국은 멸망하였고, 브리튼 역시 로마의 그늘에서 벗어날 수 있었다. 로마 세력이 빠져 나간 공백을 메운 것은 게르만족의 대이동이 시작되면서 들어온 앵글로족ㆍ색슨족ㆍ주트족이었다. 하지만 이들 게르만족들이 어느 정도 안정을 찾을 무렵, 대륙에서도 고민거리였던 바이킹들이 출몰하면서 브리튼 역시 골머리를 앓는다. 결국 문제의 해결책은 바이킹에게 왕위를 물려줌으로써 문화의 동반자로 받아들이는 것이었다. 이로 인해 브리튼은 무사히 섬나라로서의 문화를 유지할 수가 있었다.

이즈음 대륙은 '중세 문화의 틀'이 만들어지는 큰 변화가 있었다. '중세의 틀'이란 교황 중심의 기독교 문화와 '봉건 제도'라는 세속 문화가 결부된 독특한 정치 체제를 말한다. 브리튼이 섬나라 문화의 틀을 벗어나기 위한 마지막 숙제는 이를 받아들이느냐, 마느냐의 여부에 달려 있었다. 해답은 대륙의 노르망디 윌리엄 공이 브리튼을 정복하면서부터 해결되었다. 즉 1066년의 브리튼은 유럽 대륙을 품은 섬나라로 미래의 영국 역사의 첫 장을 열게 되었던 것이다.

영국 선주민의 흔적 스톤헨지

스톤헨지는 수직으로 우뚝 서 있는 두 개의 돌 위에 한 개의 돌이 수평으로 얹혀져 아치 모양을 하고 있다. 높이 7미터, 무게 45톤이나 되는 거대한 돌로 이루어져 있으며, 바깥쪽에는 동심원 형태의 고리가, 안쪽에는 말발굽 형태의 돌이 세워져 있다.

방사선 탄소 연대 측정법에 따르면, 이 거대한 돌 유적들은 기원전 2,800년경부터 이곳에 자리잡고 있었다고 한다. 기원전 1,500년경에 현재의 모습을 하고 있었으니까 지금까지 3,500년이나 된 셈이다.

고고학자들은 유럽 각지에 흩어져 있는 또 다른 거석을 조사하였다. 스톤헨지보다 훨씬 오래 전에 세워진 것으로 지중해 동쪽

선사 유물들

끝자락의 몰타라는 섬에 있는 거석을 찾아냈다. 그리고 두 거석 유물의 상호 관계를 연결하여 다음과 같이 추정하였다.

몰타는 문명의 발상지로 알려진 메소포타미아와 가까운 곳에 위치하고 있다. 따라서 메소포타미아 문명의 영향을 많이 받았을 것이다. 특히 해양문화가 발달하기 쉬운 섬이라는 특성상 일찍부터 발달한 항해기술을 바탕으로 지중해 물길을 통한 문화의 전달자로서의 역할을 했을 것이라는 점은 상식적인 판단이다. 이에 비해 브리튼은 메소포타미아 문명의 손길이 닿기에는 너무 멀다. 그렇기 때문에 브리튼에 나름대로의 해양문화가 있었다 해도 몰타에 비해 문명의 발전은 뒤졌을 것이다. 따라서 거석문화는 지중해 지역을 통해 브리튼으로 전해졌을 것이다.

넓은 평원에 어째서 이처럼 거대한 돌이 세워져 있는 것일까? 스톤헨지를 세운 목적은 무엇이었을까? 일부의 고고학자들이 스톤헨지 아래를 파보았다. 밑에는 헨지를 지탱하는 평범한 또 다른 돌이 놓여 있었으며 세밀하게 점검한 결과 목탄을 찾아낼 수 있었다. 불을 지펴놓고 어떤 의식을 치렀던 흔적인 것이다. 일부 학자들은 이런 흔적을 보고 '이는 분명 화장터로써 쓰였음을 말해주는 증거'라고 조심스럽게 의견을 내놓았다.

사실 학자들의 이런 결정은 단순한 생각에서 나왔다기보다는 다른 지방에서 발견된 거석들과 연관 지어서 생각한 것이다. 프랑스 남서부 지역인 브리타뉴에 있는 몇몇의 거석들에는 지금도 여인들이 다산을 기원하며 엉덩이로 미끄럼을 타거나, 병을 낫게 하는 신비한 힘이 있다며 돌 주위를 도는 풍습이 남아 있다. 즉 학자들은 스톤헨지 역시 어떤 의식 행사의 장소로 쓰였을 가능성을 배제할 수 없었던 것이다.

1740년 고고학 애호가인 윌리엄 스태클리는 스톤헨지 중심과 '힐스톤'이라 불리는 돌을 잇는 선이 태양이 가장 길게 내리쬐는 날의 일출 지점인 북동쪽을 향해 있다는 흥미로운 주장을 내놓았다.

스태클리의 주장이 발표되자 그 내용을 뒷받침하는 여러 학자들의 발표가 잇달았다. 왕립학회 회원이자 태양 물리학 연구소장인 노먼 로키어 경은 영국에 있는 스톤헨지를 포함한 스톤서클들은 대부분이 태양의 방위와 별의 위치를 고려하여 만들어졌다고 발표했다.

또한 영국에 있는 스톤서클 600여 개를 조사한 옥스퍼드 대학교 알렉산더 톰 교수도 스톤서클은 기하학적으로 디자인된, 놀랄 만한 천문지식이 담겨 있는 구조물이라고 주장했다.

스태클리를 포함한 여러 학자들의 연구를 종합해보면, 스톤헨지를 포함한 거석유물은 천체 관측소로 사용되었을 것이라는 결론이 나온다. 그러나 천체 관측소라는 주장이 독자적으로 명분을 얻는 데는 미국 보스턴 대학교의 천문학자인 제럴드 호킨스나 뉴햄 교수의 "스톤헨지는 당시의 신관 천문학자들에게 중요한 의미를 지니고 있다."는 발표가 뒷받침되어야 했다.

이외에 글래스고 대학교의 헌테리언 박물관의 유안 메키 교수는 스톤헨지 부근에서 선사 시대의 식생활의 흔적과 오래된 옷가지류가 발견된 사실을 통해 이 부근이 중요 주거지일 가능성이 있다고 추정했다. 메키 교수는 좀 더 생각의 폭을 넓혀 "지중해 동부 연안에 있었던 것으로 보이는 신관들이 대서양을 향하여 이베리아 반도를 거쳐 영국에까지 이른 것으로 보인다."라고 추측하였다.

앞서 표현된 여러 가지 연구와 주장들을 볼 때, 스톤헨지가 불가사의한 역사의 한 부분을 차지하고 있음은 분명하다. 다시 말해 스톤헨지 그 자체는 많은 비밀을 담고 있으면서도 뚜렷한 해답은 하나도 제공해주지 않고 있다는 의미이다. 그럼에도 불구하고 영국 선사 시대의 서두를 언급할 때, 스톤헨지는 빼놓을 수 없는 위치를 차지하고 있다. 이 거석문화의 흔적은 섬나라 영국에 알려지지 않은 선주민이 살고 있었다는 확실한 증거인 셈이다.

영국의 주인 켈트인

20세기에 들어서면서 고고학계는 유럽 켈트문화에 대한 활발한 연구를 통해 독일 남서부 다뉴브 강 서안의 요새인 호이네부르크, 프랑스 남부의 앵트르몽 등에서 공통적인 흔적을 가진 켈트 주거지들을 발견했다. 이는 기원전 5세기의 역사가인 헤로도토스의 "다뉴브 강 부근에서 이베리아 반도 사이의 넓은 지역이 켈트인들의 영역이다."라는 기술과 일치한다. 특히 주거지에서 쏟아져 나온 부장품은 연륜 연대학*이나 의복, 금속, 유기물 등의 잔해를 조사하는 기술적 발전으로 켈트인의 유물이란 것을 분명히 확인할 수 있었다. 이 유물들은 기원전 2000년경의 것으로 추정되는 영국 중부 스네티쉠의 개인무덤에서 출토된 부장품과 동일한 연대의 것이었다. 이것은 광활한 유럽의 중서부 지역을 확보하던 주인공들이 청동기와 철기 시대를 거치며 번성했던 켈트인이었다는 것을 알 수 있는 확실한 증거물이 되었다. 또한 영국의 실질적인 정착민도 같은 영역에 있었음이 증명된 셈이다.

* 연대학 : 나무의 나이테를 연구하여 목재품의 연대를 추정하는 방법

영국으로 들어온 켈트인

영국으로 들어온 켈트인에 대한 묘사는 기원전 5세기 초 카르타고 항해가인 히밀코와 기원전 4세기의 그리스 출신 천문학자이자 항해가인 피테아스의 여행기에서 엿볼 수 있다. 이들 두 사람의 여행기에 영감을 얻은 로마 시인 아비에누스는 자신의 시 〈오라 마리타마에〉에서 이렇게 묘사했다.

고대 사람들이 세이크리드 아일*이라고 부르는 섬까지 가기 위해서
는 배로 이틀이 걸린다. 바다 한가운데 떠 있는 이 섬은 매우 크다. 그
리고 섬의 반대 방향으로 돌아가면 가까운 곳에 알보이네스 섬*이 있
다. 이곳 사람들은 건장하고 자존심이 강하며 활발하고 부지런하다.
그들은 어떤 물건이든 거래한다. 그들의 배는 거칠고 광활한 바다와
괴물들로 가득 찬 대양을 자유롭게 항해한다. 그들은 소나무로 만든
선체 대신 자신들이 고안한 가죽 배를 타고 넓은 바다를 건넜다.

바로 이들이 영국의 주인이 된 켈트인이다. 그들은 큰 키에
촉촉하면서 하얀 피부를 지녔다. 금발의 머리칼을 더욱 빛나게 하
기 위해 자주 석회수에 헹구기도 했으며, 수염은 깨끗이 깎았지만
일부는 적당히 자라도록 내버려두기도 했는데, 귀족들은 턱수염
은 깎고 콧수염은 입을 덮을 정도로 길렀다. 그들은 '브라카에' 라
고 불리는 온갖 색깔로 물들인 바지를 입는 멋쟁이들이었다. 겨울
에는 두툼한 옷 위에 줄무늬 망토를 핀으로 꽂아 둘렀고, 여름에
는 작은 사각형 천을 촘촘하게 이어 만든 얇은 옷을 입었다.

켈트인의 호전성

켈트인들은 전사였다. 그들이 가장 영광스럽게 생각한 것은 전쟁
터에서 친구와 시인들 그리고 100명의 적군 시체에 둘러싸여 죽
는 것이었다. 또 공공연하게 '유명해질 수만 있다면 나는 이 세상
에서 하루만 살아도 된다.' 라고 떠들어대기도 했는데, 이 때문에
켈트인은 무모하리만큼 아무런 준비나 계획도 없이 닥치는 대로
이웃과 전쟁을 치르곤 하였다.

켈트 전사

축제가 한창 진행되고 있는 중에 두 사람의 결투가 종종 벌어졌는데, 물론 서로를 해치기 위해 싸웠던 것은 아니지만 경우에 따라서는 부상을 당하는 경우도 없지 않았다. 그럼에도 불구하고 이들의 기질에는 학습 능력이나 웅변술 같은 지적인 면도 있었다. 이것은 아주 이성적인 민족이 될 수 있는 잠재성을 지니고 있었음을 보여준다.

켈트인들의 생활 흔적

영국에는 기원전 3세기경부터 언덕 요새Hill-Port라고 불리는 흙으로 성벽을 세운 요새들이 나타났다. 이 요새의 주변에는 켈트 도시들이 많이 보이는데, 언덕 요새의 주요 역할로는 전략적으로 주요 연락방의 요충지가 되는 거점의 보호, 주변 도시에 사는 사람들의 피난처 제공 등을 들 수 있다.

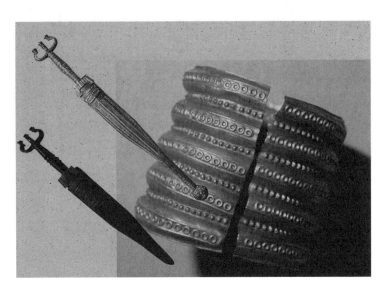

켈트 단검과 장신구

이야기 영국사

한편 도시에는 장인들의 집, 종교 집회소 등이 즐비하였고 상인 계층이 번성했던 흔적도 찾을 수 있다. 특히 다양한 종류의 주화는 지역별 분할이 이루어졌으며, 소규모 정치 세력의 자치권이 커졌음을 말해준다.

이런 도시는 대개 상인 귀족들이 권력을 쥐고 통치했던 것으로 보여지며, 언덕 요새와 도시들 사이로 나 있는 도로와 강을 통해 수송이 이루어졌고, 활발한 무역이 이루어졌다. 즉 이런 교통로를 통해 각 지역에서 대량 생산된 수제품과 지중해 지역에서 생산된 포도주, 올리브유 등의 교역이 이루어지면서 발전된 도시의 면모를 갖추게 되었던 것이다. 또한 시간이 지나면서 로마로부터도 점점 더 많은 영향을 받기 시작했다.

켈트 여인의 옷

하지만 도시에서 생활하는 켈트인은 소수에 불과했다. 대부분의 켈트인은 기후가 적당하고 농토를 개간하기 좋은 평원에서 농장 생활을 하였다. 사냥은 경제 생활에서 극히 일부분에 불과했으며, 주로 식용이나 노동력을 얻을 수 있는 동물을 집에서 길렀다.

다양한 철제 농기구도 만들어졌는데, 이것은 철의 공급이 풍부해졌음을 반증한다. 농기구를 보면, 손 쟁기는 물론이고 바퀴가 달린 쟁기까지 만들었으며, 짐승이 끄는 발루스라는 수확기도 만들어졌다. 이렇게 농기구들이 발전하면서 전과 달리 영국 각지에는 '켈트식 들판'이라 불리는 대규모 농경지의 흔적들이 나타나게 된다. 또한 이들 들판에는 곡식 보관용 창고, 울타리를 친 목장이 있는 마을도 늘어나기 시작했다.

켈트인의 종교

아더 왕 이야기에 마법사 멀린Merlin이 등장하고, 영국 작가 조앤 롤링J. K. Rowling의 해리 포터Harry Potter 시리즈가 마법 학교를 중심으로 전개되는 것은 켈트인들의 종교인 드루이드druid와 관계가 있다.

드루이드는 '참나무 지혜' 또는 '위대하거나 깊은 지혜'라는 어원에서 유래된 말로 무당·성직자·시인·철학자·의사·판사이자 예언자를 의미한다. 드루이드가 되기 위해서는 몇 단계의 수련기를 거쳐야 한다. 첫 단계는 필리fili가 되는 과정인데, 이때는 운문 형태의 작문, 전설의 암송, 문법, 철학, 법 등을 익힌다. 다음으로는 올람ollamh이 되는 과정으로 시인의 비밀스러운 언어를 익히고 계보적 지식을 습득하며 사건과 법을 시적으로 표현하는 방법도 체득한다. 올람 단계를 무사히 치르면, 주문과 예언과 주술을 실행하는 데 적합한 사람이 된다. 그리고 일정 기간이 지나면 드루이드가 되는 것이다.

드루이드의 사제들

카이사르의 《갈리아 전기》를 보면 드루이드가 가졌던 지위와 역할을 확실히 알 수 있다. 드루이드는 특권 계급에 해당하는 배타적 지적 계급으로 공물과 병역을 면제받는 특권이 있었다. 그들은 종교 의식을 지휘하고, 희생 의식을 관장하며, 예언을 받고 이를 해석하는 역할을 맡았다. '신들의 뜻을 아는' 유일한 존재로서 인간 세계와 초자연적인 세계의 중재자이자 영적 지식의 수호자가 되었던 것이다. 신앙심이 깊은 켈트인들은 드루이드에게 절대적 복종을 하였는데, 가혹한 처벌이 필

요한 죄인도 드루이드의 소견에 따라 풀어주거나, 필요하면 서슴
지 않고 인간을 제물로 바치는 제의를 실행하기도 하였다.

켈트인의 문화

라텐 예술이라 불리는 켈트 예술은 드루이드를 중심으로 펼쳐지
는 다신적 종교와 밀접하게 연결되어 발전하였다. 주로 기원전 5
세기에서 1세기 사이의 유럽 대륙과 브리튼, 아일랜드가 그 중심
이었다.

　　대륙계 라텐 예술은 다양한 특징을 서로 연결시켜 만들어졌
으며, 원시적이며 고전적인 것들이 가미되어 표현되었다. 돌과 나

켈트 나무로 된 조각

무로 된 조각상들도 보이지만 주로 청동으로
만든 금속품이며, 금이나 은 그리고 철을 이
용해 장식품을 만들기도 했다. 이외에 자연
그대로인 광석의 가치를 높이기 위해 때때로
산호나 유리도 사용하였다. 섬 지역 라텐 예
술은 브리튼과 아일랜드를 중심으로 발전했
다. 대륙계와 비슷하기는 하지만 브리튼 장인
들은 빈 곳을 메우기 위한 바구니 모양의 법
랑 세공을 좋아했다.

　　켈트 예술은 오늘날까지 지속되는 유일
한 켈트의 유산이다. 추상적인 도안이나 나선
형태의 사용, 섬세한 물결선들이 특징으로 서
구 예술의 대표로 불리는 그리스 · 로마 예술
과 뚜렷한 대조를 이룬다.

카이사르의 첫 번째 브리튼 원정

칼라일은 "위대한 인물은 헛되이 살지 않는다. 세계 역사란 단지 이런 인물들의 삶의 이야기일 뿐이다."라고 말했다. 칼라일의 표현을 따르자면, 영국 역사 발전에 영향을 주었던 첫 번째 위대한 인물을 찾으면 카이사르를 지목할 수 있다. 일찍부터 황제의 꿈을 꾸고 있던 카이사르는 로마 시민을 사로잡기 위한 극적인 업적을 남기기에 고심했다. 그런 구상에 따른 것이 바로 로마의 북쪽에서 계속 위협적인 요소가 되고 있는 갈리아 지역의 정벌이었다.

카이사르

카이사르는 자신의 정예 군단으로 간단하게 정벌할 수 있을 것이라고 생각했다. 하지만 예상과 달리 갈리아 지역은 오랜 시간을 끌면서도 완전히 정벌이 되지 않고 있었다. 그것은 갈리아인들이 부족 단위로 쪼개져 독립적으로 생활하고 있었기 때문이었다. 사실 중앙집권적인 왕국이라면 왕국의 수장을 굴복시키는 것으로 나라 전체를 점령하는 효과를 거둘 수 있다. 하지만 여러 부족으로 나누어져 독립되어 있을 경우에는 모든 지역을 점령해도 기회만 주어지면 반드시 몇 부족은 점령으로부터 벗어나려 하게 마련이다. 카이사르가 처했던 이런 상황은 그의 정치·군사적 위치를 불안정하게 만드는 결과가 되었다. 특히 전쟁이 오랫동안 계속되면서 그를 따르는 병사들의 불만은 심상치 않았다.

카이사르가 브리튼 원정을 심각하게 고려한 배경에는 바로 이런 병사들의 불만을 무마하기 위한 조처가 있었던 것이다. 55년, 카이사르는 절규에 가까운 목소리로 "저 바다 건너 황금과 진주가 무궁무진하게 있는 브리튼이 있다."고 병사들에게 외쳤다.

그러나 그에겐 브리튼에 대한 정보가 거의 없었다. 그곳에 대한 정보를 가장 많이 알고 있을 갈리아 상인들을 불러들였지만, 브리튼이 얼마나 큰지, 어떤 부족이 살고 있는지, 어떤 식으로 전쟁하는지, 대형 선박이 정박할 수 있는 곳이 있는지 등등 어떤 의문점에 대해서도 시원한 대답을 들을 수가 없었다.

결국 카이사르는 자신의 부장 중 한 명을 브리튼에 잠입시켜 정보를 알아볼 수밖에 없었다. 카이사르가 부장에게 말했다.

"너는 지금 섬으로 들어가라. 나는 마음이 급하다. 가장 빠른 시간 내로 나의 군사들이 상륙하기에 가장 적절한 지역을 파악해서 오라. 너는 목숨을 내게 걸어야 할 것이다."
"목숨을 걸고 장군의 명을 받들겠습니다."

충성스러운 부장은 힘차게 대답하고 브리튼의 정보를 수집하기 위해 떠났다. 가뜩이나 겨울이 빨리 오는 지역이기에 카이사르는 마음이 바빴다. 정찰을 내보낸 부장이 돌아온 것은 닷새가 지난 뒤였다.

상륙 지점에 대한 정보를 보고받은 카이사르는 본격적으로 브리튼 원정을 준비하기 시작했다. 우선 2개 군단(7군단과 10군단)의 수송에 필요한 화물선 80여 척을 모으고 각 배에 재무관, 부장, 원군대장들을 중심으로 한 보병을 나누어 태웠다. 그리고 18척의 상선에는 기병을 태웠다.

8월 26일 이른 아침, 카이사르의 원정대는 닻을 올렸다. 그리고 오후 3시경이 되었을 즈음 브리튼 남부의 이스트 켄트 해안*에 도착할 수 있었다.

* 이스트 켄트 해안 :
도버의 백악 절벽 기슭
으로 추정됨

윈스턴 처칠은 이날을 이렇게 기억했다.

"대영 제국 역사의 시작점이다."

정복지 브리튼

카이사르가 원정을 떠날 당시, 브리튼은 어떤 모습을 하고 있었을까? 먼저 당시의 브리튼에는 어떤 사람들이 살고 있었는지 살펴보자. 당시의 브리튼에도 헤아릴 수 없을 정도로 많은 사람들이 정착해서 살고 있었다. 내륙 지역에는 켈트 후예들이, 동쪽 해안에는 대륙의 벨지움Belgium에서 건너온 사람들이 토지를 경작하며 정착했다. 이들은 갈리아인들의 집과 흡사한 가옥에 거주했으며, 많은 가축을 기르고 있었다. 그들은 토끼나 닭, 거위는 애완용으로 기르기는 했지만 먹는 것은 좋게 생각하지 않았다. 화폐로는 구리나 쇠고리를 사용했는데, 화폐의 재료가 되는 철은 해안 지역에서 주로 생산되었다. 하지만 양은 극히 적었으며, 또 다른 화폐 재료인 구리는 대부분 수입하여 쓰고 있었다.

* 칸티움 : 현재의 켄트

가장 문명화된 부족은 칸티움Cantium*에 살고 있는 무리로서 이들은 갈리아와 크게 다르지 않은 풍속을 지니고 있었다. 반면에 내륙의 브리튼인들은 거의 곡식을 파종하지 않았고, 대부분 젖과 고기를 먹고 짐승 가죽으로 옷을 지어 입었다. 그들은 전쟁터에서 적에게 겁을 주기 위해 모두 대청*으로 몸을 파랗게 물들였으며, 머리카락을 길게 기르고 윗입술을 제외한 온몸의 털을 깎는 풍습을 가지고 있었다.

> * 대청 : 'vitrum'이란 풀에서 청색 원료를 뽑아 씀

재미있는 것은 형제나 부자(父子) 사이에는 공동의 아내가 있었다는 것인데, 그들 사이에서 태어난 아기는 최초로 잠자리를 함께 한 사람의 자식으로 간주된다.

상륙 현장

로마군 선단이 이스트 켄트 해안에 나타나자, 브리튼인들은 상륙을 방해하기 위해 기병과 전차를 앞세워 공격을 가했다. 두 마리의 말이 끄는 전차는 기수를 포함하여 일곱 명 정도의 전사들을 태울 수 있는 것이었다.

브리튼인들이 공격해오자 로마군은 반격을 가하기 위해 깊은 바다에 정박한 배에서 무장한 채로 바다로 뛰어들었다. 무거운 갑옷을 입고 방패와 창칼로 무장한 상태에서 물살을 헤치며 상륙을 감행하는 것은 매우 힘들고 위험한 일이었다. 많은 병사들이 머뭇거리자 10군단의 기수가 신에게 승리를 기원하며 "뛰어내려라, 병사들이여! 적에게 군기를 내어주지 않으려면! 나는 국가와 지휘관에게 의무를 다하겠노라."라고 외쳤다.

10군단 기수는 함성을 지르며 배에서 뛰어내려 적을 향해 돌진했다. 그 기수의 용감한 행동에 용기를 얻은 다른 로마 병사들도 겁쟁이라는 수치를 피하기 위해 함성을 지르며 물속으로 뛰어

내렸다. 죽음을 두려워하지 않는 병사들이 용감하게 돌진했지만 전투는 쉽지 않았다. 하지만 잘 조직된 로마군은 역시 최강의 군대였다. 결국 로마군은 전쟁터를 장악하고 일단 해안으로 올라설 수 있었다.

원정은 실패로

그러나 무사히 상륙을 끝낸 로마군은 더 이상 진격하지 못하고 브리튼 남부의 외딴 지역에 4일 동안이나 묶여 있을 수밖에 없었다. 문제는 기병대를 태운 선단이 폭풍으로 인해 다른 지역으로 떠내려간 것이었다. 카이사르는 어떤 식으로든 돌파구를 찾아야 했다.

먼저 선박을 동원해 기병대를 데려오고자 했다. 그러나 보름달이 뜨는 날, 즉 대서양의 수위가 가장 높아지는 그날 폭풍우가 몰려 왔다. 해안에 정박되어 있던 군수선들도 무사하지 못했다. 일부는 부서지고, 일부는 떠내려가 기병대의 수송이 불가능해진 것이다.

상황이 이렇게 흘러가자, 카이사르는 원정 실패라는 치명적인 위기를 맞게 되었다. 로마군은 겨울이 오기 전에 브리튼을 정복하고 갈리아에서 겨울을 보낼 계획이었으므로 월동 식량도 준비하고 있지 않았다.

브리튼인들이 완강하게 저항하고 있는 상황에서 현지에서 식량을 확보하는 것도 어려운 일이었다. 게다가 브리튼인들은 로마군이 식량 문제를 안고 있다는 사실을 정확하게 파악하고 있었다. 숫자가 많지 않은데다가 식량까지 부족한 로마군을 겨울까지만 고립시킨다면 완전히 패배시킬 수 있을 것이다. 그렇게 완전히 패

배시킬 수만 있다면, 두 번 다시 로마군의 침략을 받지 않을 것이라고 브리튼인은 생각하고 있었다.

식량이 부족해진 로마군은 어쩔 수 없이 곡식을 수확하기 위해 7군단 병력을 가까운 들판으로 이동시켰다. 브리튼인들은 기회를 놓치지 않고 전차를 앞세워 기습을 시도했다. 당시 브리튼인들의 전차를 이용한 공격 전술은, 전차로 적군 밀집대형의 중앙을 뚫어 대열을 흩트려 놓은 뒤 적당한 시기에 전차에 타고 있던 일부의 병력이 내려 적진 깊숙이 공격하는 것이었다. 그리고 기회를 노리고 있던 나머지 보병들이 외곽에서 지원 공격을 함으로써 적을 궤멸시키는 것이다.

브리튼인의 기습을 받은 로마군에서 몇 명의 사상자가 발생하고, 병사들이 혼란에 빠질 즈음 카이사르가 직접 4개 대대를 지휘하며 구원을 나왔다. 로마 7군단은 브리튼 전차들에 포위를 당한 채 공격을 당하고 있었다. 하지만 카이사르가 직접 구원병을 이끌고 나타나자, 일찍부터 그의 명성을 알고 있던 브리튼 병사들은 겁을 집어먹고 줄행랑을 놓고 말았다. 전투는 싱겁게 끝났지만 기병대가 없는 카이사르는 추격을 할 수가 없었다. 막강한 전투력을 자랑하는 카이사르군이 이렇듯 무기력하게 된 것은 기병이 없었기 때문이다.

별 효과 없이 소란만 피웠던 전투는 폭풍이 몰려온 탓에 며칠 동안 소강 상태에 빠졌다. 폭풍이 잦아들 무렵, 로마군과 동맹을 맺고 있는 아트레바테스족의 부족장 콤미우스가 30기의 기병을 이끌고 왔다. 비록 소규모이긴 하지만 기병을 얻은 카이사르는 비로소 이들을 앞세워 적의 진지 후방까지 공격할 수 있었다. 카이사르는 심리전의 일환으로 점령한 지역의 많은 마을을 모조리 불태웠다.

그러자 브리튼인들이 강화를 요청해 왔다. 카이사르는 오래 머물면 머물수록 불리하다는 점을 잘 알고 있었다. 일단 군대를 철수할 명분을 확보한 카이사르는 대륙에서 강화 절차를 밟기로 하고, 배를 수리하여 갈리아로 철수했다.

카이사르의 두 번째 브리튼 원정

갈리아로 돌아온 카이사르는 이듬해인 54년, 해마다 관례로 행하던 원로원 출석을 위해 로마로 떠났다. 그는 로마로 떠나기 전에 부장들을 불러, "브리튼 2차 원정에 대비하여 겨울 동안 가능한 한 많은 배를 건조하고 낡은 배들은 수리해 놓으라."고 명령했다. 특히 그동안의 원정에서 얻은 경험을 바탕으로 배의 높이를 기존의 것보다 낮추되 폭을 넓게 만들라는 지시를 내렸다. 보다 빠르게 짐을 싣고 내릴 수 있으며, 더 많은 말과 식량을 수송할 수 있도록 하기 위해서이다.

로마에서 돌아온 카이사르는 명령에 따라 건조되어 있는 약 600척의 수송선과 20여 척의 전함을 보았다. 그는 감독자와 병사들을 크게 칭찬한 후에, 배들을 이티우스Itius[*] 항으로 집결시켰다. 그는 대륙에서 30마일 떨어진 브리튼으로 건너기 위해서는 이티우스 항이 가장 편리하다는 점을 파악하고 있었다.

* 이투스 : 현재 블로뉴-포크스톤

54년 여름, 카이사르는 5개 군단과 2천여 기병을 태운 800여 척의 대선단을 이끌고 2차 브리튼 원정을 떠났다. 해질녘의 바다에는 서남풍이 불고 있었다.

카이사르는 선단에 도열한 병사들을 바라보며 불을 뿜는 연설을 했다. 그리고 이렇게 외쳤다.

대 로마의 군대가 겪었던 지난 치욕은 말끔히 씻어버리자. 그곳의 황금과 제물은 모두 너희 것이다. 병사들이여 브리튼을 향해 출발하라!

그날 밤, 로마군은 1차 원정에서의 상륙지점보다 약간 북쪽에 위치한 딜 캐슬 부근에 도착했다. 카이사르는 어둠 속에서 약 12마일을 전진한 후 숲으로 우거진 곳에 숨어 있던 브리튼 군대와 맞닥뜨리게 되었다.

브리튼인들의 저항은 강력했다. 로마군은 신속하게 방어와 공격을 동시에 수행할 수 있는 거북 진형으로 브리튼 군과 맞서는 한편, 진지를 구축하기 시작했다.

브리튼의 조직적 저항과 실패

브리튼인들은 로마군의 침략을 받자, 여러 부족들이 연합군을 형성하고 카시벨라우누스Cassivellaunus에게 총지휘권을 맡기고 있었다. 카시벨라우누스는 카투벨라우니족Catuvellauni의 지배자였다. 그들은 바다에서 약 80마일 떨어져 있는 타메시스 강Tamesis*을 끼고 무역을 통해 부를 축적하였으며, 브리튼 내에서 강한 세력을 지니고 있었다.

카이사르는 카시벨라우누스의 항복을 얻어내는 것이 전쟁의 승리를 결정지을 것이라고 판단했다. 그는 군대를 타메시스 강을 따라 카시벨라우누스 부족 영지로 진격하도록 했다. 로마군이 타메시스 강변에 이르렀을 때는 맞은편에서는 카시벨라우누스의 대군이 전투 태세를 갖추고 있었다.

카이사르는 전혀 동요하지 않고 단호한 어조로 "먼저 기병을 앞세우고, 그 뒤를 바짝 붙여서 보병군단으로 하여금 신속하게 강을 건너라."고 명령했다.

카이사르의 명령이 떨어지자 물 위에 머리만 내놓은 병사들이 신속하고도 맹렬하게 강을 건너 진격하기 시작했다. 로마군의 강력한 공격에 브리튼군 역시 힘껏 저항했지만, 오래 견디지는 못했다. 전투에 패한 브리튼군은 뿔뿔이 흩어져 도망쳤으며, 승리할 수 있다는 용기를 잃어버린 카시벨라우누스는 자신을 중심으로 뭉친 브리튼인들의 대부분을 해산시키고 말았다. 하지만 그

* 타메시스 : 지금의 템스

는 쉽게 항복할 수 없었다. 그는 약 4천여 대의 전차만 이끌고 로마군의 진격로에 매복하고 있다가 기습하는 전술로 항전을 준비하였다.

카시벨라우누스의 패전 소식은 곧 브리튼 전역으로 퍼져나갔다. 이 소식은 많은 브리튼인들의 전의를 꺾어 놓았다. 먼저 유력한 브리튼 부족인 트리노반테스족Trinovantes의 사절이 카이사르를 찾아와 항복하고, 그의 명령에 따를 것을 맹세했다. 카이사르는 그들에게 긍정적인 답변을 주어 보냈다. 그러자 마음을 놓게 된 케니마그니족Cenimagni, 세곤티아키족Segontiaci, 안칼리테스족Ancalites, 비브로키족Bibroci, 카시족Cassi도 사절을 보내 잇달아 항복했다.

다른 부족들이 연이어 항복하는 모습을 본 카시벨라우누스는 남아 있는 유일한 동맹 부족인 칸티움에 사자를 보내 해안에 있는

켈투인의 무역에 사
용된 동전들

로마군 진지를 기습하도록 명령했다. 하지만 로마군 진지를 기습
한 칸티움이 오히려 패배를 당하자, 카시벨라우누스는 완전히 전
의 상실하고 항복의 길을 택했다.

카시벨라우누스의 항복은 카이사르에게 기쁜 일이었다. 하지
만 그에게는 다른 걱정거리가 있었다. 이제 여름이 얼마 남아 있
지 않았고, 정복한 브리튼의 처리가 늦어지면 1차 원정과 마찬가
지로 보급물자의 부족으로 곤욕을 치를 수도 있었기 때문이다.

카이사르는 갈리아로 군대를 철수시키는 것이 최선의 방법이
라고 생각했다. 물론 1차 원정과는 달리 로마에 이익이 되는 조치
를 취해 놓은 뒤에 떠날 생각이었다.

카이사르는 브리튼인들을 협상 테이블로 불러냈다. 카이사르
는 이 협상을 적절한 인질을 보내고 로마에 조세를 바치는 것으로
마무리 지었다. 특히 카시벨라우누스에게는 다른 부족에 대한 침
략 행위를 하지 못하도록 금령(禁令)을 내렸다.

한편 추분이 가까워지자 바람이 거세어져 항해가 어려워졌다. 카이사르는 바람이 잔잔해지자 바로 원정군의 철수를 지시했다. 오후 2시경에 브리튼 땅을 떠나 새벽녘이 되었을 때는 대륙의 항구에 무사히 닻을 내릴 수 있었다. 아무런 소득도 올리지 못했던 1차 원정과는 달리 많은 소득을 올리면서 성공적으로 원정을 마쳤던 것이다.

잊혀진 땅, 브리튼

카이사르 원정이 끝나고 얼마 동안, 브리튼은 착실하게 조세를 바쳤다. 그러나 로마의 내분 조짐이 있던 52년부터는 조세 납부도 흐지부지해졌고, 이후 100여 년 동안 영국은 로마로부터 잊혀진 땅이 되었다. 하지만 카이사르의 브리튼 원정은 영국에 많은 영향을 끼쳤다. 영국인들은 이 카이사르 원정을 통해 대륙문화권과 더욱 밀착될 수 있었고, 선주민으로부터 내려오던 전통적인 문화 역시 뿌리를 내릴 수가 있었다. 이에 따라 스코틀랜드 남쪽에서 켄트 사이에는 20여 개 이상의 부족들이 번영을 누리게 된다.

1세기경 스트라보의 작품인 《지오그라피카Geographica》에는 '브리튼은 무역이 번성하여 가축 · 짐승 가죽 · 곡물 · 노예 · 금 · 은 · 사냥개를 수출하고, 와인 · 오일 · 유리잔을 수입하고 있다. 그리고 대부분의 무역은 카이사르가 원정했던 남동 지역을 중심으로 발전되어 있다.'고 기록되어 있다.

클라우디우스 황제와 브리튼 정복

폭군 칼리굴라Caligula가 근위대의 한 장교에게 살해된 후, 칼리굴라의 숙부인 클라우디우스가 로마의 황제로 추대되었다. 그는 어릴 적에 소아마비를 앓아 오른쪽 다리를 질질 끌고 다니는 장애를 가지고 있었을 뿐 아니라, 조카를 죽인 근위대의 강권으로 원로원이 마지 못해 추인함으로써 황제의 자리에 올랐다는 정신적인 핸디캡을 가지고 있었다.

클라우디우스는 자신의 입지를 역사 연구 및 저술 등의 학문 쪽으로 풀어나갔다. 그리고 그 과정 속에서 황제의 권위를 세울 수 있는 방법으로 '궁정 관료 제도'를 만들었다. 그 제도는 자신의 핸디캡으로 인해 황제로서의 권위를 제대로 내세우기 힘든 기존의 로마 관료들 대신에 해방노예 출신의 새로운 인재들을 자신의 관료로 임명하는 제도였다.

클라우디우스

침략의 명분

그런 궁정관료 중에는 브리튼계의 망명자 베리쿠스Bericus가 있었다. 그는 고국으로 돌아가기 위한 한 가지 계책을 생각해냈는데, 그것이 바로 브리튼 정복이었다. 그는 기회가 닿을 때마다 클라디우스 황제의 귀에 대고 브리튼 정복에 대해 끈질기게 진언하였다.

"황제 폐하, 서쪽 끝에는 제가 살았던 큰 섬이 있습니다. 그곳은 일찍이 카이사르가 두 차례나 정복을 시도한 흥미로운 곳입니다. 폐하, 지금은 폐하께서 백성들에게 위대한 능력을 보여주실 때이옵니다. 부디 그곳을 정복하시어 카이사르를 능가하는 황제의 권력을 보여 주시옵소서."

베리쿠스의 끈질긴 진언은 43년, 브리튼 남동부를 정벌하는 근본적인 이유가 되었다. 하지만 아무리 유럽 세계의 지배자인 로마일지라도 브리튼을 공격하기 위해서는 대의명분이 있어야 했다. 때마침 브리튼 내부에서 전쟁 명분이 조성되기 시작했다.

당시 브리튼의 부족 중에서도 가장 강력한 군주로 카물로두눔(콜체스터)을 중심으로 한 지역의 크노벨리누스*가 있었다. 하지만 그가 세상을 떠나자 그의 왕국은 무능한 두 아들 카락타쿠스와 토고둠누스의 공동 통치 아래 놓여졌는데, 불행하게도 그들은 아버지만큼 다른 부족 국가들의 신뢰를 얻지도 못했고, 능력도 없었다.

곧 부족 간의 유대는 깨지고 내전이 벌어지기 시작했다. 이들 부족 간의 싸움은 갈리아 북동부(벨기에) 해안까지 확대되었는데, 그곳은 바로 로마의 패권 아래 놓여 있는 지역이었다. 로마로서는 브리튼을 공략할 분명한 대의명분을 얻게 된 것이다.

* 크노벨리누스 : 셰익스피어는 킴벌린cymbeline이라 부름

브리튼 공략

클라우디우스는 도나우 강 방위선을 형성하는 데 지대한 공을 세운 아울루스 플라우티우스를 정복군 총사령관으로 임명했다. 당시 브리튼 정벌군의 총 병력은 4개 군단 2만 4천 명이었고, 게르마니아와 스페인 출신 지원병을 합하면 4만 명에 이르는 정예 군대였다. 이는 카이사르의 2차 브리튼 원정 때보다 8천 명이 많은 숫자였다.

로마군이 쳐들어올 당시, 내전으로 사분오열된 브리튼은 하나로 뭉쳐 싸울 수 있는 형편이 되지 못했다. 그럼에도 브리튼인들은 생존을 위해서는 함께 단합하는 길밖에 도리가 없었다. 설득과 협상이 벌어진 끝에 겨우 몇몇 부족들이 부분적으로 연합을 하게 되었지만, 한계는 분명해 보였다. 전체 브리튼 부족이 뭉쳐도 침략을 막아낼 수 있을지 의문인 터에 아직도 대부분이 반목하는 상황에서는 승패가 뻔한 일이었다.

힘의 우열이 현저한 상태에서 브리튼인들이 로마를 상대로 싸울 수 있는 방법은 숲이나 늪과 같은 지형지물을 이용한 게릴라전뿐이었다. 이런 전투 상황에 대해 역사 기술가인 카시우스 디오는 이렇게 묘사하였다.

… 로마 원정군 사령관인 플라우티우스는… 숨어 있다가 기습을 하는 식으로 저항하는 브리튼인들을 다루는 데 곤욕을 치르고 있었다. 특히 가장 강력히 저항하던 크노벨리누스의 두 아들이 그의 전진을 묶어 놓았다. 그러나 플라우티우스를 막을 수는 없었다. 그들은 패배하였고 플라우티우스는 내륙으로 더 전진하였다. 그때 템스 강을 사이에 두고 또 다른 브리튼 저항군들이 나타났다.

강 건너편에 대치하고 있던 그들은 로마군이 다리가 없는 강을 건널 수 없다고 생각하는 듯했다. 플라우티우스의 전진은 또 한 번의 난관에 부딪쳤다. 그러나 플라우티우스는 무장한 상태로도 강을 헤엄쳐 건널 수 있는 게르만 용병들을 앞세워 공격하였다. 결과는 승리였다.

이듬해인 44년, 클라우디우스 황제는 직접 템스 강변에 집결해 있는 로마 군단과 합류했다. 황제는 내륙 깊숙이 공략해 들어가도록 로마 군단에 명령을 내렸다. 곧 크노벨리누스가 지배하던 왕국의 수도인 콜체스터를 함락시켰다는 소식이 왔다. 그가 브리튼에 머문 지 6일만의 일이었다. 황제는 그 승전보만 가지고 로마로 떠났다.

물론 계속되는 정복은 플라우티우스에게 맡겨졌다. 원로원은 클라우디우스의 승전보에 환호하면서, 그에게 '브리타니쿠스'란 칭호를 보내고 성대한 개선식을 베풀게 된다.

한편 크노벨리누스의 두 아들 중 토고둠누스는 템스 강변에서 전사하였고, 다른 아들인 카락타쿠스는 본국마저 유린당하자 웨일스 국경으로 달아나 다른 부족들과 연합한 뒤 약 6년 동안 저항을 계속했다. 그러나 그런 저항도 50년, 플라우티우스의 뒤를 이은 새로운 로마 사령관인 오스토리우스에 의해 끝장이 났다. 패색이 짙어질 즈음, 카락타쿠스는 후일을 기약하며 북쪽의 브리간테스와 합류하기 위해 다시 도주했는데, 이때 그의 부인마저 로마군의 포로 신세가 되었다.

카락타쿠스는 로마군에 대항해서 끝까지 싸웠다. 이때 보인 그의 행동은 분명 영웅적이었다. 하지만 브리튼인들은 전에 보여주었던 그의 무능함에 대해 잘 알고 있었고, 그의 영웅적인 행동

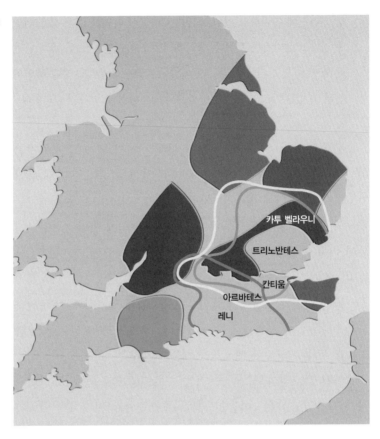

카투 벨라우니

트리노반테스

칸티움

아르바테스

레니

을 인정하지도 않았다. 어쨌든 그는 자신의 왕국으로 영원히 돌아
오지 못했다.

로마가 정복한 브리튼의 통치 중심부는 바로 크노벨리누스가
지배하던 콜체스터였다. 로마군이 이곳을 점령지의 중심으로 삼
은 것은 정치적 계산에 따른 것이었다. 스무 개 이상의 부족 국가
들로 이루어진 브리튼 전체를 원하는 대로 복종시키는 것은 사실
상 어려웠기 때문이다.

따라서 로마가 쉽게 통치할 수 있는 곳은 남동쪽 지역에 그쳤

다. 이곳은 에식스Essex와 켄트 지역으로 통하는 무역로가 편리하게 열려 있었고, 로마군의 주력 부대가 위치해 있었다. 대신 브리튼인들의 저항이 강했던 영국의 중·북부 지역은 아직 로마의 통치가 제대로 이루어지지 않았다. 이런 상황에서 클라우디우스는 사망하고, 브리튼의 통치 문제는 다음 황제의 손으로 넘어가게 된다.

네로 황제와 브리튼인들의 반란

54년 로마에서는 클라우디우스가 죽고 그의 의붓아들인 네로가 황제로 등극하였다. 그해 로마는 브리튼에 있던 4개 군단의 2만여 병력을 재정비하고 브리튼 서쪽의 정벌을 꾀하고 있었다.

2개 군단은 웨일스 변방인 글로스터를 거쳐 링컨 지역 120마일 부근까지 진출했다. 로마군이 지나는 곳에서는 브리튼인들에 대한 대량 학살과 초토화된 마을만 남았다. 로마군이 보여준 이런 거침없는 살상과 파괴는 브리튼인들의 저항 의지를 사전에 꺾어버리기 위한 것이었다.

로마는 브리튼 원정에 나설 당시 4개 군단을 투입했었다. 그러나 정벌을 마무리하지도 못한 상태에서 2개 군단은 본국으로 철수했고, 나머지 2개 군단 2만 명 정도의 병력을 주둔시켜 브리튼을 통치하고 있었다. 하지만 2~3년마다 통치 사령관이 교체되는 등 순탄하지 못한 모습을 보였다. 61년 로마의 통치 지역 내에서 일어난 브리튼인들의 반란은 이런 사정을 단적으로 보여준다.

부디카의 반란

브리튼의 9개 부족들은 동앵글리아의 미망인 부디카Boudicca 왕비를 중심으로 하나로 뭉쳐, 로마의 정책에 대항하여 반란을 일으켰다. 반란의 표면적인 이유는 부디카 왕비의 두 딸이 로마 병사들에 의해 겁탈을 당했다는 것이지만, 사실은 로마인들이 필요 이상으로 정복자적인 행태를 보인 것과 세금 문제 때문이었다.

특히 문제가 된 것은 세금이었다. 사실 브리튼인들에게 부과된 10퍼센트의 속주세율은 그리 높은 것이 아니었다. 하지만 세금을 내기 위해 빚을 졌을 때의 금리가 너무 높았다. 즉 로마에서 건너온 고리대금업자들이 문제였다. 원래 로마에서는 12퍼센트 이상의 금리를 받을 수 없도록 제재를 받았지만, 속주에서는 그런 제한이 없다는 점을 이용하여 마음껏 폭리를 취했던 것이다.

부디카는 로마의 힘이 덜 미치는 중·북부를 중심으로 세력을 확장하기 시작했는데, 로마군과 일전을 벌이게 될 때쯤에는 그 무리가 2만 3천여 명에 이르렀다. 부디카는 브리튼 저항군 앞에 서서 연설을 시작했다. 타키투스가 기록한 그녀의 연설을 보자.

> "나는 나의 잃어버린 자유를 위해, 나의 상한 몸과 폭행당한 내 딸들을 위해… 그러니 여러분은 나를 주목하라. 여인의 손에 의해 저 로마 제국이 어떻게 유린되는지를, 살려달라고 애원하는 자들을 모두 우리의 노예로 만들어 로마에게 치욕을 안겨주자."

로마군은 그녀의 반란군들의 세력이 확장될 때까지 기다렸다. 그리고 더 이상 세력이 불어나지 않을 것이라는 판단이 들자, 1만여 정예군을 동원해 진압에 나섰다. 전쟁 초기의 양상을 보면,

로마군은 브리튼인들의 게릴라식 전술에 고전을 면치 못했다. 하지만 브리튼인들에게는 결정적인 단점이 있었기에 전쟁 후반부에는 상황이 바뀌었다.

로마 총독인 수에토니우스는 브리튼인들을 격파하는 방법은 넓은 평원에서 정면 돌파하는 것뿐이라는 결론을 내리고 있었다. 사실 로마군은 넓은 평원에서의 전투에 익숙했고, 브리튼인들은 그와 반대라고 판단했기 때문이다. 총독은 브리튼인들의 몇 가지 다른 특징들도 파악하고 있었는데, 하나는 치고 빠지는 게릴라 전술이었고, 다른 하나는 전쟁터의 후방에 가족을 이끌고 다닌다는 사실이었다.

브리튼인들과 전투가 시작되자, 수에토니우스는 이런 특징을 역으로 이용하는 전술을 구상했다. 즉 로마군은 경사진 곳에 진지를 만든 뒤에 적을 깊숙이 유인하여 창을 던졌고, 보병과 기병을 동시에 내보내 역공하였다. 갑작스런 역공에 도주하는 브리튼인들은 뒤를 따르던 가족들 때문에 퇴로가 막히고 말았다.

"옛날에 반도를 통일하던 로마 장수들의 후예답다."는 타키투스의 표현처럼 전투는 로마군의 승리로 돌아갔다. 이 전투에서는 특히 노약자와 여자들의 희생이 컸으며, 부디카는 독을 먹고 자살했다. 포로로 잡힌 브리튼인 중 4~5천 명의 건장한 남자들은 네로에게 보내졌으며, 수상한 낌새가 조금이라도 보이는 마을은 무차별 파괴되었다.

네로의 통치

브리튼의 반란이 어느 정도 정리되었다는 보고를 받은 황제 네로는 라인 강 방위군 중 2천 명의 군단병과 8개 대대의 보조병 및 1천 기의 기병을 속주에서 브리튼으로 이동시키도록 명령했다. 그리고 브리튼의 실정 파악을 위해 해방노예 출신인 폴리클레토스를 파견했는데, 네로는 그의 시찰 보고를 토대로 브리튼의 통치체제를 크게 강화하였다.

이때 오늘날 웨일스와 스코틀랜드를 제외한 대부분의 잉글랜드 지역은 로마의 점령지로 편입되었다. 그리고 브리튼인들 더 이상의 저항을 포기하고, 로마의 지배 체제에 편입되어 발전된 로마의 문명을 받아들이기 시작하였다.

로마의 실질적 통치

브리튼에서 로마의 통치가 제대로 이루어지기 시작한 것은 도미티아누스 황제 시대의 역사가 타키투스의 장인인 아그리콜라가 총독으로 있을 때(78~84)부터였다. 아그리콜라는 모나 섬(지금의 앵글시)을 포함한 웨일스의 일부를 정복한 뒤 지금의 북부 잉글랜드에 해당하는 지역을 모두 손에 넣었다. 또 스코틀랜드로 진격해 클로타(클라이드) · 보도트리아(포스) 강의 하구 사이에 임시 국경 푯말을 세우기도 했다.

83년 로마군은 포스 강을 건너 몬스그라우피우스 전투에서 칼레도니아(오늘날의 스코틀랜드)인들을 격파했다. 아그리콜라는 스코틀랜드의 고원 지대 주변까지 점령한 다음, 고원 지대 주변에 망루를 세워 고갯길을 막고 잉크투틸(퍼스셔에 있는 던켈드 근처)

에 군단 요새를 두었다. 그러나 그도 '하일랜드'라고 불리는 스코 바스의 로마 대욕장
틀랜드 북부는 점령하지 못하였다.

　이제 스코틀랜드 북부 지역을 제외한 브리튼 전 지역은 300
여 년 동안 로마의 영토로 남게 되었다. 성곽으로 둘러쳐진 도시
들은 자체 행정 장관에 의해 통치되고 다시 총괄적으로 로마 총독
의 지배를 받는 로만 브리튼Roman Britain 시대가 열리게 된 것이다.

로마 성벽들

122년 봄, 하드리아누스 황제는 라인 강 어귀에서 배를 타고 예정된 행선지인 브리튼으로 건너갔다. 그가 브리튼을 방문하게 된 가장 큰 이유는 황제로 즉위했던 117년, 잉글랜드와 스코틀랜드 접경 지역에 살고 있던 원주민 브리간데스족이 일으킨 반란과 관련이 있다. 이 반란으로 인해 당시 브리튼에 주둔하고 있던 제9군단이 궤멸당했던 것이다.

하드리아누스는 급히 브리튼에 주둔하고 있던 다른 2개 군단을 동원해 일단 반란을 진압할 수 있었다. 하지만 그 반란을 통해 브리튼 방위 체제에 문제가 있음을 인식하게 된 하드리아누스는 새로운 방위 체제를 고심하고 있었다. 그에 따른 결론은 '방어용 성벽'을 쌓는 것으로 결론지어졌다. 황제의 브리튼 방문으로 현지 로마인들은 물론이고 로마화된 브리튼인들까지 보호하기 위한 방어벽, 즉 고대 로마인들은 '발룸 하드리아니'라 부르고, 영국인들은 '하드리언스 월Hadrian' s Wall'이라 부르는 '하드리아누스 성벽'이 만들어졌다.

로마 통치의 주요 도구가 된 도로

하드리아누스 성벽

123~133년까지 10년에 걸쳐 세워진 하드리아누스 성벽은 타인 강에서 솔웨이 만에 이르는 80로마마일(약 117킬로미터)이나 되는 성벽을 쌓은 긴 방어선이었다. 성벽은 요소마다 석벽과 망루, 요새들로 채워졌고, 전략상의 이유와 지형을 고려하여 수비대가 배치되었다. 150개의 성채와 17개 요새 사이의 평균 거리는 1.5킬로미터이며, 망루 사이의 거리는 지형에 따라 다르지만 평균 500미터 정도였다.

하드리아누스 성벽은 브리튼 지역에서의 최전선이었으며 이곳에서 군단 기지로 로마식 가도가 뻗어 있었다. 이 성벽에서 적을 막지 못하면, 제2선인 요크와 체스터에 있는 군단으로부터 로마 가도를 통해 병력을 급파하여 적을 막는 체제였다. 이 하드리

하드리아누스 성벽에 있는 로마 종교 행사지의 흔적

아누스 성벽은 207년과 210년 사이에 브리튼을 방문한 로마 황제 세베루스에 의해서 견고한 석벽으로 새로 보강하여 구축되었다.

하드리아누스의 뒤를 이은 안토니우스 피우스 황제 시대에는 하드리아누스 성벽보다 북쪽으로 120킬로미터 떨어진 포스만과 클라이드만을 잇는 60킬로미터의 '안토니우스 성벽'이 축조되었다. 이 성벽은 139~142년 사이에 이 주변에 주둔한 로마 3개 군단을 자주 습격한 원주민들을 진압한 후에 만들어진 방어벽이었다. 그러나 안토니우스 성벽은 하드리아누스 성벽처럼 요새나 망루 등을 세운 치밀한 구성에 의한 것이 아니라 성벽만을 이중으로 세워 보강한 것에 불과하였다. 그러므로 이곳이 로마의 경계선이 되지는 못했고, 결국 로마의 국경은 하드리아누스 성벽으로 귀착되었다. 만약 안토니우스 성벽이 경계선이 되었다면 오늘날 에든버러와 글래스고도 로마화의 물결을 피하지 못했을 것이다.

그렇다면 왜 안토니우스 성벽이 최종적인 로마의 경계선이 되지 못하였을까? 두 성벽을 차례로 답사해 보면 금방 그 까닭을 이해할 수 있게 된다. 황제가 직접 방문하여 점검한 뒤에 세운 하드리아누스 성벽과 단지 수집된 정보를 토대로 책상 위에서 세운 안토니우스 성벽 사이에는 엄청난 차이가 있기 때문이다.

초기 기독교의 브리튼 전래

브리튼에 기독교가 들어온 것은 언제쯤이었을까? 대체로 2세기쯤이 아닐까 추측하고 있다. 그러나 음지에서 조용히 신도를 늘려간 기독교는 313년 콘스탄티누스 대제의 공인 이후, 점차 활발한 움직임을 보이기 시작했다.

314년이 되자 프랑스 남부 아를레 종교회의에는 세 명의 브리튼 주교와 한 명의 부제deacon가 참석하였고, 359년에는 다른 종교회의에도 참석했다는 흔적이 보인다. 그러나 브리튼 사회에서 기독교가 본격적으로 활기를 띠기 시작한 것은 4세기 말에 들어서면서였다.

펠라기우스 주의 문제

브리튼 출신의 펠라기우스Pelagius는 "인간은 기본적으로 선한 도덕적 본성을 갖고 있고, 영적 향상을 위해 그리스도교 금욕주의를 선택하는 것은 인간 자신의 책임이다."라고 주장했다. 이는 성자 아우구스티누스의 "하나님이 원하시는 대로 우리에게 은총을 내려주소서"라는 기도와는 사뭇 대치되는 것이었다.

이런 펠라기우스의 이론은 415년 예루살렘 교회로부터 이단으로 고소를 당했지만, 이론과 달리 신앙적인 삶에 있어서는 아무런 문제가 없었기 때문에 그를 정죄하지는 못했다. 그러나 418년 카르타고 공의회에서 재차 조사한 후, 그를 단죄하는 공의회의 9개 교령이 내려졌으며, 그 후 펠라기우스의 행적에 관해서는 알려진 바가 없다.

하지만 브리튼에서는 420년대까지 펠라기우스 이론이 상당한 지지를 받고 있었다. 이에 우려를 갖고 있던 브리튼의 주교들은 대륙의 도움을 요청하게 되었는데, 로마에서 파견한 인물이 바로 갈리아 출신의 게르마누스Saint Germanus of Auxerre이다. 게르마누스는 로마에서 법률을 공부한 뒤, 서로마 황제 호노리우스에 의해 아르모리카의 지방 장관으로 임명되었으며, 418년에 오세르의 주교가 된 뒤에는 수도원을 세우기도 했던 인물이었다.

게르마누스가 트루아의 주교 성 루퍼스와 함께 브리튼으로 건너간 것은 429년이었다. 전해 내려오는 이야기에 따르면, 그들은 베룰라미움*에서 벌어진 논쟁을 통해 펠라기우스 주의를 물리치는 데 성공했다고 한다.

이외에 당시 색슨족과 픽트족이 연합해서 공격해오자 그가 브리튼인들을 도와 싸웠다는 이야기도 전해진다.

* 베룰라미움 : 하트퍼드셔에 있는 세인트올번스의 옛 이름

게르마누스는 브리튼인들을 지휘했다. 그는 브리튼인들에게 '할렐루야'라고 외치게 했는데, 그 소리가 어찌나 무서웠는지 침략자들은 공포에 질리게 되었으며, 결국 승리하게 되었다. 이 때문에 이 전투를 '할렐루야 승리'라 부르게 되었다.

게르마누스의 노력에도 불구하고 시간이 지나면서 브리튼에는 펠라기우스 주의가 다시 고개를 들게 되었다. 따라서 로마에 돌아간 게르마누스는 447년, 또다시 브리튼 주교들로부터 이단을 완전히 근절해 달라는 요청을 받게 되었다. 게르마누스는 기꺼이 두 번째 선교 활동을 시작했다. 이번에는 트레브의 주교 세베루스의 도움을 받아 펠라기우스 주의를 완전히 근절시키고 그 주창자들을 추방하는 데 성공했다.

스코틀랜드와 아일랜드의 기독교 전래

브리튼에서 기독교가 전래되는 과정이 혼란스러웠던 것과는 대조적으로 이 시기의 스코틀랜드와 아일랜드에서는 기독교가 순조롭게 뿌리내리고 있었다. 이런 순조로움 뒤에는 브리튼인으로 스코틀랜드로 파견된 최초의 선교사로 알려진 니니안St. Ninian과 아일랜드에서 선교 활동을 한 스코틀랜드 출신의 수도사 패트릭St. Patrick 이 있었다.

니니안은 갤러웨이의 초대주교로서 397년경 칼리도니아 화이트혼Whithorn에 백색 석조 교회 건물을 지었는데, 이는 보통 브리튼 섬의 나무로 지은 교회들과는 전혀 다른 모습이었다. 이 교회

13세기 기록에 그려
져 있는 성 패트릭

이야기 영국사

는 6세기까지 앵글로·색슨족 수도원의 중심이었다. 역사적으로 그가 방문한 지역에 관해서는 혼동이 있지만, 그가 스코틀랜드에서 선교했다는 것은 의심의 여지가 없다. 화이트혼에 있는 성 니니안의 무덤에는 순례자들의 발길이 끊이지 않았는데, 스코틀랜드의 왕 제임스 4세도 정기적인 방문자 중의 하나였다.

패트릭은 아일랜드의 수호 성인(축일 3월 17일)으로 추앙을 받으며, '아일랜드의 사도(使徒)'로 불리는 인물이다. 16세 때 해적들의 포로가 되어 아일랜드의 이교도에게 노예로 팔려 갔다가 6년 뒤 도망쳐 나와 417년 사제 서품을 받았다.

그리고 432년경 성 제르마노에 의해 주교가 되었으며, 아일랜드로 파견되어 성 바올리노를 계승하여 유럽 교회에 버금가는 교회 조직을 확립하였다. 또 수도원을 개설하고 많은 제자를 양성하여 마침내 온 섬을 그리스도교화(敎化)하는 데 성공한다. 그리고 442년, 444년에는 로마를 다녀와서 아르마그 대성당을 건립함으로써 이곳을 아일랜드 교회 활동의 본거지로 삼았다.

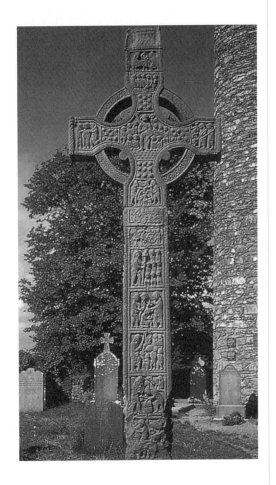

켈트 십자가

브리튼의 지방 황제들

로마 제국의 영광은 5현제의 마지막 황제인 마르쿠스 아우렐리우스 시기를 극점으로 하여 하향 곡선을 긋기 시작하였다. 특히 게르만인들이 유럽 대륙의 새로운 주인이 되기 위한 움직임을 보이면서, 로마 제국은 급속하게 쇠락하고 있었다. 300여 년 동안 로마의 영토에 포함되어 있던 브리튼 역시 이런 대륙의 정세에 따른 영향으로부터 자유로울 수 없었다. 이런 로마 제국의 쇠퇴는 브리튼에 난립하는 지방 황제들의 모습에서도 읽을 수가 있었다.

카라우시우스

우선 셀트 강과 뫼즈 강 사이의 메나피아 지방(지금의 벨기에)에서 태어난 카라우시우스Marcus Aurelius Mausaeus Carausius를 들 수 있다. 그는 로마와 게르만의 바가우다이족 사이에서 일어났던 전쟁을 통해, 로마의 군인으로서 명성을 떨쳤던 인물이었다.

285년경, 디오클레티아누스와 공동 황제였던 막시미아누스는 당시 스페인과 갈리아 해안을 약탈하던 프랑크족과 작센족을 정벌하기 위해 해군을 모집했다. 이때 카라우시우스는 게소리아쿰*에 기지를 둔 함대의 지휘를 맡고 있던 장군이었다.

* 게소리아쿰 : 지금의 블로뉴

로마 제국의 연대기 작가들이 남겨 놓은 그의 기록을 보자.

그는 이 전투에서 로마 제국을 위해서라기보다는 해적들이 약탈을 끝낼 때까지 기다렸다가 공격하여 약탈물을 자신이 차지하는 데 더

혈안이 되어 있었다. 이런 사실이 막시미아누스 황제에게 알려져 군법에 회부될 처지에 놓이자, 그는 재빨리 자기 부하들을 데리고 브리튼으로 도망가 황제로 자처하며 그곳의 통치자로 군림했다.

일설에는 그가 약탈자인 것처럼 모함을 받아서 브리튼으로 건너갔다고도 한다. 과정이야 어떻든, 디오클레티아누스와 막시미아누스는 여러 차례 카라우시우스를 제거하려 했으나 모두 실패했고, 290년경에는 한동안 그를 브리튼의 통치자로 인정할 수밖에 없었다.

이렇듯 강력한 힘을 발휘하던 카라우시우스도 293년, 휘하의 고위 장교이자 속주 세금을 관장하던 알렉투스의 히극상으로 죽임을 당했다. 카라우시우스를 제거한 알렉투스 역시 자신을 브리튼의 황제라고 주장했지만, 이미 로마 제국을 정치적으로 안정시키고 통치에 자신감을 갖게 된 디오클레티아누스 황제에 의해 진압될 수밖에 없었다.

막시무스

다음으로 언급되는 인물은 스페인의 천민 태생으로, 브리튼 주둔 로마군을 지휘해 픽트족 · 스코트족과 맞서 싸웠으며 브리튼 · 갈리아 · 스페인을 다스렸던 막시무스Magnus Maximus 황제이다.

당시 로마 제국은 여러 명의 황제들에 의해 분할 · 통치되고 있었는데, 콘스탄티노플 동쪽은 테오도시우스 대제가, 서쪽은 그라티아누스, 이탈리아는 발렌티아누스 2세와 막시무스가 분할하여 다스리고 있었다.

막시무스는 383년 봄, 브리튼 주둔군을 발판으로 황제가 되었음을 선포하고, 곧 대륙으로 건너와 경쟁자인 콘스탄티노플 서부 지역 황제 그라티아누스를 제거하였다. 이어서 트리어(지금의 독일에 있음)에 본거지를 두고 동부 지역 황제 테오도시우스 1세와 협상에 들어갔다. 이에 적대적인 부족들에게 제국의 동쪽 국경을 위협받고 있었던 테오도시우스는 전쟁을 피하기 위해 막시무스를 그곳 황제로 인정할 수밖에 없었다. 또한 막시무스는 자신과 공동 황제였던 발렌티니아누스 2세와도 협상을 벌여 불완전하나마 평화조약을 맺었다. 그리고 그의 아들 플라비우스 빅토르를 자신의 공동 통치자로 추대해 테오도시우스와 발렌티니아누스의 인정을 받아냈다.

이런 평화조약은 387년 여름 그가 이탈리아를 기습해 발렌티니아누스를 테살로니카로 몰아내면서 파기되었다. 이듬해에는 테오도시우스와 전쟁을 벌였으나 도리어 시스키아 부근 전투와 일리리쿰의 페토비오 전투에서 크게 패하면서 포로로 잡혀 처형당하고 만다.

한편 막시무스가 몰락하면서, 지방 황제가 등장하던 브리튼은 다시 로마 중앙 정부 및 황제의 손으로 넘어간다.

로마군의 철수

막시무스를 제거하고 다시 제국을 통합한 테오도시우스 대제(379~395)는 죽기 직전 제국을 둘로 나누어 아르카디우스와 호노리우스에게 각각 계승시켰다. 이제 로마 제국의 종말은 성큼 다가오고 있었다.

제국의 종말이 다가오고 있을 즈음, 주목할 만한 인물은 서로마 황제인 호노리우스의 섭정이자 서로마 제국 최후의 위대한 군사령관 가운데 하나인 플라비우스 스틸리코Flavius Stilicho가 있다.

스틸리코와 로마의 철수

스틸리코는 로마인과 반달족의 혼혈아로 태어났다. 그는 직업 군인이 되어 383년에 페르시아 왕 샤푸르 3세에게 사절로 파견되었고, 그 후 테오도시우스 황제가 총애하는 조카딸 세레나와 결혼했다. 385년경에는 근위대장으로 임명되었으며, 393년 또는 그 전에 육군 총사령관이 되어 죽을 때까지 그 자리를 지켰다. 테오도시우스 황제는 죽기 전에 스틸리코를 로마 서부의 황제가 될 아들 호노리우스의 후견인으로 임명했다.

397년에 무어족 출신 로마 장군인 길도Gildo가 로마 정부에 대항해 반란을 일으켰다. 길도의 반란으로 인해 아프리카의 곡물을 실은 배가 로마로 항해하는 길이 끊기게 되자, 스틸리코는 재빨리 갈리아와 스페인에서 곡물을 수입하여 국민의 지지를 얻었다. 그리고 이듬해인 398년, 길도의 친형제인 마스케젤을 로마군과 함께 아프리카로 보내 반란을 평정함으로써 한껏 능력을 과시하였다. 또 브리튼 북쪽의 픽트족을 물리치기 위해 직접 브리튼으로 건너갔는데, 역사에서는 이를 로마 제국의 브리튼에 대한 마지막 정치적 배려로 기록하고 있다.

스틸리코는 이런 업적들을 바탕으로 삼아 딸 마리아를 호노리우스 황제와 결혼시켰고, 이어서 자신은 콘술(집정관)이 되었다. 그리고 408년 초, 황후 마리아가 세상을 떠나자 스틸리코는 다른 딸인 테르만티아를 다시 황제와 결혼시켰다. 사실상 황제를 능가하는 세력을 거머쥔 것이다.

그러나 시작이 있으면 끝도 있게 마련이다. 그의 권력이라고 예외는 아니었다. 그의 위치는 궁정 관리인 올림피우스가 "스틸리코가 아들을 동로마 황제 자리에 앉히려고 한다."는 소문을 내면서 흔들리기 시작했다. 게다가 틱티눔(파비아)에 주둔한 군대는 그 지방 관리를 모조리 죽인 뒤 스틸리코에 반기를 들었다. 다급해진 스틸리코는 라벤나에 있던 호노리우스 황제의 도움을 청했다. 하지만 스틸리코의 세력이 커지는 것을 우려하고 있던 황제는 오히려 그를 감옥에 가두었으며, 얼마 뒤 참수하고 말았다. 몸이 높아질수록 겸손하고 조심해야 한다는 말은 영원한 진리였던 셈이다.

하지만 스틸리코와 같은 강력한 인물이 사라지자 이미 종이호랑이가 된 서로마 제국은 주변 게르만족들에 의해 더욱 유린되기 시작하였다. 410년 다급해진 호노리우스 황제는 일시적인 조처라는 평계를 대고, 브리튼의 로마 군단을 철수시켜 로마 본토 방위에 투입했다. 로마 군대를 철수 명령을 내리면서 그가 브리튼인들에게 했던 말은 지금 다시 듣는다 해도 황당하기 그지없는 것이었다.

"브리튼의 제국민들이여! 로마를 위해 자신의 지역을 스스로 방어해 주길 바란다."

로마의 브리튼 철수는 일시적인 조처로 끝나지 않았다. 그것은 브리튼에 대한 로마의 통치의 종식을 의미하는 것이었다.

게르만 시대의 브리튼

주트족의 침입과 정착

300년 이상 지배자로 군림했던 로마인이 브리튼을 떠난 뒤에 일어났던 영국의 역사는, 6세기 중엽 와이즈 섬 수도원의 길다스St. Gildas 수도사가 썼던 《브리튼의 멸망과 정복De excidio et conquestu Britanniae》에서 엿볼 수 있다. 길다스의 작품에서 특히 눈에 띄는 것은 로마의 뒤를 이어 브리튼을 통치하고 있던 보티건Vortigern에 관한 비교적 상세한 서술이다.

길다스가 상세하게 기록했던 보티건은 어떤 인물이었을까? 그는 425년경 남부 브리튼의 최고 통치자로서 30년 동안 권력을 행사한 인물이었다. 부유한 지주 계급으로 태어난 그는 막시무스 황제의 딸인 세베라와 결혼한 것으로 알려져 있다.

하지만 보티건의 브리튼 통치는 남부 브리튼에 그쳤을 뿐이다. 서부 해안에서는 아일랜드인, 북부는 픽트족, 동부 해안은 색슨족들의 습격과 약탈이 끊이지 않아서 혼란에 빠져 있었다. 보티건은 이들 침략자들을 막아내기 위해 대륙의 용병을 고용했는데, 그들은 주트족Jutes의 행기스트Hengist와 호르사Horsa였다.

비드가 쓴 《영국민 교회사The Ecclesiastical History of the English People》에 의하면, 주트족은 유틀랜드 북부에 정착해 있던 게르만족이었다.

3. Bede

비드

이들 용병들은 동쪽 해안으로는 같은 종족들인 게르만족의 침략을 막아내고, 서쪽으로는 아일랜드에서 건너오는 켈트족들의 침략을 방어했는데, 이들 용병들의 정착지로 켄트의 싸네트 섬Isle of Thanet이 주어졌다.

하지만 보티건과 연합하고 있던 브리튼 켈트 부족들은 차츰 그의 통치력에 의심을 갖기 시작했으며, 따라서 식량 지원과 세금도 줄어들기 시작했다. 그러자 이런 상황을 눈치 챈 행기스트와 호르사는 보티건을 협박했다.

"우리의 보수를 올려주시오. 그렇지 않다면 당신들을 지켜주기 위해 우리 목숨을 맡길 수는 없소. 만약 요구사항을 들어주지 못하겠다면 우리 칼끝이 당신 목을 겨냥하지 않으리라는 보장도 없소."

사정이 급박하게 돌아가자, 어떻게든 권력을 유지하고자 했던 보티건은 주트족과 대항할 수 있는 또 다른 용병들을 불러들이기 시작했다. 그러자 보티건의 움직임을 주시하던 행기스트는 그와 우호적인 관계를 맺는 것이 자신의 종족들에게 유리하다고 판단하고, 다른 방법을 찾았다. 그것은 결혼정책이었다.

자신의 계략을 실행하기 위해 행기스트는 보티건을 위한 연회를 열었다. 그리고 자신의 아름다운 딸로 하여금 보티건의 시중을 들도록 했다. 행기스트의 계획은 완전히 맞아떨어져서 딸을 보티건에게 시집보내고, 왕국의 절반을 양도하겠다는 약속까지 받아냈다. 이로써 행기스트와 그의 부족은 지금의 캔터베리를 거점으로 확실하게 정착할 수 있는 계기를 잡게 된 것이다.

그러나 행기스트가 우려했던 대로 브리튼인들과의 직접적인 대립을 피할 수는 없었다. 보티건이 브리튼계 부인으로부터 얻은 딸인 보티머vortimer가 사병을 조직한 다음, 켄트의 주트족을 공격하여 싸네트 섬으로 내몰았기 때문이다. 《앵글로·색슨 연대기》에 의하면 보티머는 싸네트와 본토 사이에 있는 리치보로의 원썸 해협 근처에서 벌어진 위페스플레오트Wippedsfleot 전투에서 승리를 거두고 전사했다고 한다.

위페스플레오트 전투에서 패한 주트족은 싸네트 섬에 5년 동안 갇히게 되었는데, 다시 전투력을 보강하면서 싸네트 섬을 벗어나기 위한 움직임을 보이기 시작했다. 《앵글로·색슨 연대기》에 의하면 455~456년경의 일이다.

주트족의 움직임을 알아챈 보티건은, 행기스트의 딸인 자신의 부인을 내세워 행기스트와 왕국을 분할하는 조약을 맺음으로써 사태를 수습할 수 있었다. 하지만 이 조약으로 인해 켄트에는 명실상부한 주트족 왕국이 들어서게 된다.

기록에 의하면 보티건은 내부의 반란으로 거주하던 성이 화염에 휩싸이면서 불에 타 죽었다고 전해지며, 행기스트는 켄트 주변 지역들을 평정하면서 왕국을 넓혀나가기 시작했다. 그가 세상을 떠난(488년으로 전해짐) 뒤에는 아들 에쉬sc가 왕위를 이어받았으며, 24년 동안 왕국을 다스렸다.

이처럼 켄트 왕국이 세력을 넓혀가면서 주변의 토착 켈트인들은 서쪽으로 쫓겨가거나 일부는 주트족의 노예로 전락했다. 이때 서쪽으로 밀려난 켈트인들은 나중에 색슨인들로부터 이방인

Welsh이라고 불렸던 사람들이며, 대륙으로 건너간 일부는 브리타
뉴Britany라고 불리는 왕국을 세웠다.

앵글로 · 색슨족의 침입과 정착

켄트 왕국을 세운 주트족의 무용담은 다른 게르만 부족들을 자극
했다. 따라서 이들은 대거 브리튼 섬으로 건너오기 시작했는데,
이들 게르만 부족들 중에서 브리튼 남부에 널리 퍼져 정착한 민족
이 색슨족Saxons이다.

477년, 남부 유틀랜드 반도에 거주하던 색슨족 전사 엘레lle는
세 척의 배에 세 명의 아들과 부하를 싣고 브리튼 남부 해안에 상
륙하였다. 그리고 14년만인 491년, 브리튼인들을 몰아내고 남부
지역에 서식스Sussex 왕국을 세웠다.

비드의 기록에 의하면, 엘레는 서식스 왕국의 첫 군주로 '브
레트왈다Bretwalda* 로 불렸다고 한다.

그에 대한 기록은 이것이 전부다. 왜일까? 우연의 일치인지
는 모르지만 브리튼인의 전설적인 왕 아더Arthur가 색슨족의 침입을
막기 위해 나타난 시기와 그의 통치 시기가 맞물려 있다. 이것으
로 아더에 의해 엘레가 제거되었을 것이라는 추측이 가능해진다.

495년, 또 다른 색슨족의 족장인 체르디크Cerdic가 서샘튼 하구
쪽으로 5척의 배를 이끌고 상륙했다. 그들은 햄프셔와 윌트셔로
진격하여 그곳의 브리튼인들을 몰아내고 웨식스Wessex왕국을 세웠
다. 《앵글로 · 색슨 연대기》에는 "508년에 차르포드 근처에서 브
리튼 전사 5천 명을 죽였다. … 519년, 역시 차르포드에서 브리튼
인들이 체르디크가 이끄는 색슨 전사들과 치열한 싸움을 벌였

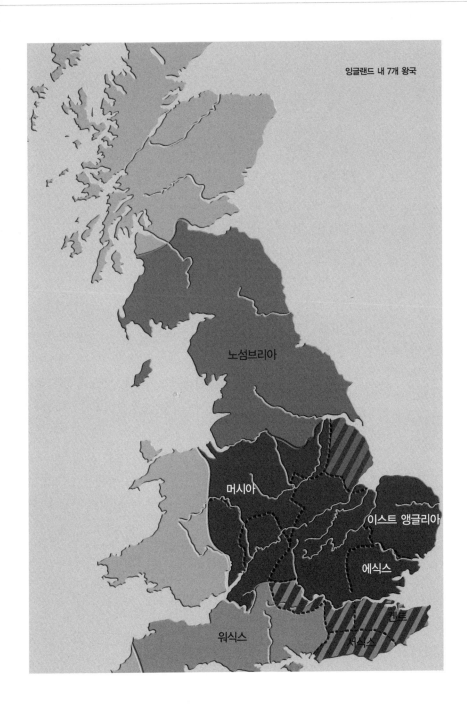

잉글랜드 내 7개 왕국

노섬브리아

머시아

이스트 앵글리아

에식스

켄트

서식스

웨식스

다."는 체르디크의 기록이 남아 있다.

여기서 엘레의 경우처럼 흥미로운 사실이 나타난다. 그것은 전 아더가 색슨족과 싸워 크게 승리한 해가 바로 519년이라는 점이다. 즉 아더 왕이 승리했던 그 전투가 체르디크와의 한판 승부였을 가능성이 높다는 것이다.

《앵글로·색슨 연대기》는 "체르디크가 웨식스 왕국의 진정한 주인이 된 해는 519년이다."라고 기록하고 있다. 이때부터 본격적인 게르만인들의 브리튼 점령이 시작되었으며, 토착 브리튼인들은 서쪽으로 밀려나게 되었다. 특히 다른 부족들보다 잔인했던 색슨족은 브리튼인들을 무자비하게 학살했다. 색슨족의 공격이 거세지면서 브리튼인들은 웨일스의 구릉이나 콘월 그리고 해협을 건너 브리타뉴로 피신하게 되었던 것이다.

동부 지방에 정착한 색슨인들이 세운 마지막 왕국은 에식스 Essex였다. 이 지역에 정착한 색슨인들도 다른 색슨인들과 별반 차이가 없었지만 종교적인 부분에서는 다른 점을 보였다. 즉 서식스나 웨식스에 정착한 색슨족들은 워든Woden이라는 신을 믿었는데, 워식스 세아흐네하트Seaxneat라는 신을 믿고 있었다. 아쉽게도 이 신은 주신(主神)이라는 것 외에는 아무 것도 밝혀진 것이 없어서 이들 종교를 비교하는 것은 불가능하다.

한편 가장 늦게 브리튼 땅을 밟은 앵글족은 슐레스비히에 근거지를 둔 게르만인이었다. 이들은 5세기 말에 브리튼에 들어와 동앵글리아East Anglia, 머시아Mercia 그리고 중북부 지역에 노섬브리아 Northumbria 왕국을 세웠다. 이들 중에서도 노섬브리아는 가장 강력한 왕국이었다. 547년 브리튼 중북부 지역에 정착지를 세운 앵글족의 왕 이다(Ida)가 12년 동안 통치하면서 강력한 왕국으로 성장한 것이다.

　이리하여 7세기 초까지 브리튼에 정착하여 자리를 잡은 주트·앵글로·색슨족의 게르만 왕국들은 모두 7개가 되었다. 이 7개의 왕국들은 8세기가 되면서 3개의 왕국(노섬브리아, 머시아, 웨식스)으로, 9세기에는 하나의 왕국 웨식스로 바뀌게 된다.

아더 왕과 원탁의 기사

이제는 앞에서 잠깐 언급했던 인물에 대해 이야기를 해보자. 6세기는 게르만인들의 침략하여 정착을 시도하던 시대였는데, 바로 이 시기에 브리튼인들 사이에 전설적인 한 인물이 등장한다. 그가 바로 아더 왕King Arthur이다.

　'아더'란 이름은 고대 켈트어로 '곰'이란 의미를 갖고 있다. 그는 실질적으로 영국에 통일 왕국을 건설한 최초의 왕으로 여겨

아더 왕과 원탁의 기사

지고 있으며, 웨일스인들에게는 지금도 '마음의 전설'로 살아남아 있는 인물이다.

"그는 영원히 죽지 않고, 적들로부터 우리를 구하기 위해 언젠가는 다시 돌아온다."

기록에 따르면 '아더 왕과 그를 따르는 기사들은 게르만인들과 12차례의 전투를 벌였다.'고 한다. 하지만 그들이 벌였던 전투에 대한 역사적인 흔적이 명확하게 남아 있는 것은 아니다. 아마도 이런 이유 때문에 오히려 후세의 사가들, 문학가들의 상상력을 자극할 수 있었고, 그가 전설 속에 계속 살아 있게 되었는지도 모를 일이다. 잠시 아더 왕에 관련된 전설을 살펴보자.

아더는 마법사 멀린Merlin에 의해 키워진다. 그리고 그동안 아무도 뽑지 못했던 신검 엑스칼리버Excalibur를 바위에서 뽑아냄으로써 왕이 된다. 아더는 멀린의 충고를 무시하고 기니비어Guinewere와 결혼하지만, 기니비어는 아더 자신이 가장 총애하는 기사 란슬롯Lancelot 경과의 불륜에 빠지게 된다. 기사도를 어긴 란슬롯 경은 이러한 일련의 사건들로 인해 추방되고, '성배'를 찾는 일에도 참여하지 못한다. 한편 성배를 찾아 떠난 기사들은 대부분 의문의 죽임을 당하고, 설상가상으로 조카인 모드렛드 경의 반란으로 아더는 치명상을 입고 대부분의 원탁의 기사들도 전사하고 만다. 치명상을 입고 죽어 가는 아더는 숨을 거두기 전에 엑스칼리버를 호수에 던지도록 한다. 그리고 아더가 숨을 거두자, 그의 시신은 세 명의 요정에 의해 '아발론 섬'으로 운반된다. 그곳이 바로 '글래스턴베리'라고 하는 곳이다.

　글래스턴베리에 있는 아더의 비문에는 '일찍이 왕이었고, 장
래에 다시 왕이 될 아더가 여기에 잠들다.' 라는 글귀가 남아 있어
지금까지도 그의 전설적인 생애를 전해주고 있다.

　현대적인 의미의 연구에서 아더가 6세기경에 12차례 전투에
서 승리했다는 것은 그다지 큰 의미가 없다. 왜냐하면 로마의 지
배에서 벗어난 뒤 영국은 전 지역이 암흑기였으며 통일을 추구하
는 전쟁이 아니라 세력다툼 과정에서 벌어진, 큰 의미를 부여하기
어려운 국지적인 전쟁에 불과했기 때문이다.

그렇다면 그에 관한 연구에서 얻어낸 진정한 평가는 무엇인가? 기록의 분석에 의하면, 그는 자신의 군대를 자유자재로 다루었던 탁월한 지휘관이었다고 한다. 그의 야전군이 이동하며 지나간 지역의 군대와 쉽게 통합이 이루어졌다는 기록이 있기 때문이다. 만약 아더 왕이 사슬 미늘 갑옷을 입은 일단의 기병대만 가지고 있었다면 최초로 영국을 통일하는 왕이 되었을지도 모른다. 그러나 실제로는 일부 지역만을 통합하고 사라져간 한 인물이었기에 역사에서의 의미는 퇴색될 수밖에 없다.

아더 왕을 말할 때 자연스럽게 떠오르는 원탁의 기사들에 관한 한 가지 추정도 재미있다. 아더 왕은 나라를 통일한 뒤에 그의 기사들과 함께 둥근 테이블에 둘러 앉아 담소를 나누거나 정사를 돌보았다고 한다. 제왕과 제후가 둥근 테이블에 둘러 앉아 함께 나누는 정치와 대화, 이것은 바로 민주주의 정치의 모습이 아닌가. 6세기의 전설과도 같은 아더 왕의 기록 속에서 원탁 통치의 모습이 보이는 것은 이후 영국이 민주주의의 본고장이 될 거라는 암시가 아닐까.

게르만족의 기독교 개종

잉글랜드에서의 기독교는 두 개의 종파로 나뉘어 전파되었다. 하나는 563년 성 콜럼바St. Columba, 521~597에 의해 전파된 켈트 전도단이고, 다른 하나는 교황 그레고리우스 1세가 파견한 아우구스티누스Augustinus, ?~605의 로마 전도단이다.

성 콜럼바는 아일랜드 왕실 부족에서 태어나 성직자로 교육 받았다. 그는 전도를 위해 아일랜드 전역을 두루 돌아다녔고, 데리Derry와 드로우Durrow를 포함한 몇 곳의 수도원을 설립하기도 했다. 콜럼바에 관한 한 가지 구전을 살펴보자.

그는 많은 사상자를 낸 쿨드레븐Cooldrevne 전투의 원인이 된 한 복음서의 복사본을 자신의 소유로 주장하다가 561년에 개최된 종교회의에서 비난을 받았다.

사실 이 구전은 복음서와는 관계없이 콜럼바 가문의 정치적 이익과 자신의 종교적 요구 사이에서 갈등하다 빚어진 사건이 와전된 것으로 보인다.

콜럼바는 563년, 아일랜드를 떠나 이오나Iona 섬으로 건너가 수도원 공동체를 설립하고 대수도원장이 되었다. 그는 이곳에서 켈트인만의 그리스도교를 발전시켰고, 게르만 침략 후의 잉글랜드 서부 산악 지역(웨일스)으로 전도단을 보내 포교활동을 벌였다. 그들은 지방어로 세례의식을 행했으며, 청빈을 미덕으로 칭송했으며 부활절 날짜까지 로마 가톨릭과 다르게 정하고 있었다.

한편 베네딕투스 수도회의 성 안드레아 수도원장인 아우구스티누스는 40명의 수사들을 이끌고 잉글랜드로 들어와 포교를 시작했다. 597년 봄, 그들은 먼저 대부분 이교도 지역인 잉글랜드의 싸네트 섬으로 들어가 전도 대상을 찾았다. 당시 켄트의 왕이었던 에설버트 1세는 이교도인이었지만, 왕비 베르샤는 파리에서 자신의 예배신부를 데리고 온 기독교도였다. 아우구스티누스는 왕이 왕비의 종교를 허락한 이상 자신의 무리도 받아들일 것이란 확신을 갖고 왕과 접촉하였다.

　　아우구스티누스의 생각은 맞아떨어져서 왕은 선교사 무리를 환대했다. 그러나 첫 만남은 왕궁이 아닌 왕궁 밖의 길에서였다.

　　"나는 나이든 믿음이 있는 자를 박대할 수가 없어 받아들이기로 했소. 앞으로 당신의 신앙이 진실한 것인지, 나와 나의 백성이 당신의 신앙을 믿을 수 있는지를 지켜보겠소. 나는 당신을 박해하지는 않을 것이오."

캔터베리 대성당

왕은 이어 캔터베리에 선교사를 위한 숙소를 마련해 주고, 구(舊) 세인트 마틴 교회에서 설교할 수 있도록 허락했다. 그 후 597년 크리스마스에 왕과 신하들은 아우구스티누스로부터 세례를 받았다.

아우구스티누스는 확실한 성과를 거두자, 2명의 수사를 로마로 보내 이 사실을 보고했다. 이에 교황 그레고리우스는 601년에 아우구스티누스를 위한 팔리움*을 보내 그를 지지했다.

아우구스티누스는 본격적으로 캔터베리에 성당을 설립하고 이를 '세인트 피터 앤드 폴 수도원'이란 이름으로 동시에 사용하였다. 이 수도원은 유럽에서 두 번째로 설립된 베네딕투스 수도회 수도원이 되었으며, 캔터베리는 잉글랜드의 수석 대주교구가 되어 오늘날에 이르고 있다.

아우구스티누스는 북웨일스의 켈트 전도단과 그리스도 교회를 통합하려고 시도했지만 실패했다. 통합이 실패한 주된 이유는 로마 전도단이 부활절을 같은 날로 지낼 것*과 로마 가톨릭식으로 영세의식을 치를 것을 제의하자, 이런 관습적 차이에 대해 켈트 전도단이 회의적인 반응을 보였기 때문이다.

이때부터 두 전도단은 각자 복음을 전파하게 되었는데, 왕실과 먼저 접촉했던 로마 전도단은 주로 상층 그룹을, 서민과 먼저 접촉했던 켈트 전도단은 중하층 그룹을 대상으로 전도하였다.

두 전도단의 관습적 차이점들은 663년 노섬브리아의 오스위Oswy 왕이 휘트비Whitby 성당에서 개최한 종교회의을 통해 비로소 통합될 수 있었다. 오스위 왕은 이웃에 있는 머시아로부터 위협을 당하는 정치적으로 불안정한 상태에서의 종교적인 분열은 자칫 왕국의 파멸을 가져올 수 있다고 판단했던 것이다.

당시 노섬브리아 왕국은 주로 켈트족 선교사들에 의해 개종되어 왔으나 662년 무렵에는 여왕 에안플레드, 주교 윌프리드와 그 외의 영향력 있는 사람들로 구성된 로마파가 세력을 형성하고 있었고, 켈트파는 주교 콜먼, 주교 체드, 대수녀원장 힐다가 이끌고 있었다. 오스위 왕으로서는 왕국의 안위를 위해서라도 이들을 반드시 하나로 만들어야만 했다. 바로 이런 이유로 개최된 것이 휘트비 종교회의이며, 이는 잉글랜드 교회 발전에 중대한 전환점이 되었다. 오스위는 종교회의 결과를 선포했다.

성 콜럼바의 가르침보다 천국의 열쇠를 쥔 사도 베드로의 가르침이 정통성 있다. 내가 천국의 문 앞에 가더라도 문을 열어주지 않는다면 어떻게 천국에 들어갈 것인가.

이 결정에 따라 잉글랜드의 다른 지역에서도 로마 가톨릭의 관습을 받아들이게 되었고, 잉글랜드 교회도 대륙과 밀접한 관계를 맺게 되었다. 오스위 왕은 종파 통합을 선포한 6년 뒤 로마의 베드로 성좌를 보기 위한 순례여행 중에 세상을 떠났다. 그의 시신은 휘트비로 옮겨졌으며, 역사적인 종교회의장에 묻혔다.

비드(672~735)는 휘트비 종교회의가 열렸던 시기에 배출된 유명한 역사가이자 신학자이다. 그는 노섬브리아 동쪽 해안의 재로 수도원에서 살았으며, 휘트비에서 있었던 사실들을 《잉글랜드 교회사Ecclesiastical History of the English People》에 기록했다.

고대 잉글랜드의 서사시 〈베어울프Beowulf〉도 정확한 연대는 분명치 않지만 이 시기에 쓰여진 것으로 추정된다. 베어울프는 고대 영문학의 최고봉이자 유럽 속어로 쓰여진 최초의 영웅 서사시로서 2부분으로 나누어져 있다. 전반부는 12년 동안 밤마다 사악한 괴물 그렌델이 늪에서 나타나 덴마크(데인)의 왕 호로트가르의 용사들을 잡아먹는 이야기로 시작된다.

어느날 스웨덴 남부 예아트족Geats의 왕자이자 모험을 즐기는 베어울프는 전사들을 이끌고 호로트가르 왕을 찾아와 괴물을 처치해주겠다고 말한다. 왕은 그를 환대하면서 잔치를 벌여 극진히 대접한 뒤에, 괴물을 처치해달라고 부탁한다.

드디어 베어울프는 늪에서 나온 괴물 그렌델과 치열하게 대결을 벌인다. 그 대결은 상처를 입은 괴물 그렌델이 도망침으로써 베어울프의 승리로 끝난다.

그러나 달아난 괴물 그렌델의 어미가 아들의 복수를 위해 다시 나타나자 왕국은 긴장한다. 이에 베어울프와 전사들은 직접 늪 바닥의 동굴로 들어가 그렌

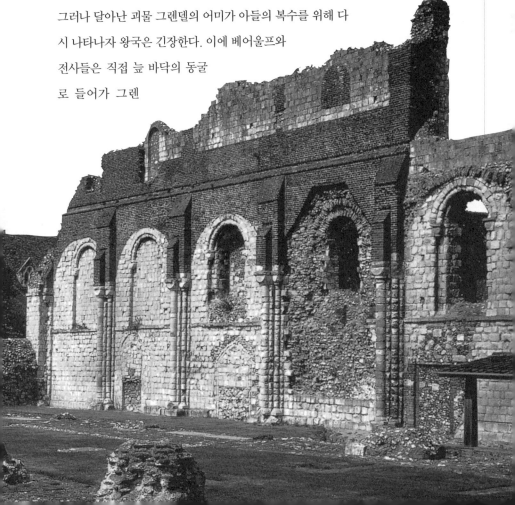

세인트 피터 앤드 폴 수도원

델과 어미를 찾아 죽인다. 그리하여 괴물의 머리를 베어 돌아온 베어울프는 영웅이 되어 고국으로 돌아간다.

후반부의 서두에는 고국으로 돌아와 왕위를 이어받은 베어울프가 50년 동안 태평성대를 이룬다는 이야기가 간략히 쓰여 있다. 그러나 그의 통치 말년에 입에서 불을 뿜는 용이 나라를 짓밟고 다니자 용감하지만 이미 늙은 베어울프가 용과 결투를 벌이는 내용이 후반의 주요 내용이다. 이번 싸움은 오래 동안 처절하게 계속되는 것으로 묘사되어 있어 베어울프가 젊었을 때의 싸움과는 대조를 이루고 있다. 결국 베어울프는 용을 죽이지만, 자신도 부상을 당해 죽음의 문으로 들어가게 되고, 그의 장례식과 애가로 서사시는 막을 내린다.

데인족의 출현과 앨프레드 대왕

데인족은 북게르만족에 속한다. 그들은 스칸디나비아 반도 남부에 자리를 잡고 있었지만, 5세기 중엽이 되면서 덴마크 지방으로 이주하기 시작했다. 그들은 본래 항해에 능숙하고 용감하여 유럽 각지의 해안은 그들의 사냥터였다. 그들은 바이킹(해적)이라는 두려운 존재로 알려졌는데, 노르웨이계(系) 바이킹보다 더 조직적이었다.

787년 3척의 배로 처음 잉글랜드를 습격했던 데인족은 8세기 말이 되면서 거의 매년 습격을 되풀이했다. 이즈음 웨식스에서는 앨프레드 대왕이 등장했다. 그는 앵글로·색슨 혈통을 이어받은 위대한 왕으로 데인족으로부터 왕국을 지켜냈고, 학문과 교육을 장려함으로써 나라를 번성시킨 성군이었다.

바이킹의 습격

앨프레드가 전쟁터에서 처음으로 데인족과 만난 것은 868년이었다. 그때는 데인족 대군을 맞아 전쟁을 하고 있던 머시아의 버그레드를 돕기 위해 그의 형인 애설레드 1세가 지원군을 끌고 갔을 때였다. 앨프레드는 871년 왕위를 계승했는데, 878년 1월 데인족의 갑작스런 기습공격을 받았다. 앨프레드는 어쩔 수 없이 후일을 기약하며 홀로 웨식스 왕국을 탈출해야 했다.

앨프레드가 피신한 곳은 서머싯 소택지의 요새인 애설니 섬이었다. 앨프레드는 애설니 섬에서 민병대를 조직하고 웨식스 왕국의 영토를 확장시킨 애그버트 왕의 이름을 딴 바위를 상징으로 삼았다.

얼마 후 전력을 가다듬은 앨프레드는 에딩턴 전투를 시작으로 하여 데인족을 격파해 나가기 시작했다. 결국 데인족들의 항복을 받아낸 앨프레드는 세례를 받은 데인족 왕 구드룸을 앵글리아에 정착하도록 하고 후원했다.

웨식스 왕국을 되찾은 앨프레드는 다시는 878년의 경우와 같은 위기를 겪지는 않았지만 다른 지역에서 들어오는 데인족들과

바이킹의 투구

* 세인 : 귀족과 자유
민의 중간계급

의 전투는 계속해서 이어졌다. 885년에는 동앵글리아에 있던 데인족의 지원을 받아 켄트에 침입한 데인족 군대를 물리쳤으며, 이듬해에는 런던을 점령하였다. 이후 892년에는 대륙으로부터 건너온 데인족 대군이 쳐들어오면서 벌어진 전쟁은 데인족이 물러간 896년까지도 이어졌다.

용감하고 사나운 데인족들이 앨프레드를 상대로 한 전투에서 제대로 전진하지 못한 것은 그의 효과적인 방어조치 때문이었다. 앨프레드는 우선 낡은 요새를 강화하고 전략지점에 새로운 요새인 버흐burhs를 건설했다. 버흐는 후에 자치구인 버러boroughs로 발전한다. 또 육군을 재편했으며, 일찍부터 전함을 이용함으로써 침략자들이 육지로 상륙하는 것을 막았다.

현명한 외교술 또한 앨프레드의 방어조치에 도움이 되었다. 그는 머시아 및 웨일스와 우호관계를 유지했는데, 웨일스의 통치자들은 그의 지지를 얻기 위해 병력까지 일부 제공하기도 했다.

앨프레드는 전쟁에서 전략가였을뿐만 아니라 현명한 행정가였다. 그는 사회적 약자와 종속자들을 보호하는 데 특별히 관심을 갖고 있었으며, 세인thane*으로부터 자금과 군역금을 거두어들였다. 또 〈출애굽기〉에 나오는 입법원리와 켄트의 애설버트 왕 법전, 웨식스의 이네 왕 법전, 머시아의 오파 왕 법전 등을 연구한 뒤 중요한 법령들을 반포함으로써 나라의 안정을 꾀했다.

앨프레드를 언급할 때 주목해야 할 부분은 군사적 업적이나 행정적인 치적보다도 학문에 대한 태도가 남다른 인물이었다는 점이다. 그는 바이킹이 침략하는 것은 그들이 무지하기 때문이라며, 모든 죄와 벌의 원인이 되는 무지에서 벗어나기 위해서는 학문을 발전시켜야 한다고 주장했다.

바이킹의 침입이 소강상태를 보였던 878~885년 사이, 앨프레드는 머시아와 웨일스는 물론이고 유럽 대륙 각지에 흩어져 있는 학자들을 궁정으로 초빙했다. 그는 직접 라틴어를 배우고 887년에는 자신의 지휘 아래 라틴어 서적들을 대대적으로 번역하는 작업에 착수했다. 농시에 영어로 번역한 책을 읽을 수 있도록 재산이 있는 모든 자유민 젊은이들에게 글을 배우도록 지시했다.

이리하여 잉글랜드 역사가 비드가 쓴《잉글랜드인의 교회사 Historia ecclesiastica gentis Anglorum》와 5세기의 신학자 오로시우스가 쓴《이교도에 대항한 7권의 역사서Historiarum daversus paganos libri Ⅶ》, 교황 성 그레고리우스 1세의《목회지침Liber regulae pastoralis》, 워퍼드 주교가 번역한 그레고리우스의《대화Dialogi di vita et miraculis patrum Italicorum》, 5세기 신학자인 히포의《성 아우구스티누스의 고백록Confesio》과 보이티우스의《철학의 위안De Consolatione Philosophiae》 등의 주옥같은 책들이 영어로 번역되어 빛을 보게 되었다. 특히 890년경에 읽혀지기 시작한 색슨족 시대의 잉글랜드에 관한 가장 방대한 정보를 담은 책인《앵글로 · 색슨 연대기》는 앨프레드가 추진하던 학문 부흥의 정수를 보여준다고 해도 과언이 아니다.

899년에 앨프레드는 죽음을 맞았다. 하지만 그는 데인족의 침략으로 인한 절망적인 상황에서 승리를 거두고 나라를 지킨 왕이자 현명한 입법자였고, 학자로서 전설이 되었다. 앨프레드는 '대왕great' 이란 칭호가 붙은 채 오늘도 역사 속에서 기억되고 있는 것이다.

데인계 잉글랜드 왕 크누트

1014년 데인족은 다시 잉글랜드를 정복하고자 하는 야욕을 드러냈다. 잉글랜드는 또다시 전쟁에 휩싸였다. 웨식스의 애설레드 2세(968~1016 재위)는 데인족의 침략을 막아낼 수 없다는 판단을 내리고, 공물을 바치는 것으로 무마하려 했다.

* 하이드 : 농촌에 거주하는 한 가족의 생계를 유지하는 데 필요한 토지 단위

그는 공물을 준비하기 위해 국민들로부터 1하이드*의 농토마다 3~4실링씩의 세금을 걷는 데인겔드Danegeld를 징수했다. 그러나 애설레드의 뒤를 이은 에드먼드 2세Edmund Ironside는 데인겔드 정책을 수치스럽게 생각하고 데인족과의 무력 충돌을 불사했다. 하지만 의욕만 앞세우던 그는 결국 전쟁에서 패했으며 나라를 잃는 결과를 초래했다.

이제 웨식스 왕국은 데인족의 침략에 속수무책이 되었으며, 결국 웨식스의 선택은 데인족에게 왕국의 운명을 맡기는 것이었다. 이때 등장한 인물이 데인계로서 잉글랜드 왕이 된 크누트Cnut the Great였다.

크누트는 덴마크 국왕 스벤 1세의 아들이었다. 그는 젊은 시절이었던 1013년, 부친을 따라 잉글랜드를 침공하여 링컨셔 지역을 장악했다가 돌아간 적이 있었다. 그리고 1015년에는 다시 잉

글랜드로 돌아와 에드먼드 2세의 아들 에드먼드와 싸웠다. 1016년 4월, 에드먼드 2세가 세상을 떠나자, 잉글랜드 위테나게모트 Witenagemot*의 한 의원은 "데인족을 이길 수 없다면 우리들은 그들에게 잉글랜드 왕국의 역사를 맡겨서라도 이어가야 한다."고 주장했다.

처음에는 극렬한 반대의 목소리가 높았지만 시간이 지날수록 공감하는 사람들이 많아졌다. 결국 위테나게모트는 사우샘프턴에서 크누트를 왕으로 뽑았다. 그러나 런던에 있는 의원들은 이를 받아들이지 않고 시민들과 함께 에드먼드를 왕으로 선출했다. 그는 크누트에 대한 공격을 몇 차례 감행해 웨식스를 다시 찾고 포위당한 린딘을 되찾았지만, 10월 18일 에식스의 에싱턴에서 크누트에게 결정적인 패배를 당했다. 그리고 이어진 평화협상 결과 에드먼드는 웨식스를, 크누트는 템스 강 북부 지역을 차지하기로 합의했다. 그러나 그해 11월 30일 에드먼드가 갑자기 죽으면서 크누트는 자연스럽게 잉글랜드 전체를 물려받게 되었다.

크누트 상

데인계 왕인 크누트는 엄격하고 잔인한 성격의 소유자지만, 지적이며 온건한 면도 갖춘 사람이었다. 사실 그가 초기에 취했던 조치들은 무자비했다. 자기를 따르던 데인계 측근들에게 보답하기 위해 잉글랜드인 영지를 몰수해서 나누어 주는가 하면, 잉글랜드의 왕실 혈통을 제거하기 위해 "에드먼드 2세의 손자 에드

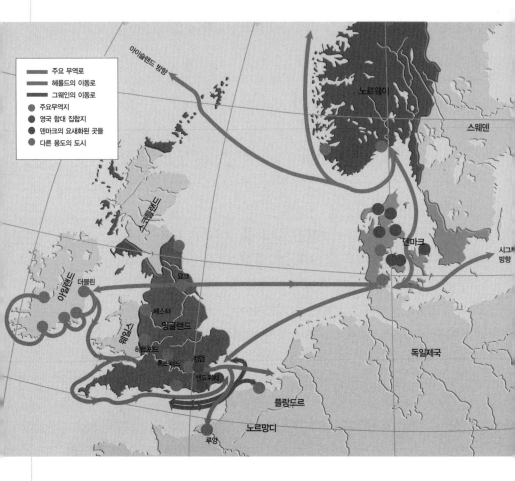

거를 죽이라."고 사주하기도 했다.

그러나 시간이 지나가면서 점차 잉글랜드를 사랑하는 왕으로
바뀌어갔다. 1018년 크누트는 덴마크 함대 대부분을 해체했으며,
데인족들과 잉글랜드인들 사이의 생기는 여러 문제는 옥스퍼드에
서 '에드거의 법에 따라' 항상 합의를 볼 수 있도록 조약을 만들
고 이를 허락하였다. 요크의 대주교 울프스턴에 의해 씌어진 이
조약의 초안은 지금까지 남아 있다.

이야기 영국사

이제 크누트는 잉글랜드에 내적인 평화와 번영을 가져다주는 유능한 지배자로서 자리를 잡게 되었다. 크누트가 잉글랜드의 통치자가 된 후 일어난 또 하나의 변화는 데인의 전통 원시종교에서 기독교로 개종했다는 사실이다. 그의 개종에는 이런 이야기가 전해진다. 하루는 신하들과 바닷가를 거닐다가 밀려오는 파도가 해안의 모래를 깎아내는 것을 본 크누트는 밀려오는 파도에게 "나의 명령 없이 내 땅을 한치라도 깎아낼 수는 없다. 즉시 멈추어라."라고 명령했다.

그러나 파도는 끝없이 밀려 들었다. 심지어 왕의 발끝까지 차오르자 왕은 발을 적시지 않으려면 그 자리에서 피할 수밖에 없었다. 그러자 크게 깨딜음을 일은 그는 고백했다.

"하늘에 계신 하나님이 허락하시지 않으면 어떤 왕도 존재할 수 없다. 나는 일개 파도도 지배하지 못하는 무력한 자인데, 잉글랜드를 점령한 권력자로 생각했었다."

그는 개종을 한 이후, 아주 경건한 기독교도가 되었으며 교회의 강력한 지원자로서 많은 기부금을 냈다. 일설에는 기독교도가 된 그는 "하나님이 보시는 데서 자신을 왕으로 높일 수 없다."면서 왕관을 윈체스터 대성당 제단에 걸쳐 놓았다고 한다.

한편 크누트가 외부의 위협에 대처하기 위해서는 잉글랜드인들의 지지를 얻을 수밖에 없었다. 크누트는 잉글랜드인들의 지지를 확보하기 위해 1017년, 노르망디에 머물고 있던 애설레드 왕의 아들인 에드워드의 어머니 에마와 결혼했다. 이것은 에마의 오빠인 노르망디 공 리처드 2세로 하여금 왕위 세습자로서의 명분을 지니고 있는 에드워드를 지지하지 못하도록 막기 위해서였다.

1019년에는 덴마크의 왕인 형이 죽으면서 덴마크의 왕위도 크누트의 차지가 되었다. 잉글랜드에서 스칸디나비아에 이르는 거대한 제국의 지배자가 된 것이다. 그러나 1040년까지 잉글랜드를 지배했던 크누트의 서자 해럴드나, 1035년 덴마크를 1040년부터는 잉글랜드마저 이어받은 적자 하레크누트(크누트 2세) 중 그 어느 누구도 그의 능력과 자질을 물려받지는 못했다. 그나마 크누트 2세의 통치기에 두드러진 것으로 '프랭크플레지frankpledge'가 있다. 프랭크플레지란 농노와 자유인을 불문하고 지방행정단위인 '헌드레드'에 소속되어 '법을 준수하겠다.'는 담보로 보증금을 내야 했던 제도를 말한다. 헌드레드는 마을village과 주shire의 중간 규모로서 100하이드의 집단을 가리킨다. 잉글랜드에서는 크누트 2세를 마지막으로 데인계의 명맥이 끊기고 다시 앵글로·색슨 왕통으로 되돌아가게 되었다.

색슨계 마지막 왕, 참회왕 에드워드

에드워드는 잉글랜드의 왕 애설레드 2세(968~1016 재위)와 노르망디 공 리샤르 2세의 딸 에마 사이에서 태어났다. 그는 큰 키에 마른 체격이었으며, 창백한 피부와 은빛을 띤 금색의 머리칼을 가지고 있었다.

1016년 애설레드가 죽고 크누트가 잉글랜드의 왕위를 차지하자 에드워드는 어머니의 영지인 노르망디에서 망명생활을 했다. 그가 잉글랜드의 왕위를 이어받은 것은 1042년, 37세가 되어서였다. 그는 참회왕 에드워드Saint Edward the Confessor로 불리며, 정치에는 아무런 관심도 없었다. 강력한 권력을 쥔 귀족들의 손아귀에서 허수아비 왕 노릇을 했을 뿐이다. 하지만 그는 경건한 신앙심을 가진 인물이었고, 그 덕택에 백성들의 지지를 받아 왕위를 지킬 수는 있었다.

에드워드가 왕위에 있던 첫 11년 동안은 이디스 왕비의 아버지 웨식스 백작 고드윈*이 실권을 휘둘렀다. 그러나 1051년

참회왕 에드워드

에드워드는 고드윈 가문과의 인연을 끊고 이디스 왕비마저 쫓아내는 결단을 내린다. 그러자 고드윈은 자신의 아들들과 힘을 합쳐 반대세력을 규합하고 에드워드에게 도전했다. 고드윈이 죽자 그의 아들 해럴드는 에드워드를 자신의 그늘에 놓고 잉글랜드의 지배권을 쥐게 된다.

* 고드윈 : 이디스 왕비의 부친

해럴드가 권력을 휘둘렀던 시기에 주목해야 할 사건은 1065년에 일어난 반란사건이다. 이 반란사건은 해럴드의 동생 토스티그의 영지였던 노섬브리아에서 일어났는데, 해럴드는 반란 세력의 요구를 받아들여 토스티그의 백작 영지를 이웃 머시아에 편입시켰다. 이 일로 해럴드와 토스티그는 불구대천의 원수지간이 된다.

이듬해 잉글랜드의 왕 에드워드가 세상을 떠났다. 잉글랜드 귀족들은 해럴드를 후계자로 추대했다. 그러나 에드워드와 사촌

유럽 대륙을 품은 섬나라

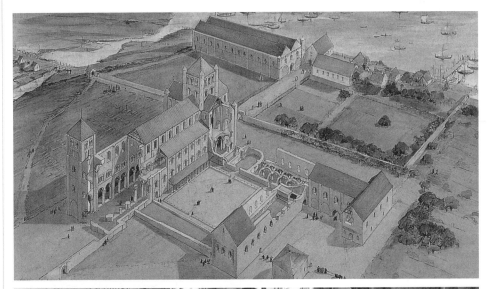

초기 웨스트민스터 사원모습(위)과 웨스트민스터 사원 내 영국을 대표하는 인물들의 동상(아래)

지간인 노르망디 공작 기욤(윌리엄)이 이를 그대로 지켜보고만 있을 턱이 없었다. 혈통상 에드워드의 어머니 에마는 그의 고모 할머니가 되었기 때문이다. 사실 에드워드는 생전에 공공연히 "나는 노르망디에 있는 윌리엄에게 왕위를 물려줄 것이다."고 말하곤 했었다. 따라서 자신이 왕위에 오를 것이라고 굳게 믿고 있었던 윌리엄에게 해럴드의 즉위는 대단한 충격이었고, 도저히 받아들일 수 없는 현실이었다. 왕위를 두고 한차례 피를 부를 수밖에 없는 상황이 벌어진 것이다. 이 왕위 쟁탈전은 노르만이라는 새로운 문화가 들어오는 전환점이자, 앵글로 · 색슨 왕조가 종말로 치닫는 계기가 된다.

어쨌든 에드워드 국왕 재위기에 세워진 웨스트민스터 사원은 오늘날 영국 관광산업의 주요 자원이 되고 있는데, 이곳은 심프슨 부인과의 사랑을 택해 왕위를 버린 에드워드 8세를 제외한 모든 국왕의 즉위식이 치뤄진 곳이다. 또한 대부분의 국왕들과 영국을 빛낸 인물들이 영면을 취하는 장소이기도 하다.

2
잉글랜드 왕국 성립

The History of United Kingdom

잉글랜드 왕국 성립

브리튼 섬이 유럽의 일부가 되기 시작한 것은 노르망디의 윌리엄이 브리튼을 정복하고 대륙의 정치 체제를 들여오면서부터이다. 하지만 그동안 브리튼에 뿌리를 내리고 있었던 기존 문화를 끌어안으면서 새로운 단일 문화가 형성되기에는 더 많은 시간이 필요했다. 그 기간은 정복왕 윌리엄의 아들들인 윌리엄 2세, 헨리 1세를 거쳐 조카인 스티븐, 손자인 헨리 2세 때까지 약 100여 년에 걸쳐 있다.

헨리 2세 통치기의 브리튼에는 최초의 잉글랜드 단일 왕조인 플랜태저넷 왕조가 들어섰다. 이어서 유럽 대륙과 대등한 위치에 서기 위한 작업이 진행되었는데, 이에 따른 대륙 왕당들의 견제도 만만치 않았다. 사자왕 리처드가 신성로마 황제의 명령에 따라 감금되었던 사건이나 존 왕이 프랑스 지역에 있었던 잉글랜드 왕국의 영토를 대부분 잃어버린 사건 등이 그것이다.

따라서 잉글랜드 왕국은 차츰 대륙을 견제할 준비를 갖추게 되는데, 가장 돋보이는 것은 바로 1215년 존 왕으로부터 대헌장을 받아냄으로써 대륙과 구별되는 영국만의 '체제의 기틀'을 마련했다는 점이다. 대헌장의 정신은 무엇보다도 국민의 주권을 왕권보다 우선한 것으로 이는 대륙의 국민들이 미처 각성하지 못한 상태에서 시작된 것이다.

잉글랜드의 대헌장 정신은 시몽 드 몽포르 가의 헨리 3세의 부당한 정치에 저항하면서 태동했다. 이는 국민의 힘을 확실히 의식하기 시작했던 에드워드 1세 때의 모범의회로 이어진다. 잉글랜드 왕국은 이런 대헌장의 정신을 바탕으로 다시 성장하기 시작했으며, 에드워드 1세의 손자인 에드워드 3세 때가 되면 유럽 대륙을 잉글랜드의 영역에 편입시키려는 야심을 가질 정도로 발전된 면모를 갖춘다. 이는 당시 잉글랜드 왕국이 단지 섬나라가 아니라 대륙의 중심에 있었음을 말해주는 단적인 예라고 할 수 있다.

브리튼의 유일한 정복자-노르망디 공 윌리엄

8세기부터 바이킹의 끊임없는 침략을 받아왔던 프랑스 서쪽 해안은 거의 무법천지와 다를 바가 없었다. 그리고 800년 크리스마스 이브, 샤를마뉴 대제의 서로마 황제 등극으로 절정에 오른 카롤링거 왕조는 그의 죽음과 함께 동(東) · 중(中) · 서(西) 프랑크로 분열했으며(843), 이후 줄곧 통합과 분열을 거듭했다. 그렇지 않아도 극심했던 바이킹의 약탈은 이제 내륙 깊숙한 곳까지 뻗치고 있었다. 그리고 마침내 샤를 3세는 생클레르쉬렙트 조약(911)을 맺어 바이킹 최고 우두머리인 롤로에게 노르망디 지방인 루앙 주변 영토와 센 강 어귀를 양도하고 말았다.

롤로는 노르웨이 국왕 하랄 1세의 수하로 있다가 독립한 뒤, 수시로 스코틀랜드 · 잉글랜드 · 플랑드르 · 프랑스를 약탈하던 인물이었다. 하지만 노르망디에 정착한 롤로는 대륙문화의 뿌리가 된 그리스도교를 받아들이고 봉토를 매개로 샤를 왕의 봉건 제후가 되었다. 당시 척박한 자연환경에서 벗어나고 싶어했던 스칸디나비아의 주민들은 롤로가 통치하는 노르망디 공국에 관한 소식을 듣자, 대대적으로 이주를 해왔다. 카롤링거 왕조가 끊긴 뒤에는 카페 왕조를 열고 프랑스 왕국의 언어 · 관습 · 종교를 받아들이며 정착했다.

이런 과정을 거쳐 성립된 노르망디 공국의 영주 롤로는 세상을 떠나기 전에 아들 기욤(윌리엄) 1세 롱스워드를 후계자로 삼고(927) 몇 가지 유지를 남겼다.

"공국이 생존하는 길은 프랑스 왕국과 철저히 좋은 관계를 유지하는데 있다. 네가 프랑스 왕의 신하라는 사실을 잊지 말라. 내가 개종하였듯이 너 또한 꼭 그들의 종교인 기독교를 믿도록 하라."

이후 롤로의 뒤를 이은 노르망디 공(公)들은 그의 유지를 지켜가면서도 주변 영토를 넓혀가기 위해 전쟁도 마다하지 않았으며, 점점 더 강력한 세력을 떨치기 시작했다. 이 때문에 노르망디 공들은 형식상 프랑스 국왕에 대해 봉건제후의 입장에 있었지만, 자신의 영토에서는 프랑스 국왕과 무관하게 지배권을 행사했다.

6대 노르망디 공 윌리엄

윌리엄은 노르망디 공인 로베르 1세와 팔레즈 성읍 출신 평민의 딸인 첩 에를르바(아를레트) 사이에서 태어났다. 부친인 로베르는 경건한 신앙을 가진 사람으로 예루살렘 순례를 떠났다가 돌아오는 길에 병으로 죽었다(1035). 그런데 그는 순례를 떠나기 전에 신하들에게 만일의 경우 윌리엄이 적통이라는 사실을 단단히 주지시켰다.

로베르가 분명하게 못을 박아 놓았던 덕분에 윌리엄은 별다른 무리 없이 노르만 귀족들과 프랑스 왕 앙리 1세로부터 노르망디 공으로 인정을 받았다. 그러나 윌리엄은 어린 나이로 공작의 자리에 올랐기에 그를 제거하려는 세력들의 위협 속에 놓여 있었다. 특히 그에게 도전하는 세력들은 늘 그가 서자 출신이라는 점을 약점으로 잡았다.

이런 초기의 난관은 그의 의지력을 강하게 키웠고, 주변 세력의 무법행위와 실정에 대해 혐오감을 갖도록 만들었다. 그리고 무사히 15세가 된 윌리엄은 기사작위를 받고 직접 노르망디 공국을 다스리게 되었다(1042). 그리고 5년 뒤인 1047년, 윌리엄은 프랑스 왕 앙리의 도움을 받아 캉 남동부에 있는 발레된에서 자신의 반대 세력인 연합군을 격파함으로써 명실공히 자신의 통치시대가 열렸음을 만천하에 과시했다.

윌리엄은 보통 사람보다 약간 큰 키에 탄탄한 체격이었다. 목소리는 거칠고 저음이었지만 뛰어난 말솜씨를 갖고 있었으며, 열정적이고 전제군주다운 성격이 엿보여 모든 사람들이 두려워했다. 또한 독실한 종교적인 분위기를 갖고 있어서 술과 음식을 절제했을 뿐 아니라 어린 나이에 후계자가 되어 많은 반대 세력의 위협 속에 둘러싸여 있었던 것도 매우 냉정하고 이성적인 성격을 가지게 된 원인이 되었다.

이런 윌리엄의 이성적인 성격은 정치든 전쟁이든 유리한 위치에 서면 어떤 상황이든 가리지 않고 냉정하게 끝까지 그것을 살려나갔으며, 불리하다고 생각되면 즉각 물러나는 통치의 묘로 나타났다. 즉 그는 무분별한 젊은 혈기를 자제할 줄 알았으며, 위험을 무릅써야 할 때는 항상 치밀한 계산을 근거로 했다. 이런 그의 통치의 묘는 잉글랜드를 정복할 때 완벽하게 활용되었다.

윌리엄은 중세 기독교적 환경에서는 군주로서 적합한 자세를 갖추고 있었다. 이런 기준은 그가 노르만 교회와 밀접한 관계를 맺고 있었다는 점에서 찾을 수 있다.

윌리엄은 자신의 16세 가량의 이복동생 오도를 1049년 바이외의 주교로 임명했다. 또 외국의 수도승과 학자들을 노르망디로 불러들였는데, 그중에는 윌리엄의 정신적인 지지자가 되는 성직

잉글랜드로 향하는 윌리엄 사이사 유명한 인문학의 대가인 랜프랑크가 있다.

한편 윌리엄은 결혼 문제로 종교계와의 불협화음을 겪기도 했다. 1049년 윌리엄은 신성로마 황제의 측근이며 부호공국인 플랑드르의 보두앵 5세의 딸 마틸다와의 결혼 계획을 추진하였는데, 이 결혼 계획을 들은 교황 레오 9세가 부정적으로 표현했던 것이다.

마틸다는 잉글랜드의 대표적인 앵글로 · 색슨 왕인 앨프레드 대왕의 딸 앨프리드의 6대손이었다. 윌리엄의 경우는 1002년에 잉글랜드 왕 애설레드 2세가 윌리엄의 조부인 로버트 2세의 누이 에마와 결혼했기 때문에, 결국 윌리엄과 마틸다는 명백히 한 혈통이었다.

그러나 둘은 교황청의 비난을 무릅쓰고 1052년 결혼함으로써 교황청과 불편한 관계가 되었다. 불편한 관계는 1059년에 가서야 해소되었으며, 윌리엄은 참회의 표시로 캉에 두 채의 수도원을 건립했다.

한편 윌리엄이 잉글랜드 왕위에 관심을 갖게 된 것은 윌리엄이 열네 살 무렵, 노르망디에 망명했다 잉글랜드로 돌아가던 서른여섯 살의 에드워드를 알게 되었던 것이 첫 번째 이유이다. 에드워드는 잉글랜드 왕위에 오른 후 자주 자신의 후계자로 윌리엄을 꼽았다. 이에 화답을 하듯, 1051년 윌리엄은 잉글랜드로 건너가 에드워드와 주종 관계를 맺는 충성맹세를 하였다고 《앵글로 · 색슨 연대기》에 기록되어 있다. 따라서 1066년 1월 에드워드가 세상을 떠나고 해럴드가 왕으로 추대되었다는 소식을 들은 윌리엄은 뜻밖의 결과에 당황했으며, 분노를 표현하였던 것이다.

곧바로 윌리엄은 해럴드에게 왕위 상속의 부당성을 선포함과 동시에 전쟁 준비에 들어갔다. 그해 5월, 해럴드는 해군과 육군을 동원하여 윌리엄의 침공 예상로인 남쪽 와이트 섬을 중심으로 방어선을 펼쳤다. 하지만 같은 달 해럴드로부터 배신을 당했던 이복동생 토스티그가 군대를 동원해 잉글랜드의 중부 동해안으로 공격해왔다.

해럴드는 토스티그의 공격을 막기 위해 와이트 섬에 배치했던 부대의 일부를 사용하지 않을 수 없었다. 또한 9월에는 노섬브리아 근해에서 크누트의 자손인 노르웨이 왕 하랄(하랄로데) 3세의 선단이 토스티그 군과 합세해 공격해왔다. 이제 해럴드는 어쩔 수 없이 전 병력을 움직여 이들을 막을 수밖에 없게 되었다.

9월 25일, 요크에서 약 11킬로미터 떨어진 데어웬트 강의 스템퍼드 브리지 근처에서 해럴드 군과 노르웨이 연합군 사이에 대

전투가 있었다. 이 전투는 해럴드의 승리로 끝났으며, 그에게 도전했던 토스티그와 하랄은 모두 전사했다.

한편 유럽 대륙에서 전쟁 준비를 마친 윌리엄은 8월, 잘 정비된 함선과 병사들을 디베스 강 하구에 집결시켰다. 그리고 연해의 기지와 내륙의 전선을 동시에 확보하기 위해 와이트 섬과 사우샘프턴을 경유해 잉글랜드를 침공할 계획을 세웠다. 그러나 역풍이 불어 그의 함대는 1개월 동안이나 꼼짝없이 항구에 갇혀 있을 수밖에 없었다.

원정이 지체되면서, 윌리엄의 해군력은 손실을 입었으며 병사들의 사기도 떨어졌다. 그는 어떤 식으로든 결단을 내릴 수밖에 없는 처지였다. 윌리엄은 어떤 악조건에서라도 원정을 강행한다는 다짐과 함께 솜 강변의 생발레리에 재차 병력을 집결시켰다. 이 기회를 놓치면 잉글랜드의 왕위계승은 영원히 이루어질 수 없을 것이기 때문이다.

그러던 9월 27일, 윌리엄은 춥고 비가 내리는 변덕스런 날씨 속에 바람이 서풍에서 남풍으로 방향이 바뀌었음을 감지했다. 그것은 하늘이 윌리엄을 돕는 것과 마찬가지였다. 윌리엄은 기회를 놓치지 않고 출항을 명했다. 윌리엄의 명령을 받은 함대는 일사분란하게 잉글랜드 남동부 해안으로 항해를 시작했다.

헤이스팅스 전투

항해는 순조롭게 이어져서 윌리엄의 군대는 다음날 아침, 육지에 상륙했으며, 아무런 저항도 받지 않고 페븐 시와 헤이스팅스 성읍들을 점령했다. 이어서 윌리엄은 4~7천 명의 기병대와 보병대를 이끌고 그곳을 중심으로 교두보를 건설하기 시작했다.

시인 웨이스는 이날을 이렇게 전했다.

노르만인들은 모두가 충분히 음식을 먹고 마실 수가 있었으며 자신들이 잉글랜드 땅에 서 있음을 기뻐하였다.

이런 상황은 400킬로나 떨어진 요크 부근에서 머물고 있던 해럴드에게 곧바로 전해졌다. 사실 그는 큰 전투를 막 끝낸 때였기에 선뜻 군대를 움직일 수가 없었다. 하지만 워낙 급박한 상황 보고들이 계속해서 전해지자, 10월 1일 지친 병사들을 독려하면서 남으로 진격하게 되었다.

드디어 두 군대가 부딪쳐 최후의 전투를 치를 장소는 헤이스팅스 근처로 정해졌다. 해럴드는 이미 그 지형을 익혀 놓았기 때문인지 급한 행군으로 지치기는 했지만 일단 전투에 유리한 고지를 선점할 수는 있었다.

그들은 약 640미터에 이르는 산등성이에서 대치하고 있었다. 동쪽과 서쪽은 완만한 경사지이고 북쪽은 가파른 언덕이었으며, 남동쪽은 수렁이 많은 계곡으로 이어졌다. 해럴드의 군대는 한마디로 적을 내려다보는 유리한 형국이었다.

반면 공격하는 윌리엄의 병사들은 언덕을 올려다보며 진격해야 하는 입장이어서 아주 불리했다. 해럴드 군의 전술적인 특징은 10~12열의 심층방어진을 치는 '방패―벽'이란 전투대형으로 적을 지치게 한 후에 정예부대인 '웨식스 용'이라 불리는 '하우스칼' 용병을 앞세워 마지막을 정리하는 것이었다.

10월 14일 오전 9시경에 시작된 전투는 시간이 지나면서 윌리엄군이 불리한 쪽으로 전개되었다. 궁수들은 해럴드의 진영으로 무수히 많은 화살을 퍼부었지만 언덕 위를 바라보며 쏘다 보니 정확도가 뚝 떨어졌다. 중장보병을 이용한 공격에도 방패─벽의 방어진은 쉽게 무너지지 않았다. 윌리엄군은 점점 초조해졌으며 공포에 질린 일부의 도망치는 병사들까지 생겨났다.

하지만 승리의 여신은 윌리엄군에게 미소를 지었다. 윌리엄은 오후 내내 공격을 하다가 해질 무렵 새로운 전략을 세웠다. 전투의 승패는 방패─벽 전략을 어떻게 무너뜨리는가에 있다고 생각한 윌리엄은 언덕 위에 있는 해럴드군을 공격하다 거짓 도주하는 전략을 수차례 시도하면서 점차 방패─벽을 언덕 아래쪽으로 끌어내렸다. 그리고 적당한 때에 아직 힘이 남아 있는 궁수들을 적의 사정권 바로 앞까지 진격하게 하여 화살을 공중으로 쏘아 올려 적의 머리 위로 떨어지게 하였다.

점차 방패─벽도 흔들리기 시작했다. 윌리엄은 기회를 놓치지 않고 궁수의 뒤를 바짝 따르던 기병들을 돌격시켜 방패─벽을 무력하게 만들어 버렸다.

드디어 하루종일 계속되던 전투는 승패가 드러나기 시작했다. 태양이 서쪽 하늘로 지고 전장에도 어둠이 깔리기 시작했다. 전쟁터에서 진영으로 돌아온 윌리엄의 앞에 뜻밖의 선물이 놓여 있었다. 그것은 형체를 알아볼 수 없을 정도로 찢겨진 해럴드의 시신이었다.

전장을 정리한 윌리엄은 런던으로 진군했다. 그리고 1066년 크리스마스에 웨스트민스터 대사원에서 잉글랜드 왕관을 썼다. 이로써 잉글랜드는 노르만에 의해 공식적으로 정복되었다.

윌리엄 1세 치세

웨스트민스터에서 왕관을 쓰고 나오는 윌리엄에게 주변에 있던 귀족들은 환호를 올리며 충성을 맹세했다.

그런 환호와는 달리 왕의 주위에는 노르만의 기사들이 도열한 채 삼엄하게 경호하고 있었다. 웨스트민스터 사원 밖에서는 경호에 문제가 된다는 이유로 주변 건물들이 노르만 병사들에 의해 불태워지고 있었다.

이렇듯 윌리엄은 잉글랜드의 지배자가 되었지만 자신의 왕권 강화를 위한 고삐를 놓지 않았다. 윌리엄은 노르망디 공국을 다스리며 경험했던 대륙의 봉건 제도를 잉글랜드에도 도입했다. 즉 자신이 가장 신뢰하는 측근들에게만 영토와 성곽을 하사하여 잉글랜드 토착민들을 다스리도록 한 것이다.

그렇다면 측근들에게 하사한 토지들은 어떻게 확보하였을까? 윌리엄은 무수히 일어나던 반란을 진압한 뒤, 합법적으로 토지를 몰수하는 방법을 썼다. 당시에 반란이 빈번하게 일어난 것은 해럴드의 추종 잔당들이 남아 있었던 것도 이유 중 하나였지만, 무엇보다 누구든 힘만 있다면 왕관의 주인이 될 수 있다는 생각이 만연했기 때문이다.

1067년에 일어나기 시작했던 잉글랜드에서의 반란은 1069년 절정에 달했으며 1071년에 이르러서야 마침내 진정되었다. 그리고 반란이 진정된 뒤에야 윌리엄은 정치 및 사회 부분에 통치의 초점을 맞출 수 있었다.

사실 중세 사회에서 봉건 제도와 기독교는 서로 떼어놓을 수 없는 관계에 있었다. 당시 윌리엄은 주교와 대수도원장의 반대, 교황청의 간섭을 용납하지 않으려 했으며, 자신에게 복종하는 부패하지 않은 교회를 원했다. 따라서 윌리엄은 직접 종교회의를 주재했으며 자신이 정한 규율로 교회의 규율을 강화했다. 또 성직 매매 행위를 금지하고 성직자의 결혼을 반대했다. 동시에 정치적 필요에 따라 교회도 강제했으며 자기 재산을 교회에 헌납하는 것도 탐탁지 않게 생각했다. 이런 상황에서 실질적인 자문 역할을 하고 측근에서 활동한 인물은 개혁적인 성향을 갖고 있던 베크* 수도원장 랜프랑크였다.

* 베크 : 프랑스 노르 망디 지방의 루앙과 리지의 사이에 있음

윌리엄은 생의 마지막 15년 동안 잉글랜드에 머물지 않고 자신을 대신하여 캔터베리 대주교로 임명한 랜프랑크를 통해서 통치했다. 물론 윌리엄도 통치자의 속성상 나름대로 방어책을 세워 놓고 있었는데, 잉글랜드 내의 토착 귀족들을 자신과 함께 노르망디에 머물도록 하여 반란의 불씨를 원천적으로 없앴던 것이다. 그럼에도 불구하고 랜프랑크에 대한 신임은 워낙에 두터워서 자신을 대신하여 잉글랜드의 법률과 법정을 운용할 수 있게 하였다.

랜프랑크는 왕의 신임을 저버리지 않고 철저히 윌리엄의 심복으로서 역할을 다하였다. 특히 정례적으로 개최되는 성직자 회의를 왕의 자문기관인 대자문 회의와 함께 개최하여 성직자들도 왕의 자문 이상이 될 수 없도록 한 것은 랜프랑크의 가장 큰 업적이었다.

윌리엄은 잉글랜드를 정복하고 왕관을 머리 위에 쓰고 있었지만 정작 잉글랜드에 머문 시간들은 그리 많지 않았다. 단 그가 필요하다고 판단될 시에는 즉시 잉글랜드로 달려왔다.

1075년에는 헤러퍼드 백작 로저와 노폴드 백작 랠프가 일으킨 반란을 수습하기 위해 잉글랜드로 건너왔다. 동생인 바이외 주교 오도가 교황이 되고자 군대를 준비하고 있다는 소식을 듣자,

오도를 체포해서라도 국제적 위치를 악화시키지 않기 위해 1082년 잉글랜드로 급히 들어왔었다. 물론 사태는 잘 수습되었으며, 이를 계기로 솔즈베리에서의 왕권을 확실히 보여주기 위해 잉글랜드의 모든 주요 영주들로부터 충성서약을 받아냈다.

1085년에는 한동안 잉글랜드를 통치했던 크누트의 자손으로 덴마크 국왕인 크누드 2세의 침공 조짐이 파악되었다. 윌리엄은 이에 대처하기 위해 대군을 이끌고 노르망디를 떠나 잉글랜드로 들어갔다. 그러나 이듬해에 크누트가 사망하자, 윌리엄의 군사적인 움직임은 해프닝으로 끝났다.

윌리엄은 잉글랜드에 들어온 김에 한 가지 큰일을 해결하였다. 당시 잉글랜드 인구를 정확히 파악하여 지방 영주들의 세금착복을 막고 중앙정부에 세금이 정확히 올라오도록 모종의 조치를 내렸던 것이다. 그는 왕국의 경제와 토지 소유에 대한 조사를 명했으며, 조사 결과는 〈둠즈데이 북〉이라는 토지대장으로 남겼다.

윌리엄은 통치 말기인 1087년, 프랑스의 필립 1세에게 쇼몽·퐁투아즈 등의 성읍들과 함께 멘 지방 일부와 센 강변의 벡생 지방을 돌려받으려 하였다. 사실 벡생 동부 지방의 망트 현은 윌

〈둠즈데이 북〉

리엄이 멘 지방 문제로 신경을 곤두세우고 있을 무렵, 1077년 필립 왕의 공격으로 빼앗긴 곳이었다.

필립이 윌리엄의 요구를 거절하자 윌리엄은 7월에 기습적으로 망트를 공격했다. 하지만 이때 윌리엄의 시도는 좌절되었으며, 그 자신은 성읍이 불타는 와중에 부상을 입고 말았다. 부상을 입은 윌리엄은 루앙 교외로 옮겨져 5주 동안 빈사상태로 누워 있었다. 그는 몇몇 주교와 의사의 도움을 받았으며, 아들들인 윌리엄 루퍼스와 헨리가 시중을 들었다. 윌리엄에게 반기를 들었던 큰아들 로베르는 윌리엄 옆에 있지 못했다.

잠시 정신을 차린 윌리엄은 후계 구도를 정했다. 당시의 관습으로 볼 때 로베르가 모든 유산을 상속받아야 했지만, 윌리엄은 자질은 부족하나 충실한 성품의 루퍼스를 유일한 후계자로 삼았다. 비록 반기를 들기는 했지만 장남이었던 로베르에게는 노르망디와 멘을 주었고, 또 다른 아들인 헨리는 영시를 사들일 수 있는 많은 보물을 물려주었다.

윌리엄은 60세 되던 해 9월 9일 새벽에 죽었으며, 자신이 캉에 세운 생테티엔(스테팽) 교회에 묻혔다.

의문의 죽임을 당한 윌리엄 2세

잉글랜드를 정복한 노르만의 두 번째 왕인 루퍼스(윌리엄 2세)는 정복왕 윌리엄의 두 번째 아들이었다. 그는 얼굴빛이 늘 붉었기 때문에 '붉은 얼굴빛 왕'이라 불렸으며 뚱뚱한 체구였다. 그러나 금발의 머리칼에 날카로운 눈빛만은 통치자로서의 기품을 지니고 있었다.

지난날 장남 로베르가 왕이 되고자 반란을 일으켰을 때 그는 정복왕의 편에 섰다. 그리하여 반란이 진압된 뒤 정복왕의 총애를 받아 결국 상속지로 잉글랜드 왕국을 받게 되었던 것이다.

윌리엄 정복왕이 세상을 떠나자 잉글랜드에 건너와 있던 많은 노르만 봉건귀족들은 이참에 꼭두각시 왕을 두고 자신들이 권력을 누리고 싶어했다. 그들의 이런 생각에 적합한 인물은 당연히 루퍼스보다 로베르였다. 결국 정복왕의 이복동생인 켄트 백작 바이외의 오도는 잉글랜드 내 귀족들을 선동하였다.

오도의 선동에 따라 움직이게 된 잉글랜드의 노르만 귀족들은 드디어 1088년 동부 잉글랜드에서 반란을 일으켰다. 그러자 다급해진 루퍼스는 귀족들 앞에 나서서 세금감면과 귀족들의 정치 참여를 약속하였다.

루퍼스의 약속을 들은 잉글랜드 귀족들이 마음을 바꾸자 반란은 진압되었다. 그러나 왕은 반란이 진압되자 약속을 이행하지 않았다. 이로 인해 1095년 노섬벌랜드 백작 로버트 드 모브레이가 주도한 귀족반란이 다시 일어났다.

이번에는 루퍼스도 미리 반란을 예상하고 준비하고 있었다. 그는 강경하게 반란을 진압했으며, 이후로는 어떤 귀족도 감히 그의 권위에 도전하지 못하게 되었다. 게다가 유일하게 그의 행동을 제재할 수 있었던 인물인 캔터베리 대주교 랜프랑크가 죽자, 그는 잉글랜드 교회의 권위마저 자신의 지배하에 두기 위해 후임 대주교를 뽑지 않았다. 그러나 종교적 영향력이 컸던 중세 유럽사회에서 루퍼스의 생각은 무리일 수밖에 없었다. 얼마 후 왕은 내키지 않았지만 스콜라 철학의 창시자인 성자 안셀무스를 대주교로 임명할 수밖에 없었다.

캔터베리 대주교 안셀무스 임명

안셀무스는 이탈리아 북서부에 위치한 피에몬테 지방에서 태어났다. 그는 훌륭한 고전교육을 받았으며, 당대의 뛰어난 라틴어 학자로 평가를 받았다. 그는 초기 고전교육의 영향으로 단어를 정확하게 사용해야 한다는 확신을 가지고 있었으며, 그의 글은 명료하기로 유명했다.

안셀무스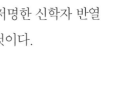

1057년 그는 일찍부터 흠모하고 있던 베네딕트 수도원의 부원장 랜프랑크의 가르침을 받고 싶어 수도사의 길을 택하였다. 하지만 베크로 가는 도중에 랜프랭크가 로마에 머무르고 있다는 것을 알고 한동안 떠돌다가 1060년이 되어서야 베네딕트 수도원에 들어가 수사가 되었다. 이곳에서 안셀무스는 학문적 깊이와 깊은 신앙심에 대해 인정을 받았으며, 얼마 뒤 랜프랑크가 캉의 대수도원장이 되어 자리를 옮기자 1078년 베크의 대수도원장이 되었다. 이후 베크는 그의 지도를 받은 수사들의 수련과 신학탐구의 중심이 되었다. 이로써 안셀무스는 랜프랑크를 능가하는 저명한 신학자 반열에 올라서게 되었던 것이다.

1066년 잉글랜드를 점령한 윌리엄은 그의 강력한 종교적 지원자인 랜프랑크가 있었던 베크 수도원의 후원자가 되었다. 그 덕분에 잉글랜드와 노르망디에 있는 땅들이 베크 수도원에 하사되었다. 안셀무스는 이렇게 받은 수도원 소유지를 둘러보기 위해 잉글랜드를 세 차례 방문하였고, 그 결과 체스터에 수도원의 분원을 세웠다. 이런 연유로 그는 윌리엄 2세 때 캔터베리 대주교에 임명되었던 것이다.

하지만 막상 임명 소식을 들은 안셀무스는 못내 내키지 않았으나 잉글랜드 교회를 개혁하려는 의도에서 대주교 자리를 수락했다. 대신 그는 윌리엄에게 몇 가지 청을 넣으면서 부임을 미루었다.

"왕이시여 당신이 소유한 캔터베리 영지를 대주교령으로 돌리시옵소서. 교황 우르바누스 2세의 통치력을 인정하시오. 그러면 당신 곁으로 가리다."

공교롭게도 병에 걸려 마음이 약해져 있던 루퍼스는 안셀무스의 조건을 받아들였다. 안셀무스는 1093년 12월 4일 정식으로 캔터베리 대주교에 부임했다. 그러나 병에서 회복된 루퍼스는 약속과 달리 안셀무스에게 상당한 액수의 세금을 요구하였다. 안셀무스는 이를 성직 임명에 대한 대가성 있는 것으로 보고 단호하게 거절했다.

상황은 점차 악화되기 시작했다. 왕은 안셀무스가 로마에 가서 우르바누스 2세로부터 팔리움*을 수여받는 것을 허용하지 않았는데, 이는 왕이 우르바누스 2세를 인정하지 않는다는 뜻이었

* 팔리움 : 교황청의 대주교 승인을 상징하는 예복

다. 이에 안셀무스가 본질적으로 성직과 관련된 문제에 왕이 개입할 권한이 없다고 주장하면서 교황 그레고리우스 7세와 신성로마황제인 하인리히 4세 사이에 불거졌던 서임권 논쟁(카노사굴욕, 1077)이 재현되었다. 즉 주교와 같은 성직 직위를 임명할 1차적인 권리가 세속적 지배자(황제 또는 왕)에게 있느냐, 그렇지 않으면 교황에게 있느냐 하는 논쟁이었다. 논쟁은 2년 동안 계속되었다.

이윽고 1095년 3월 11일 교황의 사절이 로마에서 팔리움을 가지고 왔다. 그러자 안셀무스는 성직의 권위가 왕으로부터 주어진 것으로 보일 수 있다며 팔리움을 거부했다.

이렇게 끊임없이 평행선을 긋던 두 사람의 관계는 안셀무스가 로마로 떠나는 것으로 해결되었다. 그러자 루퍼스는 그가 떠난 즉시 캔터베리의 대주교령을 몰수했다.

윌리엄 2세의 실정과 최후

1092년 스코틀랜드 국왕 맬컴 3세가 윌리엄 2세를 예방했다. 그러자 루퍼스는 맬컴 3세에게 "당신이 내 땅의 일부를 봉토로 가지고 있으니, 당신은 오늘 내게 신하로서의 예를 행해야 하오."라며 모욕을 주었다.

친선을 목적으로 방문했다가 뜻하지 않은 모욕적인 말을 듣게 된 맬컴 3세는 루퍼스의 말을 거절하고는 즉시 스코틀랜드로 발길을 돌렸다. 하지만 귀환하던 맬컴은 1093년 11월 노섬벌랜드의 애닉 근처 '맬컴의 십자가'Malcom's Cross라 불리는 곳에서 매복하고 있던 복병에게 살해되었다. 이어 루퍼스는 강제로 스코틀랜드의 왕을 봉건제후로 삼았으며, 1097년에는 웨일스도 예속시켰다.

이 시기에 루퍼스는 형인 로베르가 소유하고 있는 노르망디를 빼앗기 위한 작업을 실행에 옮겼다. 그리고 결국 노르망디에서 7년 동안 전쟁을 벌여(1089~1096) 형 로베르를 굴복시켰다. 이에 따라 로베르는 1096년 십자군 원정을 떠나기 위한 자금으로 1만 마르크를 루퍼스에게 빌리는 대신 루퍼스에게 자신의 왕국을 위임했다. 이렇게 대륙으로 진출한 루퍼스는 내친 김에 멘 지방까지 합병하는 등 프랑스 내의 영토를 넓혀 나갔다.

아버지 윌리엄이 잉글랜드를 점령하기는 했지만 루퍼스가 왕위를 이어받을 당시는 완전히 안정된 상태가 아니었다. 따라서 루퍼스는 잉글랜드를 안정시키고 자신의 권력을 확고히 하고자 노력을 하였는데, 이에 비례하여 정적들도 점차 많아질 수밖에 없었다. 그 결과 그는 의혹에 싸인 죽음을 맞게 되었다.

루퍼스는 살해당하기 전날 '피를 흘리는 꿈'을 꾸었다. 하지만 그는 개의치 않고 소홀한 경호만을 받으며, 햄프셔에 있는 왕실 소유의 숲 뉴 포리스트로 사냥을 떠났다. 그의 곁에는 동생 헨리와 탁월한 사냥솜씨를 보였던 퐁티외 남작 월터 티럴이 동행하고 있었다.

말머스버리의 기록을 살펴보자.

얼마간 사냥감을 찾던 중 숲에 사슴이 나타났다. 왕은 명사수인 티럴 남작이 반대쪽에 서있는 것을 보았다. 사슴은 왕과 남작의 사이에 일직선에 있었다. 왕은 움직이지 않고 조심스레 남작에게 사슴을 쏘라고 몸짓을 하였다. 그러나 남작이 쏜 화살은 사슴을 지나서 왕의 가슴에 박혀버렸다. 순간적이었다. 왕은 자신의 가슴에 박힌 화살의 날개

부분을 꺾으면서 말에서 떨어졌다. 이때 엎어지듯 떨어지는 바람에 꺾인 채 남아 있던 화살 부분이 땅에 부딪히는 충격에 의해 가슴 깊숙이 박혔다. 왕은 절명하였다. 1100년 8월 2일의 일이었다.

루퍼스가 죽임을 당하던 사냥터에 함께 있던 동생 헨리는 숲의 다른 편에서 이 광경을 지켜보고 있었다. 그는 형이 말에서 떨어지는 모습을 보면서 형에게 달려가기보다는 윈체스터에 있는 옥쇄를 차지하기 위해 말머리를 돌렸다.

이 부분은 간접적이지만 루퍼스의 죽음이 계획적인 암살로 여겨지는 대목이다. 또 루퍼스에 관한 기록에 어떤 여인이나 자식들이 나타나 있지 않다는 점은 그가 동성연애자일거라는 추측을 가능하게 하며, 동시에 그에게는 후계자가 없다는 사실을 말해준다. 동생 헨리의 재빠른 움직임과 깊은 연관이 있음을 알려주는 사실이다. 그리고 현대의 역사학에서도 티럴 남작은 실수였는지 모르지만, 살해범으로 남겨져 있다.

귀족과 타협한 헨리 1세

윌리엄 2세가 화살을 맞던 현장에 있던 헨리는 3일 뒤인 1100년 8월 5일 웨스트민스터 대수도원에서 왕위에 올랐다. 헨리는 '뛰어난 학자Henry Beauclerc'라는 별칭에서 알 수 있듯이 다른 형제들보다 많은 교육을 받았으며, 늘 학식이 높은 사람들 틈에 있었다. 다만 서열상 영토를 얻지 못하고 부친으로부터 5천 파운드 정도를 상속박았을 뿐이었다. 그렇기에 그는 기회만 있으면 형들의 권력다툼을 잘 이용하여 자신의 이권을 챙기는 성향의 인물이 되었다. 이를 알아챈 로베르와 루퍼스는 "만약 둘 중 혈통이 단절된다면 서로가 소유한 땅을 병합하더라도 헨리에게는 절대 주지 말자"고 합의하였다.

그러나 루퍼스가 갑자기 죽자, 협상의 상황은 변하였다. 죽은 루퍼스는 상속 자녀가 없었고, 노르망디를 물려받은 로베르 공도 제1차 십자군 원정에서 돌아오는 중이었기 때문이다. 그의 왕위 계승권 주장은 이듬해에 가서야 가능했다. 이때를 놓치지 않고 헨리는 웨스트민스터에서 급히 왕위에 오르게 되었는데, 당시 부유한 앵글로와 노르만 봉건 영주들의 대부분은 로베르 공을 지지하고 있었기 때문에 그의 왕권은 불안정할 수밖에 없었다.

헨리는 로베르가 돌아오기 전에 이 상황을 해결하지 않는다면 왕위에 오른 것은 의미가 없다는 점에 대해 잘 알고 있었다. 그는 가능한 자신을 지지해줄 많은 지지자를 얻어내기 위해 재빨리 움직였다.

그가 선택한 방법은 근거 없는 과세를 부과하지 않고, 면세의 대상인 교회의 수입을 금하며, 왕실의 권력남용 금지를 골자로 하는 '자유 헌장'을 선포하는 것이었다. 헨리는 이 헌장을 손에 쥐고 귀족들 앞에 나섰다. 또 맬컴 3세의 살해로 소원해져 있던 스코틀랜드와의 화해를 위해 맬컴 3세의 딸인 마틸다와 결혼하여 외교적 안정을 꾀했다. 그리고 윌리엄 2세가 추방한 안셀무스를 캔터베리 대주교로 재임명했다.

한편 1101년 십자군에서 돌아온 로베르는 헨리가 예상했던 대로 왕위를 내줄 것을 요구하면서 잉글랜드를 침략하였다. 헨리의 여러 조처에도 불구하고 유력한 봉건 영주 몇 명은 그의 곁을 떠나 로베르의 편에 섰다. 그러나 수많은 봉건 영주들과 대부분의 앵글로 · 색슨 귀족 및 안셀무스 대주교의 지지를 받은 헨리는 로베르와 협상을 하여 우호적인 타협안을 이끌어냈다. 결국 십자군 원정 후 재정적 부담을 안고 있던 로베르는 자신이 잉글랜드의 왕위에 대한 권리를 포기하는 대신 노르망디의 영토와 막대한 연금을 줄 것을 제안했다.

헨리는 왕위를 지키기 위해 이 제안을 받아들였다. 그러나 방종하고 우유부단한 통치자였던 로베르의 실정은 곧 노르망디를 혼란에 빠뜨렸다. 이 때문에 의식 있는 노르망디 성직자들은 잉글랜드로 망명하여 헨리에게 노르망디 공국을 다스려 달라고 간청했다.

형을 몰아내고 아버지의 영토를 재통일하겠다는 헨리의 야심은 이로써 도덕적 근거를 얻게 되었다. 헨리는 먼저 노르망디의 봉건 영주들을 뇌물로 매수하고 이웃 군주들과 협정을 맺는 등 치밀한 사전 준비를 마쳤다. 그리고 마침내 1106년, 노르망디 남서부에 있는 탱슈브레에서 로베르와 전투를 벌여 승리를 거둠으로써 다시 노르망디를 손에 넣었다.

한편 전투에서 패한 로베르는 외딴 곳에 연금되어 남은 여생을 보내게 된다.

헨리 1세와 성직임명권

헨리는 귀족들과의 신뢰감을 구축하기 위한 방편으로 다시 대주교로 임명했다. 이에 잉글랜드로 돌아온 안셀무스는 곧 헨리 1세가 주장하는 성직임명권 문제로 불편한 관계에 빠졌다.

주교직과 대수도원장직이 종교적인 성직일 뿐만 아니라 커다란 부의 원천이기도 하다고 생각한 헨리가 세 차례에 걸쳐 성직임명권에 관한 권리를 요청했기 때문이다. 하지만 교황은 그때마다 이를 거부했다. 안셀무스 대주교도 헨리로부터 교구를 받은 성직자들을 주교직에 임명하기를 거부했다. 또한 그 자신도 헨리에 대한 충성서약을 거부했다.

결국 안셀무스는 1103년 4월부터 1106년 8월까지 두 번째 망명을 떠날 수밖에 없었다. 이 논쟁은 1107년 탱슈브레 전투가 있기 전, 웨스트민스터 협약으로 타결되었다. 협약에는 왕이 주교와 대수도원장을 임명하는 것을 포기하는 대신 주교와 대수도원장이 축성하기 전 국왕에게 경의를 표한다는 내용이 담겨 있었다.

웨스트민스터 협약은 보름스 협약(1122)의 한 본보기가 되었는데, 이 협약은 신성로마 제국에서 한동안 성직을 둘러싼 논란을 해소하는 근거가 되었다. 결국 헨리는 성직임명권을 포기했지만, 안셀무스는 충성서약 문제에서 헨리에게 굴복했다. 종교 협정과 탱슈브레에서 잉글랜드가 거둔 승리를 통하여 앵글로·노르만 국가는 다시 통일을 이루었고 평화를 되찾았던 것이다.

헨리의 후계자

그 후 헨리는 대외적으로 잉글랜드의 위상을 세우기 위해 딸 마틸다를 신성로마 제국 황제 하인리히 5세와 결혼시켰다. 또 왕실의 안정을 위해 아들 윌리엄을 세자로 책봉하였다. 로베르의 아들이자 자신의 조카인 윌리엄 클리토는 노르망디 소유권을 요구하고 있었고, 프랑스의 루이 6세, 앙주 백작 풀크, 노르망디의 봉건 영주들 등 윌리엄 클리토의 지지자들도 노르망디 동부 지역을 위협했기 때문이다.

헨리는 모든 것을 잘 정리했다. 1120년 무렵에는 불만에 찬 봉건 영주들을 장악하였고, 윌리엄 왕세자는 앙주 가의 여자와 결혼했다. 프랑스의 루이 6세도 전투에 패배한 후 최종적인 강화조약을 맺었다. 그러나 1120년 11월, 세자 윌리엄이 '화이트 쉽'의 침몰로 갑작스럽게 목숨을 잃게 되면서 헨리의 계획은 산산이 부서지고 말았다.

'화이트 쉽'의 선장은 젊은 토머스 피츠스티븐이었다. 선장의 부친 스티븐은 윌리엄이 잉글랜드를 정복할 당시 왕의 배 '모라'를 몰았던 선장으로 유명했다. 이런 연유로 헨리의 아들 윌리엄이 노르망디에서 잉글랜드로 올 때도 스티븐의 아들이 이 임무를 맡게 된 것이다.

이 사건은 선장과 일부 선원이 항해 도중 술에 취해 있던 사이에 암초에 배가 부딪쳐 침몰한 명백한 인재였다. 이때 배에 타고 있던 윌리엄 왕세자를 비롯해 300여 명의 승객과 선원들이 죽임을 당했는데, 화이트 쉽 침몰 사건은 중세의 타이타닉호 사건으로 자주 비유된다.

왕세자가 죽은 뒤 헨리는 아들로 혈통을 잇지 못했다. 결국 헨리는 1125년 독일의 황제 하인리히 5세가 죽자, 그의 딸이자 독일 황후인 마틸다를 잉글랜드로 불러들였다. 그리고 귀족들에게 그녀를 자신의 후계자로 인정하라고 강요했다.

마틸다는 1128년 앙주 백작의 후계자인 조프루아(제프리) 플랜태저넷과 결혼하여 1133년 첫아들 헨리를 낳았는데, 이 헨리는 나중에 잉글랜드 왕 헨리 2세가 된다.

한편 잉글랜드 귀족들은 그때까지 여왕의 유례가 없었고, 귀족들의 동의도 없이 앙주 백작과 재혼한 마틸다에 대해 못마땅한 생각을 가지고 있었다. 그런 불만은 1135년 헨리 1세가 노르망디 동부 지역에 있는 리옹라포레에서 세상을 떠나자 표면으로 떠오르기 시작했다.

헨리 1세는 잉글랜드와 노르망디를 통합하고 왕국의 행정체계를 제대로 잡아나간 능력있는 군주였다. 그는 순회법정제도를 통해 자신이 임명한 판사들로 하여금 잉글랜드의 각 주를 체계적으로 순방토록 하면서 국가사회의 틀을 서서히 정착시켜 나갔다. 한마디로 헨리의 통치시기는 관료 국가로 나아가기 시작한 중요한 첫걸음이 되었던 것이다.

무정부 시대의 마틸다와 스티븐

스티븐Stephen of Blois은 정복왕 윌리엄의 딸 애덜라와 블루아 백작 에티엔 사이에서 셋째 아들로 태어났다. 부친이 1차 십자군 원정 중에 세상을 떠나자 삼촌인 헨리 1세에 의해 양육되었으며, 잉글랜드와 노르망디 및 불로뉴 지방의 방대한 영토를 물려받았다. 헨리 1세는 스티븐에게 땅을 물려주면서 마틸다의 왕위계승을 돕도록 다짐시켰다.

스티븐은 이에 다른 많은 대귀족들과 함께 헨리의 딸이자 자신보다 6년 정도 연상인 사촌 마틸다를 왕위계승자로 지지할 것을 왕 앞에서 서약했다. 그러나 헨리 1세가 죽자 스티븐은 일순간에 서약을 뒤집고 왕위를 차지하기 위해 잉글랜드 해협을 건넜다. 마틸다에게 불만을 품고 있던 대귀족들과 주교들은 즉시 그를 환영했다. 그리고 비공식적이지만 스티븐은 1135년 12월 22일에 즉위하였다.

스티븐은 용감하고 정력적이었지만 우유부단한 성격이었다. 그는 왕위에 올라서도 확고한 지도력을 발휘하지 못했다. 또 그가 용병으로 사용했던 플랑드르인들이 잉글랜드 귀족들을 못살게 굴면서 그를 지지하던 귀족들도 점차 멀어지기 시작했다.

이런 틈을 타고 마틸다의 이복동생이며 세력가이던 글로스터 백작 로버트는 1138년에 "마틸다의 왕위계승권에 정통성이 있다."는 주장과 함께 내란을 일으켰다. 처음에는 스티븐 측이 몇 차례 승리를 거두었다. 하지만 와중에 그에 대해 반목하던 솔즈베리 주교 로저를 포함한 3명의 주교들을 체포하자, 그를 지지하던 성직 제후들의 지지마저 잃게 되었다.

스티븐의 빈틈을 노리고 있던 마틸다는 앙주 가문의 힘을 빌려 공격을 시작했으며, 서부 잉글랜드의 대부분은 마틸다의 지배 아래 놓이게 되었다. 결국 1141년 2월, 스티븐은 마틸다를 지지하던 세력과의 전투 중에 링컨에서 사로잡히는 몸이 되었다.

마틸다는 그해 4월 윈체스터에서 열린 성직자 회의에서 '잉글랜드의 레이디lady of the English'로 뽑혔으며, 드디어 정식으로 왕위에 오를 수 있는 기회를 얻었다. 하지만 6월, 대관식을 거행하기 위해 런던에 도착한 마틸다는 국민들 앞에서 거만한 행동을 보였고, 일부 귀족들에게는 화려한 대관행사를 위한 거금을 요구했다. 그녀의 이런 행동들은 시민들의 분노를 불러일으켰다. 신변의 위협을 느낀 마틸다는 대관식을 치르기도 전에 도주하듯 옥스퍼드로 돌아갔다.

숨가쁘게 돌아가는 정국의 소용돌이 속에 연금되어 있던 스티븐이 풀려났다. 왕위를 놓고 시작된 왕실의 다툼은 원점으로 돌아갔다.

마틸다는 1141년 9월 윈체스터에서 다시 벌어진 전투에서 패배했다. 그 뒤에도 서부 지역을 중심으로 꾸준히 저항을 했으나 세력은 점점 약해졌다. 그리고 이듬해 12월, 옥스퍼드 성을 지키지 못하게 되자 그녀는 얼어붙은 템스 강을 건너 노르망디로 도망쳤다.

잉글랜드에서의 전쟁은 끝이 났다. 마틸다가 도망친 노르망디는 1144년부터 그녀의 남편 앙주 백작의 영토가 되었으며, 마틸다는 루앙 근처에 머물면서 아들 헨리(후에 헨리 2세)의 이권을 방어하기 위해 부단히 노력했다.

마틸다가 잉글랜드에서 물러나자, 스티븐은 명목상 잉글랜드 왕국 전체를 지배하게 되었지만 실상은 오랜 전쟁 탓에 혼란을 극복하고 귀족들을 중재할 힘도 의지도 없었다. 그는 오로지 왕국을 지켜 자신의 아들인 외스타슈Eustace에게 적법하면서도 확실히 물려줄 날만 기다릴 뿐이었다. 그러나 아들에게 왕위를 물려주기 위해서는 1153년 1월 왕위계승권을 주장하며 잉글랜드로 쳐들어온 마틸다의 아들, 앙주의 헨리와 담판을 지어야 했다.

공교롭게도 그해 8월 스티븐의 아들인 외스타슈가 세인트 에드먼드에 묻혀 있는 수도원 보물들을 훔치다 갑작스런 죽임을 당했다. 한동안 실의에 빠져 있던 스티븐은 아들의 죽음을 운명으로 받아들이고 헨리를 자신의 후계자로 지명하는 웰링퍼드 조약을 맺게 된다.

스티븐은 조약이 체결된 후 14개월 뒤에 죽었다. 그리고 헨리는 어머니 마틸다가 빼앗긴 잉글랜드 왕위를 극적으로 되찾아 헨리 2세로 즉위하게 되었다.

플랜태저닛 왕조를 연 헨리 2세

한차례의 폭풍이 지나간 듯 스티븐이 세상을 떠난 뒤 왕실에서는 조용하게 다음 왕을 맞아들이기 위한 준비가 진행되었다. 웰링퍼드 협정의 효과 덕분으로 스티븐의 조카이자 마틸다의 아들인 앙주의 헨리는 순조롭게 즉위할 수 있었다. 대관식이 끝나고 많은 기대 속에 대중들의 앞에 나타난 헨리는 화려한 의복에도 불구하고 볼품없는 외모였다. 작고 뚱뚱한 체격에, 20살이 되었음에도 주근깨로 가득 덮인 얼굴에 짧게 자른 황갈색 머리를 한 모습에서 왕의 위엄이라곤 찾아볼 수가 없었다.

그러나 그와 한번이라도 대화를 나누어본 사람들은 부정적인 첫인상과는 전혀 다른 긍정적인 면을 발견하게 되었다. 헨리는 위트와 재치가 넘치는 말솜씨로 사람들을 자연스럽게 주변으로 끌어 모았다. 학식도 풍부해서 헛된 잡담이 아니라 품위있는 담론을 즐겼다. 그는 측근들에게 "짐은 학자들과 어울리고 나면 뭔가 기쁨을 느껴"라고 자주 고백했다고 한다.

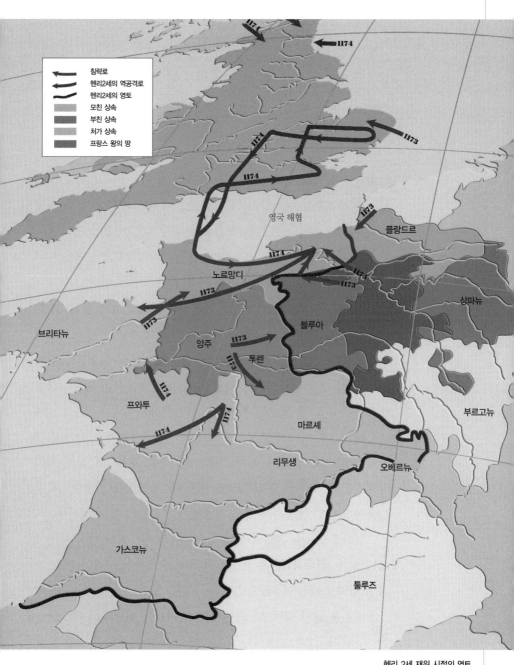

범례:
- 침략로
- 헨리2세의 역공격로
- 헨리2세의 영토
- 모친 상속
- 부친 상속
- 처가 상속
- 프랑스 왕의 땅

1174
1174
1173
1174
1174
영국 해협
플랑드르
1173
1174
노르망디
1173
1173
1173
샹파뉴
1173
브리타뉴
블루아
앙주
1173
1173
투렌
부르고뉴
1174
프와투
1174
1174
마르셰
1173
리무생
오베르뉴
가스코뉴
툴루즈

헨리 2세 재위 시절의 영토

잉글랜드 왕국 성립

엘레오노르와 왕국의 확대

국왕이 된 헨리는 당시 유럽에서 손꼽히는 부자가 되었다. 부친인 앙주의 땅과 국왕이 되면서 소유하게 된 잉글랜드 본토, 그리고 노르망디를 소유하고 있었다. 그런 그에게 더 많은 땅을 소유할 기회가 우연히 찾아왔다.

당시 프랑스를 통치하고 있던 루이 7세는 비록 출신은 좋지 않더라도 신뢰할 수 있는 자들과 봉건적 계약을 맺어서 프랑스 영토를 평화적으로 다스리고 있었다. 그런데 출신이 좋은 앙주 백작은 루이에게 복종하지 않는 모습들을 자주 보였기에 늘 못마땅하게 생각하고 있었다. 그러던 차에 앙주 백작의 아들인 헨리가 잉글랜드 왕이 되자 적대감이 더욱 커졌다.

일찍이 루이 7세는 1137년, 자신보다 더 넓은 봉토를 갖고 있는 아키텐 공작이자 푸아티에 백작인 기욤 10세의 딸 엘레오노르와 결혼했다. 이는 철저히 정략적인 결혼으로 루이의 왕권을 강하게 만들어 주는 기틀이기도 하였다. 하지만 정략적인 결혼이었음에도 불구하고 루이는 그녀를 매우 사랑했다.

하지만 루이와 엘레오노르 왕비의 사랑은 제2차 십자군 원정에서 금이 가고 말았다. 십자군이 이슬람 지도자 누레딘의 요새인 알레포를 치기 위해 인티오크에 머물 때, 동행했던 엘레오노르가 그곳의 영주인 레몽과 불륜을 저질렀다는 추문이 번진 것이다.

엘레오노르를 열렬히 사랑했던 루이의 배신감과 상처는 누구보다 컸다. 결국 원정 후 프랑스에 돌아온 그는 정략적인 모든 것을 포기하고 1152년 3월에 그녀와 이혼을 했다.

이혼을 당한 엘레오노르는 관습에 따라 루이로부터 아키텐을 돌려받았다. 그러자 그녀는 노르망디 공의 자격으로 주군인 프랑스 왕에게 '봉건제후의 예'를 표하기 위해서 파리를 방문한 헨리 2세에게 결혼을 제안했다. 그것은 루이가 가장 큰 적대감을 품고 있던 헨리에게 결혼을 제안함으로써 루이에게 일종의 복수를 한 셈이었다. 이것은 그녀가 이혼을 하고 불과 2개월만의 일이었다.

엘레오노르의 제안에 대해 헨리는 잠시 고민했다. 만약 엘레오노르와 결혼하여 그녀가 갖고 있는 아키텐을 소유한다면 유럽의 최고 부자이자 동시에 최고의 권력자가 되는 것이다. 헨리는 결국 11살이나 연상인 여인의 제안을 뿌리치지 못했다. 두 사람은 각자의 충분한 이유를 전제로 동맹에 가까운 결혼을 하게 된 것이다. 이로써 헨리 2세는 엘레오노르의 땅을 합하여 프랑스 왕보다 더 넓은 토지를 소유한 명실공히 유럽 최고의 군주로 자리를 잡게 되었다.

그의 영토 확장은 여기서 끝나지 않았다. 헨리는 스코틀랜드의 11살의 어린 왕 맬컴 4세로부터 신하의 예를 받아 제후국으로 삼았다. 스코틀랜드는 맬컴 4세의 조부인 데이비드 1세 때 왕실의 안정을 되찾으면서 잉글랜드에 위협적인 모습을 보였는데, 이 시기는 마틸다와 스티븐이 각축을 벌이던 시기였다.

헨리는 이때 빼앗긴 북잉글랜드 지역인 노섬벌랜드·컴벌랜드·웨스트몰랜드를 되찾았다. 또 1157년 헨리는 웨일스에서도 충성서약을 받아 제후국으로 삼았지만, 정복하지는 않았다. 교황 하드리아누스 4세가 헨리에게 주었다고 전해지는 아일랜드의 경우는 1171년 렌스터에 앵글로·노르만족의 지배권을 확립하기 위해 왕이 직접 섬으로 건너가서 영토를 넓혔다.

고대와 중세는 권력과 토지가 서로 비례한다. 이제 광대한 영토를 획득한 헨리는 권력의 상징성이 필요했고 이에 부친인 앙주 백작의 플랜태저넷 집안을 따서 잉글랜드 최초의 왕조인 플랜태저넷 왕조를 열게 되었다.

잉글랜드의 최초의 왕조를 세운 그였지만 왕실의 안정은 가정으로부터 시작되었다. 영토 획득과 복수라는 목적들로 시작된 헨리와 엘레오노르이지만 둘은 정치적으로도 좋은 파트너였다. 엘레오노르는 결혼한 후에도 정치에 깊이 참여했다. 그녀는 자신의 아키텐 영지 안에 있는 푸아티에 궁정에 음유시인들이 자주 드나든다는 사실을 알고 그들에게 충성의 표시로 궁정예절의 본을 세울 것을 명하였다.

이렇게 세워진 궁정예절은 아키텐을 통해 국민들에게 알려지게 하였다. 이는 헨리가 세운 새로운 왕조에 대한 국민들의 신뢰감이 뿌리내리도록 하는 데 일조하였다.

그녀는 자손을 번성시켜 왕실을 튼튼하게 하기도 하였다. 엘레오노르는 루이 7세와의 사이에서 딸 둘을 낳았고, 헨리와 새혼해서는 아들 다섯과 딸 셋을 낳았다. 그녀가 낳은 아들들은 3세 때 죽은 장남 윌리엄 이외에도 헨리, 사자심왕 리처드, 브리타뉴 공작 조프루아(제프리), 존이 있다. 딸로는 작센·바이에른 공작 하인리히와 결혼한 마틸다, 스페인의 카스티야 왕 알폰소 8세와 결혼한 엘리너(레오노르), 시칠리아 왕 굴리엘모 2세와 결혼했다가 툴루즈 백작 레몽 6세와 재혼한 조앤이 있었다.

잉글랜드 교권의 현주소-토머스 베켓

그런데 헨리와 엘레오노르가 세운 모든 것은 토머스 베켓과의 논쟁 및 가족의 반란으로 자칫 왕실 존속이 위협받을 정도의 위기에까지 이르게 되었다.

토머스 베킷은 헨리의 신임을 받고 대법관으로 입신한 인물이었다. 정력적이고 다재다능한 베킷은 다루기 어려운 봉건 영주들과 그들의 성을 부수고, 다양한 형태의 재판 절차와 질서를 회복하는 데 혁혁한 공을 세웠다. 그 와중에 그는 법을 다스리는 입장에서 부적절한 법령을 발견하였다. 그것은 종교인이 파문을 당하면 세속재판에 회부되어 다시 심판을 받게 되는 것이었다. 베킷은 이 법령이 악용되어 정치적으로 방해되는 성직자를 제거하는 도구로 전락하는 사례들을 보게 되었다. 그는 이를 왕권의 남용으로 보고, 캔터베리 대주교로 선출된 직후 이 법령의 문제점을 제

베킷 살해 장면

기하기 시작했다.

자신이 신뢰하여 대법관, 그리고 대주교로 임명한 베켓이 왕권에 대해 도전하자, 헨리의 심기는 무척 불편해졌다. 이런 불편함을 읽은 왕의 추종자들(종교제후들)은 클래런던 종교회의를 개최하여 베켓이 제기한 내용을 철회할 것을 요구했다.

동시에 그들은 베켓으로 하여금 랜프랑크의 작품이랄 수 있는 교권보다 왕권이 우위에 놓여 있는 클래런던 헌장The Constitutions of Clarendon, 1164에 복종토록 하였다. 이 헌장은 성직자의 의무 면제, 주교 임명, 빈 주교관구의 관리, 파문, 로마에 대한 청원 같은 문제에서 교회에 대한 국왕의 세습 권리를 공개적으로 재천명한 것이었다. 당장에 목숨의 위협을 느낀 베켓은 일단 복종을 약속하고 위기를 모면할 수 있었다.

그러나 그는 종교적 양심을 버릴 수 없어 또다시 자신의 소신을 피력하게 되었고 결국은 잉글랜드로부터 추방당하였다.

한편 잉글랜드와 달리 유럽 대륙에서는 교황의 권위가 점차 커지고 있던 시기였다. 베켓의 소식으로 잉글랜드의 교권 현실을 파악하게 된 교황은 헨리의 파문을 고려하기에 이르렀다. 아직 잉글랜드의 대외적인 위상이 불확실한 상황에 있었기 때문에 교황의 이런 조치는 헨리로서도 무척 당황스러운 일이었다.

결국 헨리는 베켓을 만나 서로의 권위를 존중하고, 베켓은 캔터베리로 복귀하기로 타협했다.

그러나 1170년 12월 29일, 헨리에게 맹목적으로 충성하는 4명의 기사가 프랑스에서 해협을 건너 캔터베리 대성당에 있던 베켓을 공격했다. 자신은 왕의 배신자가 아니라 하느님의 종일 뿐이라며 맞선 베켓에게 기사들은 고함을 치며 칼을 쳐들었다. 베켓의

옆으로 몰려왔던 수사들이 기사들의 살벌한 모습을 보자 혼비백
산하여 사방으로 달아났다. 다만 에드워드 그림Edward grim 수사만이
주위에 있던 장식용 방패를 들고 베켓을 보호했다. 기사가 칼을
휘둘러 그림의 방패를 쳐서 땅으로 떨어트린 뒤, 베켓의 목에 칼
을 겨누었다.

베켓은 "예수님을 위하여, 교회를 보호하기 위해서 나는 영
광스럽게 죽을 준비가 되어 있다."라는 말을 남긴 채 목이 베어졌
다. 그럼에도 그의 몸은 그대로 서있었으며, 또 다른 칼이 그의 무
릎을 베자 무너지듯 땅으로 쓰러졌다고 한다.

이런 베켓의 최후는 그를 보호하기 위해 방패를 들었던 그림
수사에 의해 알려졌다. 베켓의 목에서는 흰 피가 쏟아졌으며, 쓰
러진 몸에서는 붉은 피가 흘러 바닥을 적셨다고 한다. 이후 사람

들은 모두 입을 모아 그를 캔터베리 성자라 칭하기 시작했다.

헨리에게 베켓 사건은 엎친 데 덮친 격이었다. 헨리는 교황에게 많은 것들, 즉 성전 기사단에 매년 연금을 보내는 것, 국내 수도원 건립의 완화 등을 양보함으로써 겨우 무마할 수 있었다. 또한 교황권이 강한 현실 여건상 클래런던 헌장을 포기할 수밖에 없었다. 이것은 왕권보다 교황권이 우위에 놓이는 대륙교권 형태로 바뀐 것이다.

한편 잉글랜드인들에게는 베켓의 죽음이 순교로 비추어지게 되었다. 그리하여 이때부터 300여 년 동안 '캔터베리 순례' 관습이 잉글랜드 전역에서 성행하게 되었다. 또한 베켓의 항명과 죽음이 헨리의 정치활동에 별다른 장애가 되지 않은 것처럼 보였으나 결국은 헨리가 많은 비난을 받는 이유가 되었다.

아들들의 반란

베켓 문제보다 더 심각한 문제는 왕실 내부의 불화였다. 자식들이 아버지를 상대로 반란을 일으킴으로써 왕권을 강화하고자 하는 헨리를 방해했을 뿐 아니라 생명의 위협과 슬픔과 수치로 몰아넣었다.

헨리에게는 이미 장성한 네 아들 헨리 · 제프리 · 리처드 · 존이 있었다. 그는 아들들에게 사랑을 쏟았지만 상속 문제가 불거지면서 분란이 일어났다. 따지고 보면 분란의 원인은 헨리 자신이 제공한 것이나 다름이 없었다.

즉 헨리는 영지를 아들들에게 나누어주면서도 최종 권력만은 계속해서 자신이 쥐고 있었는데, 맏아들을 자신과 공동 통치자로 임명한 뒤에도(1170) 실권을 내놓지 않아서 젊은 왕을 사실상 허수아비나 마찬가지로 만들어 놓았다. 또 1173년이 되면 제프리의 영지를 자신이 가장 사랑했던 막내아들 존에게 주려는 추태를 보였는데, 이 사실을 알게 된 제프리는 헨리에게 등을 돌렸다. 여기에 더하여 헨리로부터 소외된 왕비 엘레오노르가 자신이 편애했던 아들 리처드로 하여금 왕위 찬탈을 시도하도록 시켰다. 왕비까지 헨리를 배신한 것이다.

성인이 된 헨리가 이미 초로의 나이에 접어든 엘레오노르보다 젊은 여인들에 더 많은 관심을 보이게 되는 것은 당연했다. 하지만 엘레오노르는 이미 루이 7세로부터 버림을 받았다는 아픔을 가지고 있는데다가 또다시 헨리의 관심에서 멀어지자 오직 자식에게 모든 것을 걸게 되었던 것이다.

이런 모든 아들들의 반란 뒤에는 프랑스 왕 루이 7세와 스코틀랜드의 사자왕 윌리엄의 지원, 그리고 많은 봉건 영주들의 지지도 함께 얽혀 있었다.

절체절명의 위기에 빠진 헨리 2세는 1174년 7월 12일 캔터베리에서 모든 것은 자신의 부족함 때문이라며 공개적으로 참회를 했다.

헨리의 캔터베리 참회가 있고 이튿날 스코틀랜드 왕이 애닉에서 붙잡혔으며, 3주가 지난 뒤 반란은 완전히 진압되었다. 아들들의 반란을 진압한 헨리는 일단 아들들에게 사면을 내렸지만 왕비 엘레오노르만은 자신이 죽을 때까지 감금시켜 놓았다.

하지만 헨리가 아들과 왕비의 배신이라는 심리적인 고통에서 헤어나기도 전에 아들 사이에 또다시 반란이 일어났다. 두 번째 반란은 두 아들, 헨리와 리처드가 어머니의 영지인 아키텐을 두고 싸움을 벌이면서 시작되었다(1181).

아키텐은 리처드의 영지였다. 그는 11세가 되었을 때, 자신을 편애하던 어머니 엘레오노르의 상속지인 아키텐 공작령을 받았고 1172년에는 푸아티에 공작이 되었다. 그 후 리처드는 아키텐에 머물면서 일찍부터 기사다운 자질로 푸아티와 가스코뉴의 반항적인 귀족들을 다루면서 명성을 얻었다.

하지만 그는 통치에는 그다지 신통치 않았다. 특히 반항적인 가스코뉴 사람들에 대해서는 강압적인 태도를 취했다. 결국 가스코뉴 사람들은 리처드의 다른 형제들인 헨리와 브리타뉴의 제프리에게 도움을 청해 리처드를 몰아내기 위한 반란을 일으켰던 것이다.

헨리 2세는 반란이 성공하면 이 지방이 자신의 영토로부터 독립하려 할지도 모른다는 생각에 유럽 대륙에 있는 잉글랜드 영지의 봉건영주들을 동원해 리처드를 돕도록 했다.

반란은 심각한 사태가 일어나기 전 1183년 6월 11일, 헨리 2세의 장남 헨리가 갑작스럽게 죽는 바람에 끝났다. 그리고 3년 뒤에는 제프리마저 세상을 떠남으로써 리처드는 잉글랜드와 노르망디 그리고 앙주의 후계자가 되었다. 그러나 리처드의 기쁨도 잠시뿐이었다. 막내 존이 리처드의 소유인 아키텐을 자기에게 넘겨달라고 싸움을 걸어왔기 때문이다.

존을 편애하던 늙은 헨리는 존의 편을 들었다. 하지만 자신의 고향처럼 생각한 리처드가 아키텐을 내놓을 리는 만무했다. 결국 리처드는 존의 편을 드는 아버지에게 반발했다.

1188년 11월, 리처드는 프랑스 땅에 있는 잉글랜드의 영지를 걸고 프랑스 왕 필립에게 충성을 서약하면서 동맹을 맺었다. 그

다음 해에는 루이 7세의 뒤를 이은 필립 2세와 합세해 공공연히 헨리 2세에게 항복을 요구하면서 전쟁을 일으켰다.

아들과 아버지의 전쟁은 결국 르망에서 소뮈르까지 아버지 헨리를 추격한 아들의 승리로 끝났다. 더욱 재미있는 것은 헨리가 그토록 사랑했던 아들 존이 막상 상황이 불리해지자 리처드와 손을 잡았다는 것이다. 존이 리처드와 손을 잡았다는 소식은 헨리에게 엄청난 충격을 안겨주었다. 그리고 충격을 이기지 못한 헨리는 1189년 투르 근처에서 세상을 떠났다.

평소의 헨리는 사람들을 허물없이 대했고, 신실한 친구였지만 때로는 무자비하고 저돌적인 군주였다. 그는 폭군도 이기주의자도 아니었지만 항상 자기중심적이었으며, 지혜와 차분함이 부족했으며, 나라 전체에 대한 통찰력과 통치력도 부족했다. 또한 국민에 대한 애정이나 동정심도 전혀 없었다. 한마디로 그는 위대한 인물인 앨프레드 대왕이나 정복왕 윌리엄과 같은 군주로서의 자질을 갖추지 못한 인물이었다.

그럼에도 불구하고, 역대 잉글랜드의 왕들의 치세를 놓고 볼 때 잉글랜드 최초의 왕조인 플랜태저넷 왕조를 세운 업적만은 매우 주목할 만하다고 할 수 있다.

사자심(心)왕 리처드 1세

아버지를 상대로 일으킨 반란을 통해 리처드는 결국 1189년 9월 30일 잉글랜드 왕관을 썼다. 리처드가 왕위에 오르게 된 데는 그의 어머니인 엘레오노르의 역할이 매우 컸다.

이야기를 리처드가 왕위를 얻기 위해 반란을 도모할 즈음으로 되돌려 돌려보자. 리처드의 어머니이자 헨리 2세의 왕비인 엘레오노르는 남편인 헨리의 여성편력에 앙심을 품고 아들들의 반란을 부추기면서 막대한 군사적 지원을 했다. 그러나 아들들의 반란이 실패하자, 그녀는 프랑스로 도피하려다가 헨리의 병사들에게 붙잡혀 반(半)구금 생활을 하게 되었다.

이런 엘레오노르의 처지를 가장 애처롭게 생각한 것은 리처드였다. 그는 누구보다도 어머니의 사랑을 받고 자랐던 아들이었기 때문이다. 이것이 리처드가 반란을 일으켰던 주요 원인이었다. 실제로 리처드가 아버지의 목에 비수를 들이대는 일은 그리 쉽지 않았다. 그러나 어머니를 구출해야 한다는 일념이 그를 반란의 길로 이끌었다.

결국 아들과 아버지의 전쟁이 벌어지고 있던 1189년, 아버지 헨리 2세가 사망하면서 그녀는 풀려났다. 리처드가 즉위하고 나자 엘레오노르는 이전보다 더 깊숙이 정치에 관여했다. 그녀는 리처드가 3차 십자군 원정을 떠나면서 자리를 비운 동안 실질적으로 왕국을 다스리며 리처드의 왕좌를 지켰다. 다시 언급되겠지만 원정에서 돌아오던 리처드가 오스트리아 공작에게 구금되자 몸값을 주고 몸소 아들을 호위해 잉글랜드로 데려온 인물도 그녀였다.

리처드가 국내 정치에 소홀했음에도 전설적인 왕으로 미화된 이면에는 그녀가 있었기 때문인지도 모른다. 퐁트브로 수도원 수녀들이 그녀의 사망자 명부에 '세계의 어느 왕비보다 뛰어난 왕비'라 썼듯이 리처드에게는 '세계의 어느 어머니보다 뛰어난 어머니'였다.

리처드와 맞물려 언급될 또 한 명의 인물이 있다. 그가 바로 프랑스의 존엄왕 필립 2세이다. 필립은 루이 7세가 엘레오노르와 이혼한 뒤에 재혼한 상파뉴 가문의 아델라와의 사이에서 태어났다. 그리고 1180년 9월 18일 루이 7세가 세상을 떠나자, 명실상부한 프랑스 국왕으로 즉위했다.

그런 필립에게도 골칫거리가 있었다. 그것은 바로 프랑스 내에 있는 헨리 2세의 영지, 즉 노르망디 · 멘 · 앙주 및 투렌으로 이루어진 이른바 앙주 제국과, 앙주의 아들 리처드가 갖고 있는 아키텐, 그리고 또 다른 아들 제프리가 다스리는 브리타뉴가 끊임없이 필립의 영토를 위협했기 때문이다.

필립은 프랑스 내에 있는 잉글랜드 영지를 다시 회복하는 것만이 최선이라는 결론을 내렸다. 필립은 우선 리처드의 반란을 돕는 조건으로 리처드로 하여금 봉블랭에서 '봉신의 예'를 표하도록 했다(1188. 11). 국내의 영토를 회복하기 위한 최소한의 수순을 진행한 것이다.

신의 전쟁에 앞장선 리처드

왕이 된 리처드에게는 오직 한 가지 야망이 있었을 뿐이었다. 그것은 1187년 살라딘의 예루살렘 점령으로 일어난 십자군 전쟁에 수장으로 참전하는 것이었다. 리처드는 아버지가 모아놓은 재물들을 처분하고, 몇 가지 직책을 팔아 정예 기사들을 모은 뒤, 1190년 성지(聖地) 항해 원정길에 올랐다.

필립도 처음에는 리처드와 같은 생각을 가지고 있었다. 그들은 시칠리아에서 만나 서로 선봉을 맡기 위해 다투다가 1191년 3

월, 메시나에서 조약을 맺은 다음 함께 출발하게 되었다.

십자군은 옛 알렉산더 대왕의 원정로를 따라 소아시아로 넘어가 아크레에서 합류한 뒤 이슬람군과 충돌했다. 아크레 전투는 십자군의 승리로 끝났다. 하지만 무리한 필립은 병에 걸렸고, 이 참에 병을 핑계로 귀국하고 말았다(1191). 그리고 그는 귀국을 하자마자 리처드가 자리를 비운 틈을 타서 프랑스에 있는 플랜태저넷 왕가의 영지를 공격했다.

십자군 전쟁

비록 필립이 빠지기는 했지만 십자군은 리처드가 아르수프에

서 큰 승리를 거둔 데 힘입어 1191년 9월 7일에는 요파를 점령했다. 하지만 리처드는 두 차례에 걸쳐 예루살렘에 접근했지만 끝내 예루살렘을 탈환하지는 못했다. 이것은 십자군이 연합군의 성격을 가지고 있는 군대이다 보니 각국의 군대가 자신들의 이권을 우선하면서 서로 격렬한 분쟁을 벌였기 때문이다. 특히 리처드의 행동은 다른 십자군 참가자들에게 혐오감을 불러일으켰다.

한번은 리처드가 전투에 앞서 기발한 제안을 했다.

"친애하는 왕과 귀족 여러분, 적의 진지에 누가 먼저 깃발을 꽂을 수 있는지 내기합시다. 이는 연합군의 사기에도 큰 도움이 될 것이오."

리처드가 이런 제안을 했던 배경에는 자신이 누구보다도 먼저 깃발을 꽂을 수 있다는 자신감이 있었기 때문이다. 하지만 막상 전투가 시작되자 가장 먼저 요새를 점령하여 깃발을 꽂은 사람은 오스트리아 공작 레오폴트 5세였다. 당황한 리처드는 이에 승복하지 않았을 뿐 아니라 고지에 꽂힌 오스트리아 공의 깃발을 찢어 모욕을 가했다. 주변에서 이를 지켜보던 각국의 지도자들은 리처드의 행동에 모두 고개를 저었다. 더욱이 분노한 오스트리아 공은 '언젠가 기회가 오면 복수하고 말리라.'는 말을 남기고 고국으로 돌아가 버렸다.

그럼에도 예루살렘 공격은 점점 구체화되고 있었다. 문제는 예루살렘을 탈환하고 나면 누구를 왕으로 세울 것인가 하는 것이었다. 리처드는 자신의 봉신인 기 드 뤼지냥을 후보자로 내세웠지만 이미 신성로마 제국의 황제가 지정한 몬페라토의 코라도가 있었다. 그리고 얼마 뒤 코라도는 죽임을 당했다.

모든 사람은 리처드의 지시로 코라도가 살해되었다고 믿었다. 이로써 연합군으로 시작된 십자군은 와해되고, 이제 리처드의 잉글랜드군만 남았다.

리처드는 이후 1년 동안이나 예루살렘 탈환을 위해 온갖 노력을 다했지만 매번 적장 살라딘의 공세로 실패하고 말았다. 아랍어로 '욥의 아들이며 정의로운 신앙인 요셉'이라는 뜻을 가진 살라딘은 이집트 · 시리아 · 예멘 · 팔레스타인의 통치자이자 아이유브 왕조를 창건한 이슬람의 영웅이었다. 살라딘은 힘보다는 외교를 통해 주변을 정리했으며 필요할 때는 군사력 사용도 머뭇거리지 않았다. 그는 누구보다도 아량이 있고 도덕적으로 확고한 통치자였으며, 이슬람 종교제도의 발전과 전파는 그의 정책에서 중요한 부분이었다. 살라딘은 '성전Jihad'이라는 일관된 사상적 통치 아래 이슬람교도들을 육체적 · 정신적으로 재무장시켰다. 그 때문에 '사자의 심장'이라는 별명이 붙은 용맹한 리처드군을 맞아 1여 년을 버틸 수가 있었던 것이다.

양쪽 모두 성과 없는 소모전을 벌이고 있을 즈음, 리처드에게 필립의 침공 소식들이 전해졌다. 1192년 9월 결단을 내린 리처드는 대치하고 있던 이슬람군의 살라딘과 휴전협정을 맺었다. 협정 내용은 십자군이 아크레와 좁은 해안 지역을 계속 보유하고 그리스도교 순례자들이 성지를 자유롭게 왕래할 수 있도록 허용한다는 것이었다. 십자군 원정은 리처드가 예루살렘을 떠나면서 종료되었다(1192. 10).

리처드의 상대였던 살라딘은 자신의 수도였던 다마스쿠스로 철수했는데, 오랜 전쟁 동안의 과로로 얼마 후 죽었다.

영웅으로 미화된 리처드

리처드는 프랑스의 눈을 피해 빨리 잉글랜드로 돌아가기 위해 배를 이용했다. 하지만 그는 운이 없었는지 폭풍으로 인해 베네치아 부근의 해변에 가까스로 상륙할 수밖에 없었다(1193. 1). 육로를 이용해 노르망디로 가기 위해서는 어쩔 수 없이 오스트리아의 영토를 통과해야 했다. 하지만 오스트리아의 레오폴트 공작은 깃발 사건으로 리처드에게 원한을 품고 있었다.

리처드는 부하들에게 명령을 내려 신분을 위장한 뒤에 은밀하게 빠져나가도록 지시했다. 그러나 빈에서 발각되어 사로잡힌 리처드는 도나우 강변의 뒤른슈타인에 있는 공작의 성에 갇히게 되었다.

리처드의 무례한 행동에 대해 보고를 받았던 신성로마 제국의 하인리히 황제는 리처드의 신병이 넘어오자 미연의 위협을 방지해야겠다고 생각했다.

하인리히는 필립 2세에게 넘기겠다는 협박과 함께 15만 마르크의 막대한 몸값을 제시했다.* 아울러 주종 관계를 확인시키기 위해 리처드의 왕국을 일단 신성로마 제국에 양도했다가 봉토(封土)로 되돌려 받는 절차를 밟도록 요구했다. 철저하게 리처드를 자신의 봉신으로 만드는 작업을 한 것이다.

다행히 본국에 있던 엘레오노르의 노력으로 몸값의 대부분이 지불되어 리처드는 석방될 수 있었다(1194. 2). 그러나 하인리히의 계획대로 리처드는 엄청난 재정적인 출혈과 함께 거의 힘을 잃어버리고 말았으며, 자신이 왕좌를 비운 사이에 동생 존에 의해 국내에서조차 왕권은 약해질 대로 약해진 상태였다. 런던으로 돌아간 리처드는 왕권을 회복하기 위해 4월 17일 다시 한 번 즉위식

* 중세의 법에 의하면 기사계급 이상이 포로가 되면 몸값을 받고 풀어준다는 묵계가 있었다

을 올렸다.

　그리고 채 1개월도 되기 전에 프랑스의 영지를 회복하기 위해 노르망디로 떠났으며, 그 후 남은 5년 동안 잉글랜드로 돌아오지 않았다.

　리처드가 프랑스로 원정을 떠난 동안 잉글랜드의 통치는 유능한 최고사법관이며 캔터베리 대주교인 휴버트 월터가 맡고 있었다. 사실 리처드 시절 내정에 관한 결실들은 모두 휴버트에 의해 이루어진 것이라고 해도 과언이 아니다. 휴버트의 주요 업적 중에는 세속적인 목적을 위한 수입과 동산(動産)에 대한 최초의 세금 징수, 리처드의 보석금을 위한 25퍼센트의 세금 징수, 최초로 도량형(度量衡)의 일반 표준을 세운 일(1196), 토지에 대한 과세표준의 재평가(1198), 봉건적인 병역제도의 수정 등이 있다. 하지만 역사 속에서 이 모든 것들은 휴버트가 아닌 리처드의 치세로 남아 있다.

　국내 문제를 휴버트에 맡기고는 프랑스로 건너간 리처드는 1194년 7월의 프레트발 전투에서 1198년 9월의 쿠르셀 전투에 이르기까지 승승장구하면서 필립을 괴롭혔다. 그러나 리처드는 조급함과 만용으로 42세의 젊은 나이에 세상을 떠났다. 그 상황은 이러했다.

　리모주 자작의 영지에서 한 농부가 묻혀 있던 황금을 발견했다. 리처드는 자작에게 황금을 자신에게 넘기라고 요구했는데, 자작은 그의 요구를 묵살했다. 이에 크게 격분한 리처드는 무력을 동원했다.

　리처드는 병사를 동원해 샬뤼에 있는 자작의 성을 포위한 뒤에 공격하기 시작했다. 한참 병사를 지휘하고 있던 리처드의 어깨에 한 대의 화살이 날아와 박혔다. 무수히 전쟁터를 누비던 리처드는 상처를 대수롭지 않게 생각했다. 그리고 계속해서 병사를 지휘하여 성을 함락시켰다.

비록 자작의 버릇은 가르쳤는지 모르지만 어깨에 입은 상처가 덧나고 말았다. 그리고 그 대수롭지 않은 상처로 인해 리처드는 1199년 4월 9일 자신의 야전 막사에서 숨을 거둔다.

리처드 1세는 헨리 2세와 엘레오노르 왕비가 묻혀 있는 퐁트브르 대수도원에 매장되었는데, 그의 삶은 결코 진실된 것도 본받을 만한 것도 아니었다. 그는 아버지에 대한 반란을 통해 왕위에 올랐고, 왕이 된 뒤에도 자신의 야망만을 좇았을 뿐 국민들은 전혀 거들떠보지도 않았다. 생의 마지막에서조차 자신의 탐욕을 위해 부하와 다투었던 그였다.

그러나 이런 모든 부족한 점들은 이제 막 잉글랜드 왕국이 들어선 시점에서 보여준 기사다운 풍모와 대외적으로 무용(武勇)을 과시한 모습들로 가려졌다. 따라서 비록 역사가와 학자들에게서는 좋은 평가를 받지 못하지만 세간에서는 낭만적인 전설의 주인공으로 미화되어 회자되고 있는 것이다.

실지(失地) 왕 존

헨리 2세가 죽음에 이르게 된 원인들은 여러 가지가 있을 것이다. 하지만 자신이 극진한 사랑을 베풀던 막내 아들 존의 배신은 그의 죽음을 앞당길 만큼 엄청난 충격이었다.

1189년에 리처드가 즉위하자 존은 모턴 백작이 되었고 아일랜드 영주의 지위를 승인받았다. 또 해마다 6천 파운드의 수입이 들어오는 땅을 받았고, 글로스터 백작의 상속녀인 이사벨과 결혼했다.

리처드가 십자군 원정을 떠날 당시, 리처드에게는 아직 상속할 자식이 없었다. 형인 제프리가 세상을 떠나면서 남긴 브리타뉴 공작 아서도 3살에 불과했다. 만약 리처드가 없는 사이 존이 왕위를 찬탈한다 해도 아무런 제재를 가할 방법이 없었다.

이런 상황을 염두에 둔 리처드는 십자군 원정을 떠나기 전에 왕좌를 보전할 최선의 조처를 취했다.

"나는 나의 조카인 아서를 후계자로 정하노라. 존, 너는 짐이 잉글랜드를 비운 동안 프랑스에 머물면서 잉글랜드 땅에 발을 들여놓지 마라. 이는 왕명이다. 나의 명은 롱챔프를 통해서 시행될 것이다."

그러나 리처드가 원정에 오르자 존은 당장 잉글랜드로 들어와 측근들과 함께 리처드의 대리인 격인 대법관 윌리엄 롱챔프의 퇴진을 요구했다. 롱챔프는 리처드에게 충성스런 신하였지만, 거만한 태도와 노르만 출신으로 잉글랜드에 대한 편견을 갖고 있었다. 이 때문에 롱챔프는 잉글랜드인들로부터 적개심을 샀는데, 존은 바로 이런 상황을 유리하게 이용했던 것이다.

결과는 롱챔프가 궁지에 몰려 프랑스로 달아나는 것으로 끝났다. 존이 왕좌를 향해 한발자국을 내디딘 것이다. 그리고 1193년 1월, 리처드가 십자군 원정에서 돌아오는 길에 오스트리아 공에게 포로가 되자 그 소식은 존에게 왕이 될 수 있는 절호의 기회였다. 존은 헨리 2세에게 반기를 든 리처드처럼 프랑스의 존엄왕 필립 2세와 동맹을 맺고 잉글랜드 지배권을 장악하려 했다.

그러나 엘레오노르가 강력하게 반대했다. 그녀의 뒤에는 유능한 최고사법관이며 캔터베리 대주교인 휴버트 월터가 버티고 있었다. 1193년 4월, 존은 휴버트의 휴전협정을 받아들일 수밖에 없었지만, 뒤로는 필립과 다시 협정을 맺어 리처드의 소유지를 분할하고 또 한번 잉글랜드에서 반란을 일으킬 준비를 했다. 그러던 중 리처드가 1194년 초에 하인리히로부터 풀려나서 잉글랜드로 돌아와 자신의 왕권을 확신시키기 위해 다시 한번 대관식을 거행했다.

그동안 왕좌를 얻기 위해 해왔던 존의 모든 노력들은 헛된 것이 되었다. 그리고 잉글랜드에서 추방되는 신세가 되고 말았다. 하지만 추방된 지 얼마 후 리처드의 선처로 사면을 받았으며, 1195년에 모턴과 아일랜드를 포함한 일부 영지도 되돌려 받을 수 있게 되었다.

1199년 4월 리처드가 죽었을 때, 후계자 계승 정책에 따르자면 아서가 잉글랜드 왕위를 물려받아야 했다. 그러나 아서는 1196년부터 필립의 왕실에서 자랐기 때문에, 존이 노르망디 공작의 지위를 받은 후 같은 해 5월에 잉글랜드 왕위에 올랐다. 존은 비록 왕위에 올랐지만 아서가 리처드의 재산과 지위에 대한 상속권에 대해 이의를 제기하면 불리한 위치에 있었다. 아서는 형인 제프리의 아들이자 리처드가 왕위계승권자로 천명한 인물이기 때문이다. 따라서 존은 자신의 왕위와 상속권을 유지하기 위해 아서를 보호하고 있는 필립과 협정을 맺게 되었다.

필립은 르굴레 조약(1200. 5. 22)에서 자신이 보호하고 있는 아서가 아닌 존을 리처드의 상속자로 인정하고, 그 대가로 존으로 부터 에브뢰와 노르망디의 벡생을 할양받았다. 또 존은 조카딸인 카스티야의 블랑슈가 미래의 프랑스 왕 루이 8세와 결혼할 때의 지참금으로 이수과 그라세를 주기로 동의했으며, 베리와 오베르뉴에 대한 종주권을 완전히 포기했다. 존은 자신을 위해 귀족들과 상의도 없이 프랑스 내 잉글랜드 소유지들을 서슴없이 내어 놓았는데, 이 때문에 그를 실지landless 왕이라고 부른다.

존은 익히 알려진 것처럼 교활한 성품이었지만 교양과 학식을 갖춘 인물이기도 했다. 또 무척 활동적인 성격의 소유자여서 사냥을 좋아했고 여행도 즐겼다. 그가 여행을 통하여 얻은 잉글랜드에 대한 지식은 어떤 군주도 따라갈 수 없을 정도였다고 한다. 존의 치세라면 재무와 사법 행정, 옥새와 왕실의 중요성, 과세 방법과 군대조직법, 도시에 특권을 부여하는 방식에 큰 발전을 이룩했던 점을 들 수 있다.

존 왕의 실정과 마그나 카르타

필립과의 협정으로 잠시 소강 상태를 보이던 프랑스와의 싸움은 존의 결혼 문제와 얽히면서 다시 시작되었다. 존은 어머니의 상속지인 아키텐 영지에 속한 푸아투 지방의 뤼지냥 가문과 앙굴렘 가문 사이의 불화를 해결하기 위해 애쓰던 중, 앙굴렘 가문의 상속녀이며 뤼지냥 가문의 위그 9세와 약혼했던 이자벨과 결혼했다.

이 정략 결혼에 분노한 뤼지냥 가문은 이듬해 필립 2세에게 호소했다. 필립 2세가 자초지종을 알아보기 위해 존을 궁정으로 소환하자 존이 불응함으로써 프랑스와 잉글랜드 사이에 전면전이 일어나게 되었던 것이다.

존은 1202년 8월에 미르보에서 조카인 아서를 사로잡았지만 노르망디의 일부를 잃어버렸다. 전해오는 말에 따르면, 아서는 포로가 된 얼마 뒤 존에게 직접 살해되었거나 존의 명령으로 죽임을 당했다고 한다. 필립은 아서가 살해되었다는 소문을 듣고 존에게 사신을 보내 해명을 요구했다.

그런데 존이 해명을 거부하자 필립은 '직접 묻겠다.'는 명분을 내세워 노르망디로 쳐들어갔다. 두 나라 군대가 대치한 곳은 리처드 때 지어진 난공불락의 샤토가야르 성이었다. 필립은 이 성을 8개월 동안이나 공략한 끝에 1204년 3월 함락시켰다. 필립은 함락된 성에 존이 있을 것이라 생각했지만 그는 함락되기 몇 달 전에 이미 성을 빠져나가 잉글랜드에 있었다.

분노한 필립은 노르망디의 수도인 루앙을 공격하였다. 루앙은 샤토가야르 성이 무너진 후에도 40일 동안 더 저항한 뒤 6월에 항복했다. 노르망디를 정복한 필립은 이어서 투렌 지방의 멘을 정복하고 앙주와 푸아투의 대부분 지역도 수중에 넣은 뒤 파리로 돌아갔다.

필립과의 전쟁에서 패하면서 존의 권위는 큰 타격을 입었다. 존은 궁지에서 탈출하기 위해 새로운 전쟁을 준비하였다. 그리고 전쟁 비용을 마련하기 위해 소득세, 왕실 소유림 조사, 유대인에 대한 과세, 봉건적 토지 보유에 대한 대규모 조사와 그의 봉건적 특권을 점점 더 가혹하게 이용하여 국민들을 쥐어짰다. 그리고 이러한 존의 정책은 국민들 사이에서 원성만 커지는 결과를 초래했을 뿐이었다.

엎친 데 덮친 격으로 교황과의 관계조차 그의 평판에 불리한 영향을 미쳤다. 일의 발단은 1200년, 교황 인노켄티우스 3세는 휴버트 월터가 죽은 뒤 공석이 된 캔터베리 대주교의 자리에 스티븐 랭턴을 선출하도록 압력을 가하고 있었는데, 존이 이를 거부하면서 일어났다.

사실 윌리엄 1세와 랜프랑크의 노력으로 잉글랜드에서만큼은 왕권이 교황보다 우위에 있었다. 하지만 당시의 교황인 인노켄티우스 3세는 바로 교황권의 절정기에 있던 인물이었다. 그런 교황에게 존의 반발은 앙탈로 보였을 뿐이다. 결국 교황은 잉글랜드에 성무금지령을 내리면서 존을 파문했다(1209).

그럼에도 존은 꽤 오랫동안 버텼다. 하지만 1212년 11월이 되면서 교황이 내세운 조건과 랭턴을 받아들이는 데 동의할 수밖에 없었다. 여기서 교황이 내세운 조건은 주종 관계를 확실히 보여주는 '형식적인 절차'를 요구한 것이다.

1213년 5월 15일, 존은 도버 근처에 있는 유얼에서 잉글랜드 왕국을 로마 교황 특사에게 넘겨주고, 교황에게 해마다 1천 마르크(666파운드 13실링 4펜스)의 공물을 바치는 봉신으로서 왕국을 다시 돌려 받는 의식을 치렀다. 이로써 몇 달 뒤 교황은 랭턴을 통해 존을 파문에서 해제했고 성무금지령은 1년 뒤에 풀렸다.

한편 일반 국민들은 그에게 성무금지령이 내려졌던 동안 교회를 다루었던 방식에 대해 별다른 반감을 보이지 않았다. 그러나 수도원의 연대기 사가들은 "존은 폭군이다."라는 비난을 퍼부었고, 일부는 "왕은 신성을 모독하고 신앙심이 없다."는 비난도 서슴지 않았다. 이 말은 결국 존이 잉글랜드 내 종교계의 신임을 잃었다는 말이 된다.

국민들과 국내 종교계의 신임을 잃은 그에게, 마지막으로 남

아 있던 귀족들마저 불만을 토로했다. 1212년 8월, 존이 국내의
불만을 무마하기 위해 웨일스 원정 계획을 세우자, 귀족들은 무모
한 계획이라면서 불만을 표시하기 시작했다. 급기야 웨일스 원정
이 시작되고 전투가 벌어지면서, 로버트 피츠월터를 비롯한 몇 명
의 주동자들은 "왕을 죽이거나 버리고 달아나자"면서 음모까지
꾸몄지만 사전에 발각되어 실패했다.

　　일단 불평분자들을 제압한 존은 웨일스 대신 다시 프랑스 원
정을 감행했다. 하지만 1214년 2월에 라로셀에 상륙했음에도 별
다른 전과를 올리지 못하고, 1220년까지를 기한으로 하는 휴전협
정을 받아들일 수밖에 없었다.

　　1214년 10월, 잉글랜드로 돌아온 존을 기다리고 있는 것은

러니미드의 마그나카
르타 기념탑

더욱 팽배해진 불만세력들이었다. 잉글랜드 내 불만 세력은 주로 북동부 및 런던 주변의 여러 주에 집중되어 있었는데, 결국 1215년 5월이 되면서 내전으로 확대되었다. 귀족, 성직자, 국민 모두가 그에게 등을 돌렸고 추기경인 랭턴마저 반란자들 편으로 돌아섰다. 존은 협상에 나설 수밖에 없었다. 그리고 역사적인 날인 6월 19일, 러니미드에서 '귀족들의 요구사항'을 승인하는 법적 절차를 밟게 되었다. 이때 존이 도장을 찍은 법령이 바로 대헌장(마그나 카르타)이다.

대헌장은 서문과 63개의 조항으로 구성되어 있다. 내용은 대체로 9가지 분야로 나눌 수 있는데, 몇 가지만 보자면, 교회는 어떤 경우라도 '자유로워야 한다.'라는 선언이나 왕실로부터 직접 봉토(封土)를 받는 봉신들이 갖는 법적 권리, 도시·교역·상인들에 관한 정의와 역할 등이다. 이 헌장에서 주목할 부분은 헌장의 마지막 부분에 '왕이 이 헌장을 준수할 것'을 보증하는 도장을 찍고, '만약 왕이 헌장을 크게 위반할 경우, 25인의 귀족 대자문회가 왕을 제재할 권한을 갖도록 한다.'는 부분이다.

생명의 위협을 받던 존은 일단 대헌장에 도장을 찍었다. 그러나 위기가 조금 지나가는 듯 하자, 교황 인노켄티우스에게 대주교 랭턴이 반란을 주도한 점과 협박에 의해 성립된 이 법령의 정통성이 없음을 호소했다. 교황 인노켄티우스는 일단 존의 편에 섰다. 이에 힘을 얻은 존은 대헌장에 주동적으로 참여했던 귀족들이 있는 로체스터 성을 공격하여 점령하는 한편 북부의 여러 주와 스코틀랜드 국경 지역을 폐허로 만들어버렸다.

귀족들도 가만 있지 않았다. 그들은 잉글랜드의 왕위를 넘겨주겠다는 조건을 걸고 프랑스의 루이 왕자(나중의 루이 8세)에게 원조를 요청했다. 프랑스는 즉각 귀족들의 편에 서서 잉글랜드를 침공했다. 국내 문제로 시작된 전쟁이 국제전으로 비화된 것이다.

존은 국왕의 자리에 오른 이후, 줄곧 프랑스와 싸움으로 세월을 보냈는데, 생의 마지막 무대 역시 프랑스와의 전쟁터였다.

한창 프랑스와의 전쟁이 진행되는 동안 존은 진지의 막사에서 생활했다. 몇 주 동안 장작불에 구운 고기를 과식하여 설사를 하는 등의 체기가 있자, 존은 설사를 멈추게 하려고 자신만의 민간치료법을 썼다. 그것은 덜 익은 사과주와 함께 복숭아를 많이 먹는 것이었다. 하지만 가뜩이나 체기가 있던 터에 너무 많은 술과 복숭아를 먹었던 것은 치명적이었다.

결국 존은 급체로 1016년 10월 18일, 뉴워크 타운 근처에서 세상을 떠났다. 그는 독실한 신앙인은 아니었지만 코번트리 교회와 레딩 대수도원 및 우스터 성당에 많은 돈을 기부해왔던 덕분에 우스터에 묻혔다.

존 왕이 죽자, 프랑스와 잉글랜드는 1217년 킹스턴에서 평화조약을 맺었다. 이 조약에서 잉글랜드 반란 귀족들은 루이 왕자에게 왕위를 준다는 약속을 백지화하는 대신 몰래 1만 마르크를 지불하는 것으로 프랑스군의 철수에 대한 동의를 받아냈다. 이 조약에는 반란귀족들의 원상복귀와 존의 아들 헨리 3세가 왕위를 계승한다는 내용도 포함되어 있었다.

헨리 3세의 반동과 의회의 태동

존이 사망할 당시 장남인 헨리는 9살이었다. 런던과 잉글랜드 동부 지방의 많은 땅들은 이미 루이 왕자(뒤의 프랑스 왕 루이 8세)와 동맹을 맺은 반란귀족의 손에 넘어가 있었다. 펨브룩 백작 1세인 윌리엄 마셜이 주재하는 섭정회의는 재빨리 헨리를 통치자로 규정했다.

펨브룩은 헨리 2세가 재위할 당시, 전투와 마상시합에서 훌륭한 솜씨를 보여 헨리 2세의 맏아들 헨리의 후견인이 된 인물이다. 이후 그는 리처드 1세가 재위할 무렵 펨브룩 백작의 상속녀와 결혼함으로써 재력가가 되었고, 리처드가 오스트리아에 붙잡혀 있는 동안에는 존의 왕위 찬탈을 막는 역할을, 그 뒤에는 존의 평화적인 왕위계승을 주도하는 역할을 해냈다. 그리고 이번에는 존의 아들인 헨리가 왕위에 오르도록 하는 데 결정적인 역할을 하게 된 것이다. 펨브룩은 가히 3대에 걸쳐 4명의 왕을 모신 충신 중의 충신이라고 할 수 있었다.

펨브룩의 섭정회의는 성공적이었다. 1217년 킹스턴 평화조약과 함께 전쟁은 끝이 났고, 존의 후계자로서 헨리는 정식으로 왕위에 올라 헨리 3세가 되었다.

1219년 펨브룩 백작이 죽자 정부는 대법관인 휴버트 드 버그에게 넘어갔다. 하지만 그는 헨리가 성년이 되었음을 선포한 1227년에 해임되었으며, 그때부터 헨리의 친정이 시작되었다.

의회의 태동

헨리는 인정이 많고 교양이 있는 인물이었지만, 통치자로서는 문제점을 안고 있었다. 외교나 군사문제에서는 소심함을 드러내기 일쑤였고, 때로는 비현실적인 면까지 보였기 때문이다. 결국 헨리가 친정을 시작한지 10여 년이 지난 1237년, 왕과 귀족들 사이에 불화가 싹트기 시작했다.

헨리의 여동생 엘리너와 젊은 프랑스인 총신인 레스터 백작 시몽 드 몽포르가 결혼하면서 외국인의 영향력이 커지자 본토 귀족들의 적개심과 불만이 점차 높아지기 시작했다. 귀족들은 계속해서 "국왕의 고문관들을 뽑을 때 자신들의 의견을 낼 수 있게 해달라."며 요구했지만 헨리가 이를 무시했던 것도 원인 중의 하나였다.

그리고 1254년 헨리는 정치적으로 큰 실수를 저질렀다. 교황 인노켄티우스 4세와 협약을 체결해 자신의 둘째 아들인 에드먼드에게 시칠리아 왕위를 주는 대가로 교황이 시칠리아를 상대로 벌이는 전쟁 비용을 지원하기로 했던 것이다. 그러나 4년이 지나도 재정 지원이 이행되지 않자, 교황은 헨리를 파문하겠다고 위협했다. 다급해진 헨리는 귀족들에게 자금지원을 요청했다. 귀족들은 헨리가 대헌장에 준한 개혁안을 받아들인다면 재정 지원에 협조하겠다고 동의했다.

이 개혁안이 바로 영국 최초의 성문법이라고 할 수 있는 '옥스퍼드 조례'이다. 이 개혁안의 핵심은 귀족들이 자체적으로 선출한 15명으로 추밀원을 구성하고 국왕에 대한 조언과 행정 전반에 대해 감독하도록 하는 내용이었다.

개혁 귀족들의 첫 출발은 순조로웠다. 그러나 1259년 10월이 되면서 이들은 온건파와 과격파로 갈라지기 시작했다. 온건파는 "왕권이 남용되지 못하도록 제한만 하자"고 했지만 과격파는 "왕과 그를 추종하는 무리들에게 강요한 개혁안을 수용해야 한다."고 주장했다. 여기서 과격파의 주인공으로 등장한 인물이 헨리의 매제이기도 한 시몽 드 몽포르이다.

당시 시몽은 프랑스 궁정, 교황청, 신성로마 황궁 등지로 파견되는 중요한 사절단에 참여하면서 많은 유력한 친구들을 사귀고 있었다. 또한 그는 4차 십자군 원정에 참여하면서 예루살렘에 세운 라틴 왕국의 제후들 사이에서도 커다란 신망을 얻었다. 심지어 이들 제후들은 신성로마 황제 프리드리히 2세에게 "시몽을 황제를 대신하는 예루살렘의 부왕으로 임명해 달라."고 요청하기도 했다.

이렇듯 국제적인 명성을 얻다보니, 시몽은 자기만이 헨리와 대적할 수 있는 유일한 인물이라는 자만심을 가지게 되었고, 거만한 태도를 보이기 시작했다. 시몽의 태도에 불만을 갖게 된 온건파들이 국왕쪽으로 기울어지자, 이제 국왕과 과격파들의 지도자인 시몽의 대결은 시간문제가 되었다.

1261년 10월경, 헨리는 옥스퍼드 조례를 전면적으로 받아들이겠다고 선포했다. 헨리의 선포로 인해 시몽은 완전히 고립되었고, 프랑스로 도피하지 않을 수 없는 상황이 되었다.

하지만 시몽을 몰아낸 헨리는 약속을 이행하지 않았다. 그는 곧이어 교황으로부터 옥스퍼드 조례를 지키지 않아도 좋다는 사면을 얻어내 조례를 무효화시켜 버렸다.

귀족들은 헨리의 배신에 격분하기 시작했다. 또다시 시몽에게 기회가 온 것이다. 1263년 4월 다시 잉글랜드로 돌아온 시몽은 하급 귀족, 지방 기사들, 런던 및 남동부 해안 5항Cinque Ports의 시민들과 많은 성직자들의 지지를 받으면서 조례를 되살리기 위한 반란을 시도했다.

이때 주요 지지자인 핵심 귀족들의 단합이 깨져 있었기 때문에 시몽은 프랑스 왕 루이 9세의 중재를 통해 문제를 해결하려 했다. 그러나 시몽의 뜻과는 달리 1264년 1월에 루이가 중재한 아미앵 조약은 옥스퍼드 조례와 그에 따른 모든 개혁을 완전히 무효로 한다는 쪽으로 가닥이 잡혔다. 시몽은 이를 받아들이지 않고, 무력으로라도 뜻을 관철하고자 했다.

결국 시몽과 헨리 사이에 전쟁이 일어났다. 양군은 루이스에서 조우하여 전투를 치렀는데, 전투는 헨리와 그의 아들 에드워드 경이 사로잡히면서 시몽의 승리로 끝났다. 시몽의 반란은 영국사에서 왕실 혈통이 아닌 귀족이 집권하게 된 첫 사례로, 일부 사가들은 이 때부터 영국에서 민주주의의 싹이 돋아났다고 평가한다.

한편 왕을 몰아낸 시몽은 왕국을 귀족 과두제 체제로 통치할 수밖에 없었다. 여전히 헨리 3세의 지지자들이 존재하고 있는 상태인 데다가 그 역시 일부 개혁 귀족들로부터 지지를 얻어내지 못하고 있는 약점이 있었기 때문이다. 그는 이런 약점을 메우기 위해 1265년에 개최된 대자문회의에 주(州)와 자치 시의 대표들을 불러모아 법적 승인을 받기 위한 기반을 마련하고자 했다. 비록 이때의 모임이 몇몇 고위층이 주도한 것이고, 나머지 사람들은 자문위원 정도의 자격을 가졌을 뿐이기 때문에 오늘날의 의회와는 거리가 있지만, '논의한다.'는 뜻이 담긴 의회Parliament의 가시적인 모습이 드러났다는 것만은 부인할 수 없다. 이로 인해 시몽 드 몽포르는 '의회의 아버지'라 불리게 된다.

시몽이 권력을 독점하게 되자, 불만을 품은 글로스터 백작 길버트 드 클레어는 헨리 3세를 지지하던 변경 귀족들과 연합한 뒤, 헨리의 아들 에드워드 왕자의 탈출을 도왔다. 탈출에 성공한 에드워드는 지지자들의 무리를 규합했다.

그리고 시몽과 에드워드의 군대 사이에 전투가 벌어진 것은 1265년의 일이다. 이 전투에서 에드워드는 시몽을 세번 강 뒤쪽으로 몰아넣어 고립시키고, 동시에 케닐워스에서 시몽을 구하기 위해 달려오던 대규모 증원군을 격파했다. 이어서 고립되어 있던 시몽의 소규모 군대를 우스터셔의 이브셤에서 섬멸했다. 시몽은 사로잡혀 처형되었으며, 토막 난 사체는 일부만 남아 프란체스코에 묻혔다.

다시 자유의 몸이 된 헨리는 왕위에 복귀할 수 있었다. 하지만 이미 그의 기력은 바닥이 나 있어서 실질적인 통치는 에드워드 왕자가 맡았다. 그럼에도 헨리가 직접 나서서 실행한 정책이 있는데, 그것은 자신의 턱 밑에서 반란을 시도한 런던 시민들에 대한 극단적인 보복정책이었다. 이런 헨리의 보복정책이 시행되자 또다시 반란군들의 저항이 시작되었다.

다급해진 왕실은 에드워드의 삼촌인 콘월 백작 리처드를 비롯한 온건파들이 나서서 헨리를 설득했다. 헨리는 1266년 좀 더 유화적인 케닐워스 성명을 정책으로 채택했으며, 이에 반란군도 화답차원에서 항복했다.

그리고 몸은 쇠약해지고 정신은 노망기를 보이던 헨리 3세는 1272년 11월 16일 세상을 떠났다.

독창적인 잉글랜드 왕실을 연 에드워드 1세

시몽 드 몽포르가 패망한 뒤, 헨리 3세는 다시 왕권을 회복했지만 이미 노쇠하여 실질적인 정치는 에드워드 왕세자가 맡고 있었다. 그럼에도 헨리 3세가 존재하는 한 에드워드 왕세자의 통치에는 한계가 있을 수밖에 없었다.

에드워드는 아버지가 살아 있는 동안 자신의 통치능력을 발휘할 만한 다른 길을 찾았다. 그것은 십자군 원정이었다. 에드워드는 먼저 프랑스 왕 루이 9세와 함께 십자군 원정을 계획했지만, 이 계획은 재정 부족으로 인해 1270년 8월까지 지체되고 있었다.

그러나 막상 원정 준비가 갖추어졌을 때에는 파트너인 프랑스 왕 루이가 합류를 하기도 전에 세상을 떠나고 말았다. 하지만 이왕에 시작된 원정이었다. 혼자만이라도 출정할 것을 결심한 에드워드는 겨울 동안 시칠리에서 원정군을 재정비한 뒤, 이듬해에 아크레로 향했다.

에드워드는 1272년 9월까지 용맹하게 싸우면서 국제적인 명성을 얻기는 했지만 그다지 만족스럽지 못한 결과를 가지고 귀국길에 올랐다. 아버지 헨리 3세가 세상을 떠났다는 소식을 전해들은 것은 그가 시칠리아에 머물고 있을 때였다. 에드워드는 전령을 앞세워 요크 대주교 월터 지퍼드 외에 자신이 신임하는 몇 사람을 지명해 "나 대신 아버지의 장례식을 성대히 치르고, 후계자로서의 나의 지위를 안전하게 지키도록 하라."고 명령을 내렸다.

헨리의 장례식과 잉글랜드의 귀족들의 에드워드에 대한 충성 맹세 절차는 순조롭게 진행되었다. 이처럼 조용하게 왕위계승이 이루어진 것은 치열한 내전을 겪어왔던 잉글랜드 사회가 어느 정도 안정을 되찾고 있다는 의미가 담겨 있다.

후계자로서의 위상이 굳건해진 에드워드는 귀국 일정을 여유 있게 잡았다. 그는 먼저 파리를 방문하여 사촌 필립 3세에게 형식적인 봉신의 예를 표함으로써 자신의 프랑스 영지에 대한 권리를 분명히 했다. 그리고 가스코뉴에서 몇 달 동안 머문 뒤 도버에 통해 런던으로 들어가 1274년 8월 19일 웨스트민스터에서 대관식을 치렀다. 잉글랜드 국왕 에드워드 1세가 된 것이다.

에드워드는 시몽 드 몽포르와 대립하는 동안 살아남기 위해 분투하는 과정에서 어느덧 강한 복수심과 난폭함, 잔인한 성격의 소유자가 되어 있었다. 하지만 35세에 왕위에 오른 뒤에는 과거의 부정적인 성격을 모두 버리고 성군의 자질을 보이기 시작했다.

그는 가족에 대한 강한 애정과 친구에 대한 성실성, 용기, 뛰어난 군사적 능력, 지도력을 고루 갖추고 있었다. 게다가 잘생긴 용모와 훤칠한 키, 강인한 육체를 갖춘 외모는 왕으로서의 품위에 조금도 손색이 없었다.

에드워드는 능률적이고 강력한 정부의 필요성을 역설하면서 무엇보다도 법치주의를 주장하였다. 물론 왕권 시대라는 특성상 자신이 법 위에 서있다는 생각에서는 벗어나지 못했지만 말이다. 따라서 자기 자신의 일에 관련해서는 대개 법의 조문만 지켰을 뿐 법의 정신을 지키지는 않았다. 스스로 법의 중요성을 강조하다보니 스스로 이를 깨지 않기 위해 분노를 자제했으며, 협상에서 인내심과 관용을 발휘하기도 했다. 또한 직언을 듣는 것을 좋아했기 때문에 자문인들의 충성스런 조언이 있으면 이를 호의적으로 받아들였다.

모범의회

에드워드는 시몽의 통치시기에 시작된 초기 '의회'의 가치에 대해 잘 이해하고 있었다. 특히 시몽이 대자문회(초기 의회)를 이용해 정부정책을 홍보하고, 어떤 문제를 결정할 때 주와 시의 대의원들을 소집해 광범위하고 적극적인 지지를 얻어내곤 했던 부분에 주목했다. 에드워드는 이런 관행을 발전시킨다면 왕권이 약화되지 않을 뿐더러 민족의식을 고양시키고 왕실의 권위가 높아질 것이라 생각했다.

1275~1307년 사이에 에드워드는 자신이 직접 다양한 방식으로 기사와 시민들을 의회에 소집했다. 특히 주와 시, 그리고 하급 성직자들의 대표를 모두 망라한 1295년 의회를 '모범의회'라 부른다. 그러나 이런 의회는 오늘날의 의회와는 많은 차이가 있다. 당시 의회는 에드워드가 소집을 결정했기 때문에 의회의 권한이 불분명했다. 또 조직 형태도 아직 초기 단계에 머물고 있었다.

그럼에도 불구하고 앞으로 민주주의 역사 속에 남게 될 많은 법령들이 의회를 통해 반포되었다. 몇몇 법령을 보자면, 토지법령 가운데서 왕의 의도와 달리 봉건주의를 약화시킨 제2차, 제3차 웨스트민스터 성문법(1285, 1290), 교회 기구가 토지를 획득하는 것을 통제한 부동산 소유법(1279), 공공질서에 관한 내용이 법제화된 윈체스터 성문법(1285), 무역과 상업에 대한 에드워드의 관심이 표현된 액턴 버넬 법령(1283)과 상인법(1285) 등이 있다.

에드워드는 봉건적 계급질서 내에서 왕권을 강화시키기 위한 법령들을 만들었는데, 이 과정 중에 잉글랜드의 관습법common law을 명확히 규정하고 손질해 '잉글랜드의 유스티니아누스'라는 별명을 얻었다.

웨일스와 스코틀랜드 정복 시도

에드워드는 이미 시몽 드 몽포르를 패망시키고 십자군 원정을 떠나 명성을 얻었던 것처럼 군인으로서의 기질과 능력도 뛰어났다. 왕위에 오른 그의 눈에 들어온 지역은 웨일스 자치공국이었다. 당시 웨일스 자치공국에서는 리웰린 압 그루푸드가 웨일스의 모든 영주들을 손에 넣고 변경 지방 영주들을 제압하면서 점차 세력을 확장하고 있었다. 에드워드는 리웰린의 이런 움직임을 좌시할 수가 없었다.

결국 에드워드는 리웰린이 반란의 의도를 가지고 있다며

에드워드 1세가 주최
한 모범회의

이야기 영국사

1277년 웨일스 침공 명령을 내렸다. 그리고 스노도니아에서 리웰린을 포위하여, 적을 굶주리게 함으로써 항복을 받아냈다. 이어서 정복지 곳곳에 난공불락의 성채들을 세워 주와 헌드레드로 재편하여 직접 통치했다. 웨일스인들이 에드워드의 직접통치에 반발하여 다시 반란을 일으키자, 에드워드는 이를 진압하고 리웰린과 그의 동생 데이비드를 처형했다.

이후 웨일스는 한 차례 더 봉기하였지만 에드워드에 의해 무자비하게 진압되고 난 뒤에는 더 이상 자치 주장을 포기하고 말았다. 그리고 웨일스는 100년 이상 무력한 상태로 잉글랜드의 통치 체제 아래 놓이게 된다.

한편 스코틀랜드에 대한 에드워드의 욕심은 색다르게 출발하였다. 스코틀랜드의 알렉산더 3세가 죽자, 노르웨이 마거릿 공주가 뒤를 잇게 되었다. 에드워드는 자신의 후계자인 카나번의 에드워드(에드워드 2세)를 마거릿 공주와 결혼시킴으로써 스코틀랜드를 잉글랜드 영토로 편입시킬 욕심을 품게 되었다.

하지만 공교롭게도 마거릿은 노르웨이를 떠나 스코틀랜드로 향하던 배에서 의문의 죽임을 당하고 말았다. 더욱 미심쩍은 것은 마거릿이 죽었다는 소식이 전해지자마자 기다렸다는 듯이 곳곳에서 왕위계승을 주장하는 자들이 나타나기 시작한 것이다. 어쨌든 정략결혼을 통해 스코틀랜드를 손에 넣으려던 에드워드의 계획은 마거릿의 죽음으로 실패로 끝나고 말았다.

하지만 에드워드는 쉽게 스코틀랜드를 포기할 수가 없었다. 뚜렷한 왕실 어른이 없는 상황에서 유력한 왕위계승자들과 에드워드의 여동생이자 알렉산더 3세의 부인은 에드워드에게 중재를 요청했다. 에드워드는 귀족과 왕위계승자들에게 자신의 종주권을 인정하도록 하는 조건으로 중재에 나섰다. 직접통치가 아니면 간접통치라도 하겠다는 생각이었다.

당시 왕위계승자로서 유력한 인물로는 두 사람이 있었다. 알렉산더 3세의 6촌 조카에 해당하는 존 드 베일리얼과 로버트 브루스였다. 에드워드의 조건을 수락한 사람은 베일리얼이었다. 그는 에드워드에게 충성을 맹세하고 왕위에 올랐다.

에드워드의 목적은 달성되는 듯 했다. 그러나 에드워드가 종주의 권한으로 자신이 스코틀랜드에 대한 실질적인 사법권을 갖겠다고 하자 스코틀랜드 귀족들은 반발했으며, 베일리얼에게 독자 노선을 가도록 요구했다.

귀족들의 요구를 받아들인 베일리얼은 프랑스와 동맹을 맺고 에드워드에게 대항했지만 전쟁에 패하여 포로로 잡혔다. 전쟁에 패한 그는 무기와 기사로서의 지위를 박탈당했으며, 이 때문에 나중에 '빈털터리 타바드Toom Tabard'라는 별명을 갖게 된다. 그는 런던탑에 갇혀 있다가 1299년 7월 교황의 개입으로 석방된 뒤, 노르망디에서 평범한 삶을 보냈다.

베일리얼의 반란을 진압한 에드워드는 1296년, 스코틀랜드 왕실의 상징물인 대관식용 돌인 '스콘석'을 웨스트민스터로 옮긴 후 직접 스코틀랜드를 통치하였다. 한편 이때 옮겨진 스콘석은 800년이 지난 서기 2천 년, 스코틀랜드로 반환되어 에든버러 성에 보관되어 있다.

스코틀랜드의 직접 통치는 역대 잉글랜드 왕들이 한번도 이루지 못했던 것이었다. 하지만 에드워드의 스코틀랜드 통치도 '스코틀랜드를 완전히 점령했다.'란 표현과는 다소 거리가 있다. 잉글랜드에 대한 저항이 끊임없이 계속되고 있었기 때문이다.

직접 통치에 대한 저항이 산발적으로 일어나고 있던 1297년 5월, 윌리엄 월리스William Wallace가 이끈 30여 명의 무리들이 월리스의 부친이 소지주로 있던 래너크를 불태우고 잉글랜드인 주(州) 장관을 살해하는 사건을 일으켰다. 그리고 이 사건으로 월리스는 스코틀랜드 독립의 주인공으로 떠오르기 시작했다.

월리스는 서민과 소지주로 구성된 군대를 조직해 포스 강과 테이 강 사이에 있는 잉글랜드 수비대를 공격했다. 그리고 1297년 12월초 기사 작위를 받고 왕국의 섭정으로 선포되어, 베일리얼의 이름을 걸고 나라를 통치했다.

이듬해 에드워드는 직접 군대를 이끌고 스코틀랜드로 쳐들어갔다. 전투는 스털링의 폴커크에서 벌어졌는데, 이 전투에서 승승장구하던 월리스의 창기병들은 에드워드의 궁수대와 기병들에 의해 치명적인 손실을 입게 된다.

그 후 월리스의 행적은 뜸해졌지만 저항을 중단한 것은 아니었다. 1304년이 되면서 대부분의 스코틀랜드 귀족들은 에드워드에게 항복했지만 월리스의 저항은 계속되었다.

결국 1305년 8월 5일 글래스고 근처에서 체포된 월리스는 런던으로 압송되어 국왕에 대한 반역자로 유죄 판결을 받았다. 월리스는 재판을 받으면서 재판관들을 향해 이렇게 말했다.

"나는 잉글랜드의 에드워드 왕에게 반역자가 아니다. 그는 나의 왕이 아니다. 또 나는 그와 아무런 동맹관계도 없다. 그러므로 결코 나에게서 신하의 예를 받을 수 없다. 혹여 내 육신을 박해하여 받아내려 한다면, 박해할수록 나의 주장은 더욱 뚜렷해질 것이다."

런던성 밖의 처형장, 윌리스는 모여있는 군중들을 향하여 다시 한번 자신의 무죄를 외쳤다. 그러나 그의 목소리는 곧 비명으로 바뀌었다. 살아 있는 상태에서 창자를 끄집어내는 잔혹한 형이었다. 그리고 고통 속에 숨이 끊어지자, 그의 목과 사지는 잘려져 성문에 걸렸다.

군중 속에 숨어 이날의 광경을 지켜보던 스코틀랜드인들은 윌리스의 용기와 희생을 널리 알렸다. 분열되어 있던 스코틀랜드는 윌리스에 대한 소식을 듣고 애국심을 고취했으며, 1순위 왕위 계승자였던 로버트 브루스(로버트 1세)의 주도로 결국 스코틀랜드는 1306년 독립을 쟁취했다.

이렇듯 에드워드가 공을 들였던 스코틀랜드는 원점 상태로 돌아가버렸다. 그러나 에드워드는 그것을 인정할 수 없었다. 그는 노구를 이끌고 스코틀랜드 재정복을 위해 출정했다가 1307년 7월 7일, 칼라일 근처에서 죽었다. 그는 죽음에 임박하자 자신의 막사로 아들 에드워드를 불러 "나를 화장하여 뼈를 가죽 부대에 넣어 군사들과 함께 진군하라. 그리고 스코틀랜드를 완전히 장악했을 때 묻어 달라."는 유언을 남겼다. 하지만 그의 유언은 통치자로서의 자질이 부족했던 아들로서는 지키기 어려운 것이었다.

부친의 유업을 저버린 에드워드 2세

카나번의 에드워드는 요크 대주교로부터 에드워드 1세의 뼈를 넘겨받았다. 그러나 에드워드 1세의 유언과 달리 그는 국경 근처 변방귀족들을 의식한 형식적인 원정을 시도한 후 곧바로 런던으로 돌아갔다.

그리고 곧장 왕위에 오른 에드워드 2세는 선왕의 반대파 무리들을 최고 관직에 앉혔다. 특히 동성연애 상대였던 피어스 개버스턴에게 콘월 백작 작위를 내림으로써 더한층 귀족들의 미움을 샀다.

곧 왕의 사촌인 랭커스터 백작 토마스를 주축으로 한 21명의 귀족과 성직자로 구성된 '칙령기초위원회'는 에드워드 2세를 겨냥하여 40개의 칙령을 선포했다. 그중 20조에는 특별히 피어스 개버스턴을 따로 언급하면서, 왕국의 모든 영토에서 영원히 추방하도록 규정했다. 동시에 재정과 인사 문제에 관한 왕권 축소를 요구했다.

에드워드는 귀족들과의 불화로 인해 곤욕을 치렀던 선왕들의 전례를 알고 있었기 때문에 개버스턴을 유배시켜 그들의 요구를 받아들이는 척했다. 그러나 오래지 않아 왕은 몰래 그를 왕궁에 불러들였는데, 이를 알아챈 일부 개혁귀족들은 개버스턴을 납치하여 살해해 버렸다.

배넉번 전투와 스코틀랜드의 로버트 1세

에드워드 1세가 세상을 떠나고 난 뒤 잉글랜드는 스코틀랜드에게 평화조약을 제의했다. 스코틀랜드 국왕 로버트 1세는 잉글랜드의 제의를 받아들인 뒤, 스코틀랜드를 확실히 장악하기 위해 북쪽에 있는 여러 귀족들을 제압하는 데 시간을 보냈다.

이즈음 에드워드 2세는 추락한 위신을 만회하기 위해 전전긍

긍하고 있었다. 그가 선택한 방법은 점점 강해지고 있는 스코틀랜드의 재점령이었다. 스코틀랜드를 재정복한다면 추락한 위신을 만회하고, 왕권을 강화할 수 있으리라 생각한 것이다.

약 2만여 명의 병사를 징발한 에드워드는 1314년 직접 군대를 이끌고 스코틀랜드로 쳐들어갔다. 첫 전투는 폴커크에서 벌어졌다. 로버트 1세는 도끼를 잘 쓰는 헨리 드 보훈 경을 수시로 내세워 개인접전을 벌이도록 하면서 병사들의 사기를 올렸다.

6월 24일, 배녁번 시에서 약 4.8킬로미터 북쪽에 있는 스코틀랜드에 주둔한 잉글랜드군 최후의 요새인 스털링 성을 차지하기 위해 양군 사이에 최후의 일전이 벌어졌다.

이 전투를 '배녁번 전투'라 하는데, 잉글랜드군은 기병과 장궁병으로 무장된 정예부대였으며, 수적으로 1/3에 불과한 스코틀랜드군은 주로 창병으로 구성되어 있었다. 그러므로 잉글랜드군에 맞서기 위해서는 특별한 전술이 필요했다. 스코틀랜드군은 창을 바깥쪽으로 한 원형모양의 전투대형을 만들고 대항하였다. 360도로 적의 동태를 파악할 수 있고, 혹여 전투대형의 한쪽이 무너지더라도 재빨리 복구할 수 있는 장점이 있었기 때문이다. 그리고 적의 공격을 잘 막다가 적절한 기회에 원형 안에 대기하던 궁수들이 일부 전투대형이 열리는 방향을 향해 활을 쏘면서 적을 기습·압박하는 전략을 구사했다.

시간이 지나면서 잉글랜드군 병사들은 배녁번 강과 포스 강사이의 늪지로 둘러싸인 좁은 지대에 갇히게 되었으며, 전투의 승패는 판가름나게 되었다. 궁지에 몰려 있던 잉글랜드군의 측면 언덕으로부터 2천여 명의 스코틀랜드 병사들이 쏟아져 내려오자 최후의 방어선도 무너지고 말았다. 뒤이어 수많은 잉글랜드 병사들이 살해당했으며, 달아나던 사람 중에서도 많은 수가 배녁번 강과 그 너머의 늪에 빠져 죽었다. 에드워드 2세는 우회로를 타고 던바로 빠져나가 간신히 잉글랜드로 달아날 수 있었다.

이 전투에 패하면서 에드워드의 왕권은 더욱 실추되고 말았다. 반면에 로버트 1세는 스코틀랜드의 모든 귀족들로부터 만장일치로 충성 맹세를 받아내면서 더욱 강력한 왕권을 다지게 되었으며, 사실상 완전한 독립국가를 이루게 되었다. 이후 로버트 1세는 스코틀랜드 민족의식의 대변자이자 전설적인 영웅으로 추앙받게 된다.

런던으로 돌아온 에드워드는 그의 사촌 랭커스터 백작 토마스가 이끄는 칙령위원들의 처분을 기다려야 하는 신세가 되었다. 하지만 시간이 흐르면서 차츰 중도파가 등장하기 시작했고, 토마스와 에드워드 사이를 중재하고자 하는 움직임이 생겨났다. 에드워드는 이틈을 타서 개버스턴의 빈자리에 더스펜서 부자(父子)를 채워 총애하기 시작했다. 더스펜서의 힘을 등에 엎은 에드워드는 토마스와 위원회에 강경하게 대처하기 시작했다. 그리고 1322년 3월, 반발하는 토마스와 그 무리들을 요크셔의 버러브리지에서 사로잡은 뒤 곧 토마스를 처형했다. 마침내 토마스와 그를 추종하는 귀족들의 간섭에서 벗어날 수 있게 되었던 것이다. 그는 곧 칙령도 파기했다.

한편 이사벨라 왕비는 개버스턴 때처럼 더스펜서 부자에게 너무 의존하는 에드워드에 대해 못마땅한 생각을 갖기 시작했다. 게다가 외교사절로 파리에 갔다가 망명 귀족 로저 모티머와 사랑에 빠지면서 역심을 품게 되었다.

1326년 9월, 이사벨라는 모티머와 함께 에드워드를 쫓아내기

위해 군사들을 이끌고 잉글랜드로 건너갔다. 이사벨라 반란군은
더스펜서 부자의 무리를 제압한 뒤 처형했다. 이어서 무능함과 대
관식 서약을 어긴 잘못을 물어 에드워드 2세를 탄핵하고 폐위한
뒤, 아들을 왕위에 오르게 했다. 그가 바로 에드워드 3세이다.

투옥된 에드워드 2세는 1327년 9월, 감옥에서 경호군사들의
폭행으로 숨진 것으로 알려지고 있다.

3
섬에서 대륙으로, 다시 섬으로

The History of United Kingdom

섬에서 대륙으로, 다시 섬으로

대헌장 이후 잉글랜드 왕국은 에드워드 3세가 즉위하면서 내실을 다졌다. 그리고 이렇게 키운 역량을 시험하고 자 서서히 모험을 시작했다.

에드워드는 당시 프랑스 왕실의 적통이 끊긴 것을 빌미로 삼아 외척 혈통인 자신이 프랑스 왕이 되어야 한다고 주장했다. 물론 프랑스는 이를 거절하고 새로운 왕실 혈통을 세웠지만 이로부터 두 왕국은 100여 년에 걸쳐 대 립하게 되었다.

'백년 전쟁'이 진행되는 동안 두 왕국은 국내외적으로 많은 변화를 겪게 되지만 가장 큰 의미는 잉글랜드가 섬 에서 대륙으로 전진하려 했다는 점이다. 다시 말해서 그동안 받아들였던 대륙의 문화를 잉글랜드만의 것으로 만 들어 대륙으로 역 진출하려 했다는 의미이다.

에드워드 3세의 이런 시도는 결과적으론 모험이었는지 모른다. 백년 전쟁을 통해 그의 선조인 윌리엄 정복왕 이 후 갖고 있던 프랑스 땅들은 그의 후손인 헨리 6세 통치 기간 동안 완전히 잃고 말았고, 다시 왕국의 영토가 브 리튼 섬으로 축소되는 결과를 맞게기 때문이다. 또 국내적으로도 왕실의 혈통끼리 벌어진 '장미 전쟁'이라는 내 전을 통해 피의 역사를 맛보아야 했다.

그러나 실질적으로 이 기간의 변화와 고통들은 긍정적인 면도 포함되어 있다. 백년 전쟁 이후 잉글랜드 왕국 영 토가 확실히 정해져 민족 의식이 확고해지면서 오늘날의 영국 문화가 성립되기 시작했다. 또한 이어지는 왕실 혈통 싸움에 혐오감을 갖게 된 국민들을 의식한 튜더 가의 헨리가 리처드 3세를 몰아내면서 장미 전쟁을 끝냈 다. 이후 헨리는 국민의 지지하에 튜더 왕조를 열고 절대왕정의 길로 들어설 수 있게 되었다.

유럽 대륙의 지배를 꿈꾸는 에드워드 3세

에드워드 2세가 귀족 및 왕비로부터 탄핵되어 왕좌에서 쫓겨난 뒤, 1327년 1월 29일 15살의 에드워드 3세가 잉글랜드 왕좌에 앉았다. 명목상의 그의 후견인은 랭커스터 백작 헨리였지만 실질적인 섭정은 어머니인 이사벨라와 정부인 모티머가 맡고 있었다.

그해 아직 끝나지 않은 스코틀랜드와의 전쟁을 끝내기 위해 에든버러의 홀리루드 궁에서 양국 간의 평화조약이 체결되었다. 이 조약을 통해 로버트 1세는 정식으로 스코틀랜드 왕으로 인정받았고, 스코틀랜드에 대한 잉글랜드의 모든 권리를 포기했다. 그리고 이듬해의 후속 조처로 노샘프턴 조약을 통해서 로버트 1세의 아들인 데이비드와 에드워드 3세의 여동생인 조안의 정략결혼이 이루어짐으로써 양국 사이의 관계는 더욱 돈독해졌다.

당시 에드워드는 조부인 에드워드 1세의 유언을 생각하며 망설였으나 국내 안정부터 이뤄야 한다는 이사벨라와 모티머의 설득을 듣고서 조약에 서명했다고 한다.

에드워드는 1328년 1월 24일 요크에서 필리파와 결혼했으며, 그때부터 직접 국정을 맡고자 결심했다. 그는 어머니의 섭정에서 벗어나기 위해서는 그녀의 뒤에서 영향력을 행사하고 있는 모티머를 먼저 제거해야 한다는 생각을 품게 되었다.

그러던 어느 날 에드워드는 랭커스터 공 헨리 및 측근들에게 어머니 모르게 모티머를 잡아오도록 명했다. 노팅엄에서 회의가 열리고 있던 밤, 그곳에 모티머가 있다는 정보를 얻은 왕의 측근들은 그 성의 지하통로로 잠입해 모티머를 체포하였다. 에드워드

에드워드 3세

의 명령으로 모티머는 곧장 처형되었다. 모티머가 제거되자, 그의 생각대로 어머니인 이사벨라의 섭정도 끝이 났다. 이사벨라는 일선에서 물러나 노년을 '가난한 클라라 수녀회'에서 보냈다.

이때부터 에드워드 3세는 본격적인 통치를 시작했다. 젊고 열정적이며 활발한 성품의 소유자인 그는 대내적으로 할아버지인 에드워드 1세의 유업을 이어받아 왕권과 국력의 신장에 주력하였고, 대외적으로는 먼저 주목하기 시작한 곳은 로버트 1세가 세상을 떠난 스코틀랜드였다.

그는 스코틀랜드의 독립을 허용한 데 대해 여전히 불만을 가지고 있었다. 당시 스코틀랜드의 새로운 왕이자 에드워드의 매제인 데이비드 2세는 아직 어린 소년에 불과했다. 에드워드는 그런 약점을 이용해 로버트 1세에 의해 쫓겨났던 스코틀랜드 귀족들로 하여금 자신들의 우두머리 베일리얼을 스코틀랜드 왕위에 앉히도록 도왔다. 에드워드가 스코틀랜드를 자신의 통치 영역 아래 두고자 했던 생각은 실현되었다.

그러나 베일리얼이 잉글랜드 왕의 꼭두각시로 국민들의 경멸을 받게 되자, 프랑스로 도주한 데이비드 2세는 국민들의 지지를 바탕으로 1341년에 다시 스코틀랜드로 돌아올 수 있게 되었다. 결국 스코틀랜드에 대한 에드워드의 욕망은 또다시 원점으로 돌아가고 말았던 것이다.

다시 한번 마음을 가다듬은 에드워드는 이번에는 프랑스 카

페 왕조의 혈통이 끊긴 것을 계기로 왕위계승권을 주장하면서 선
대에 잃어버린 프랑스 내에 있는 잉글랜드령들을 되찾고자 시도
했다.

백년 전쟁의 전야

당시 프랑스는 프랑크 왕국의 샤를마뉴 대제 혈통이 단절되면서
최초의 지역 왕조인 카페 왕조의 수명이 끊어지고 있던 시점이었
다. 13세기 말부터 14세기 초 '품행이 바르고 외모가 아름답다.'
고 해서 단려왕(端麗王)이라고도 불렸던 필립 4세Philippe IV, 1268~1314
가 왕위에 있을 때에는 왕권이 크게 신장되고 행정기구가 정비되
면서 사실상 처음으로 통일국가가 이루어졌다. 그러나 그의 아들
들은 왕위를 오래 지키지 못하고 단명하였으며, 마지막 아들인 샤
를 4세Charles IV, 1294~1328마저 왕자를 보지 못하면서 카페 왕조의 혈
통은 끊어지게 되었다.

그나마 카페 혈통이라고는 잉글랜드의 에드워드 2세의 왕비
이자 필립 4세의 딸인 이사벨라가 유일했다. 따라서 이사벨라의
아들인 에드워드 3세는 카페 혈통의 모계로 왕위계승권을 갖고
있었다. 당시 프랑스 내에 있는 잉글랜드령들을 회복하기 위해 고
심하던 에드워드는 바로 이 계승권을 들어 프랑스 왕위와 영토를
주장했던 것이다.

하지만 에드워드의 주장은 프랑스의 제후·사제(司祭)의 회
의에서 승인을 얻지 못했다. 프랑스는 프랑크 왕국 때부터 전통적
으로 이어져 오는 남계(男系)만이 왕위에 오를 수 있다는 '살릭
법Salic Loi'을 들어 에드워드의 왕위계승을 거절했다. 그리고 필립 4

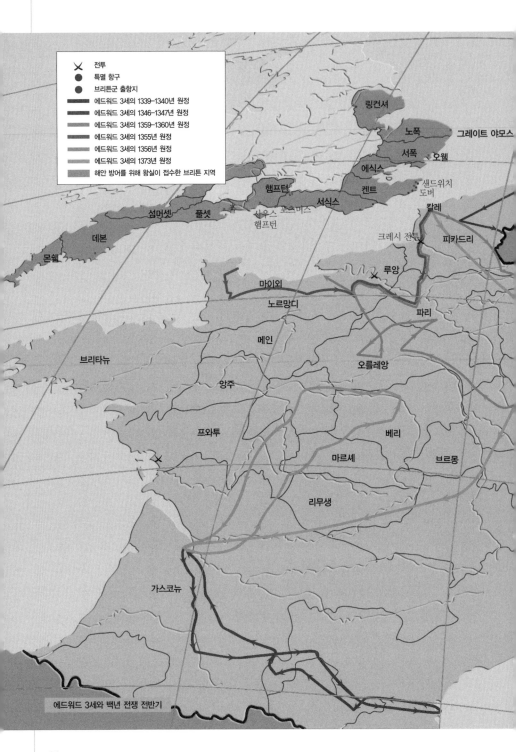

전투 ⚔
특멸 항구 ●
브리튼군 출항지 ●
에드워드 3세의 1339~1340년 원정
에드워드 3세의 1346~1347년 원정
에드워드 3세의 1359~1360년 원정
에드워드 3세의 1355년 원정
에드워드 3세의 1356년 원정
에드워드 3세의 1373년 원정
해안 방어를 위해 왕실이 접수한 브리튼 지역

링컨셔
노폭
그레이트 야모스
서폭
오웰
에식스
샌드위치
햄프턴
켄트
도버
서식스
칼레
섬머셋
풀셋
사우스
포츠머스
크레시 전투
피카드리
햄프턴
데본
마이외
루앙
몬쉘
노르망디
파리
브리타뉴
메인
오를레앙
앙주
프와투
베리
마르셰
브르몽
리무생
가스코뉴

에드워드 3세와 백년 전쟁 전반기

세의 남계 형제이자 최근친자인 발루아 백작을 필립 6세로 옹립했다.

에드워드는 어쩔 수 없이 프랑스의 왕위 승계 과정에 대해 승복할 수밖에 없었다. 하지만 플랑드르를 둘러싼 분쟁이 격화되면서, 에드워드는 1336년부터 재차 왕위를 요구하기 시작했다. 이른바 백년 전쟁의 전야가 무르익고 있었던 것이다.

사실 플랑드르는 형식상 프랑스 왕의 종주권 아래에 있었지만, 경제적으로는 잉글랜드의 지배를 아래 놓여 있었다. 플랑드르는 중세에 유럽 최대의 모직물 공업지대로 번창했는데, 그 원료가 되는 양모의 최대 공급국이 잉글랜드였기 때문이다. 기엔 역시 유럽 최대의 포도주 생산지였으므로 두 지방의 탈환은 프랑스 왕들의 숙원이었다.

에드워드는 프랑스 경제를 혼란에 빠뜨리기 위하여 플랑드르에 수출해오던 양모 공급을 중단했다. 그러자 프랑스의 필립 왕은 보복으로 프랑스 내의 잉글랜드 봉토인 기엔, 지금의 가스코뉴 지방의 몰수를 선언하였으며, 이에 따라 에드워드는 필립에게 공식적인 도전장을 띄우게 되었다(1337).

백년 전쟁 전반기

전쟁이 발발할 즈음, 매우 독립적인 프랑스 지방들의 성향은 잉글랜드의 결정에 매우 큰 영향을 끼쳤다. 우선 플랑드르는 전쟁이 일어나면 잉글랜드를 적극 지원하겠다는 조건을 내세우며 양모를 공급해달라고 요청했다. 또한 잉글랜드령이었던 가스코뉴는 밀사를 보내 중부 프랑스로 향하는 접근로를 열어주겠다고 알렸다.

이런 지원에 고무된 에드워드는 전쟁을 시작할 명분만 노리고 있었다. 잉글랜드인들은 '전쟁은 1337년 스코틀랜드로 항해 중인 한 척의 프랑스 군함이 노르망디 앞 바다에서 발견되었을 때 시작되었다.'고 믿고 있다. 그러나 실질적인 전쟁은 1339년 플랑드르와 북(北)프랑스에서 양국의 군대 사이에 있었던 사소한 다툼에서 비롯되어 이듬해에 잉글랜드 함대가 라인 강의 하구에 있는 슬루이스Sluys에서 프랑스 함대를 격파하던 때 시작되었다. 연대기 작가인 베커Geoffrey le Baker는 슬루이스 해전에 대해 이렇게 묘사하였다.

아침 9시가 넘어서자 에드워드는 바람과 태양을 등지고 파도의 흐름을 타면서 3열 종대로 260척의 배들을 전진시켰다. 드디어 전투는 시작되었다. 장궁과 석궁에서 쏟아내는 화살들이 굵은 빗줄기처럼 적진으로 퍼부어졌다. 또 투석기에서 쏘아대는 돌덩이는 직선들의 갑판을 부수고 수없이 많은 적병들의 머리를 짓이겼다. 하루 내내 전투가 지속되면서 프랑스의 두 개의 함대가 무너졌다. 마지막 세 번째 함대는 밤새 저항을 했지만 그중 30여 척은 도주를 하였고 다음날 새벽녘에는 이 함대도 항복을 하였다. 전투는 잉글랜드의 승리로 끝났다. 프랑스 군 사상자는 2만 5천 명이며, 침몰된 배만도 400여 척이나 되었다. 잉글랜드는 4천 명의 사상자를 냈다.

슬루이스 전투 이후 에드워드는 여세를 몰아 프랑스 본토에 상륙한 뒤 브리타뉴, 가스코뉴, 노르망디를 관통하면서 전투를 치러나갔다. 물론 전쟁의 우위는 잉글랜드가 계속 점하고 있었다. 잉글랜드에는 이미 웨일스나 스코틀랜드 정벌을 통해 조직적인

전투 경험이 쌓여 있었고, 프랑스 지방들이 매우 독립적으로 운영
되다 보니 잉글랜드 측에 우호적인 경우가 많았으며, 급료를 받고
움직이는 지휘관들에 의해 책임있게 훈련된 군대였기 때문이다.
그리고 마지막으로 가장 중요한 요인은 장궁부대의 활약이었다.
이런 잉글랜드군의 장궁부대 활약은 크레시 전투와 푸아티에 전
투에서도 확실하게 보여진다.

　　1345년 에드워드 3세는 그의 맏아들인 흑태자 에드워드와 함
께 노르망디에 상륙하였다. 이듬해 잉글랜드군은 칸을 공략한 후
에 플랑드르를 향하여 진격하였다. 병력은 약 9천　명이었다. 프

랑스 왕 필립 6세는 잉글랜드군의 몇 배나 되는 대군을 거느리고 이를 추격하였으나 센 강·솜 강의 도하 지점에서 잉글랜드군을 따라잡는 데 실패했다. 8월 26일에는 오히려 아미앵 북서 약 50킬로미터 떨어진 크레시 언덕 위에 포진한 잉글랜드군에게 반격을 당했다. 이때의 상황은 베커의 묘사를 빌려보면 이러하다.

해질 무렵 프랑스군 쪽에서 나팔과 북을 두드리면서 선제 공격이 시작되었다. 석궁병들이 앞장서서 화살을 날렸다. 그러나 날아가는 거리가 짧은 석궁 화살들은 언덕에 포진한 잉글랜드군의 진지에 채 미치지 못하고 떨어졌다. 이런 안타까운 장면을 보고 있던 프랑스군 노병(弩兵)과 중무장한 기사 부대들이 석궁병들을 앞질러 적지를 향해 공격을 시작하였다. 이때 잉글랜드군은 먼 거리까지 날아가는 장궁 부대를 동원해 그들을 향해 집중적으로 화살을 쏟아부었다. 먼 거리에서 날아오는 화살들을 피하지 못하고 픽픽 쓰러지는 프랑스 병사들, 잉글랜드군과 프랑스 석궁병들 사이에는 7천여 명의 시체가 뒤엉켜 있었다.

그러나 자욱한 먼지를 풍기며 신음과 피 냄새가 진동하던 전쟁터에서 빠져나온 프랑스 기병들은 잉글랜드군을 향하여 재차 용감히 돌진하였다. 이를 예상한 잉글랜드군은 깊은 홈을 파고 기다리고 있었다. 전투용 도끼, 창, 칼 등과 중무장 갑옷을 입은 프랑스 기병들은 이 구덩이에 빠지면서 자신의 무게에 짓눌려 처참히 죽어나갔다. 그리고 대 격돌⋯ 지옥을 방불케 하던 전쟁터가 깊은 밤이 오면서 간간이 신음소리가 들려왔을 뿐 고요해졌다⋯ 그리고 새벽녘이 될 즈음, 잉글랜드군은 프랑스 왕과 일단의 기사들이 이미 도주했다는 것을 알게 되었다. 잉글랜드군의 대승리였다.

크레시 전투로 북 프랑스에서의 우위를 확보한 잉글랜드군은 진격을 계속해 9월에는 항구인 칼레를 포위했다. 칼레 시민들은 11개월이나 완강하게 저항을 계속했지만, 겨울을 난 칼레 시민들은 심한 기근에 시달리고 있었다. 끈질기게 저항했던 칼레 시민들은 잉글랜드군에 의해 학살될 위기에 놓이자, 1347년 여름 시장을 포함한 칼레 시민대표 6명은 교수형을 각오하고 시민들을 구하기 위해 나섰다. 그들은 스스로 목에 밧줄을 감고 에드워드 앞으로 출두하였다. 그리고 이들의 희생정신에 감복한 에드워드가 모두 사면함에 따라, 칼레는 위기에서 벗어날 수 있었다. 용감한 6명의 칼레 시민대표는 지금도 워싱턴 허시혼 미술관 조각정원에서 〈칼레의 시민The Burghers of Calais〉이란 로댕의 작품으로 만나볼 수 있다.

에드워드는 1347년 10월 잉글랜드로 귀국한 뒤, 호화로운 마상시합을 열어 승리를 기념했다. 이듬해 잉글랜드에는 흑사병이라고 알려진 선(腺)페스트가 처음으로 발병하자 에드워드는 출정을 미루고 일단 휴전하게 되었다. 그동안 흑사병의 공포에도 아랑곳없이 에드워드는 궁정에서 요란한 주연으로 시간을 보냈다.

1350년 프랑스에서는 필립 6세가 죽고 그 뒤를 이어 장 2세가 즉위하였다. 그리고 몇 년 뒤인 1356년 흑태자는 프랑스 비엔현(縣)의 푸아티에의 모펠튀이 언덕 위에 진을 치고 장 2세가 인솔한 중무장한 프랑스군과 접전했다. 그곳은 미오송 강과 클랭 강의 합류지점으로 주변에 덤불과 늪지가 펼쳐져 있는 곳이었다.

크레시 전투의 교훈을 망각한 프랑스군은 여러 차례 정면공격을 감행했다. 그런 프랑스의 기사들은 수렁에 빠져 꼼짝달싹하지 못했고 흑태자가 이끄는 장궁부대의 손쉬운 표적이 되었다. 그

와중에 프랑스 왕 장 2세와 그의 넷째 아들 필립*이 포로로 잡혔다. 이처럼 잉글랜드군의 계속되는 승리는 독립 자영농민을 주력으로 한 보병 장궁부대 전법이 프랑스의 봉건 기사군의 전법에 비해 우수하였기 때문이었다.

푸아티에 전투가 끝난 뒤 프랑스에 생겨난 유랑민 또는 도둑들로 이루어진 무질서한 용병 부대들이 생겨났는데, 이들의 약탈과 정부 관리들의 횡포에 대한 반발이 자주 일어났다. 1358년 보베지방에서 일어난 농민폭동이 그런 경우이다. 이 폭동은 순식간에 노르망디·일 드 프랑스·피카르디·샹파뉴 등 북프랑스의 대부분에 파급되고 군인 출신인 기욤 칼이 지도자가 되었다.

그러나 이들은 파리의 일부 귀족들로부터 지지를 얻었을 뿐 다른 여러 도시와의 제휴에는 실패했다. 또 내부 통제를 제대로 하지 못했기 때문에 여기저기 분산되어 있다가 막상 정부군의 공격이 있자, 약 2만 명의 희생자를 내고 완전히 진압되었다.

이 반란은 농민의 대표적인 이름이었던 '자크'를 집합명사화한 호칭인 '자크리'라는 말을 써서 자크리의 난이라고도 부른다. 자크리의 난으로 심한 궁지에 빠진 프랑스는 화친을 제의했다. 그 결과 1360년 양국 사이에 브레티니 화약이 성립되었는데, 프랑스는 장 2세의 석방보상금으로 300만 크라운을 지불하고, 아키텐 지방 전부와 칼레 시 등의 영토를 잉글랜드에게 할양하였다.

한편 장 2세는 자신의 몸값이 너무나 많아 국민들에게 큰 부담이 된다는 것을 알자 스스로 잉글랜드로 다시 건너가 몸값 대신 포로로 남기를 원했다.

그는 결국 포로의 몸으로 1364년 런던에서 죽었다. 장 2세의 뒤를 이어 프랑스에서는 현명한 왕이라 불리는 샤를 5세가 즉위했다. 그는 푸아티에 전투에서 부왕 장 2세가 사로잡혀 잉글랜드로 압송되었기 때문에, 즉위하기까지 섭정의 신분으로 프랑스를 통치해 왔었다. 그는 섭정 기간 동안 자크리의 난을 진압했고, 잉글랜드와의 굴욕적인 브레티니 화약을 감수하면서 내실을 다지는 데 애를 썼다.

샤를 5세는 정치적으로 신중하고 현실적인 정책을 실시하고, 징수세를 개혁함으로써 나라의 재정을 안정시켰다. 또한 '확실한 승산이 없는 잉글랜드군과의 싸움은 피한다.'는 원칙으로, 현명한 전략가인 게클랭Bertrand du Guesclin 장군을 최고원수로 중용하고 제독 장드 비엥을 기용하여 함대를 건조하는 등 상비군제도를 확립함으로써 군사력을 키워나갔다.

샤를 5세는 뚜렷한 야망을 가지고 있었다. 그것은 바로 잉글랜드에 의해 빼앗긴 프랑스 영토를 되찾고 부왕의 명예를 회복하는 것이었다. 샤를은 먼저 아키텐의 귀족들을 선동하여 잉글랜드의 지배에 저항하도록 했다. 샤를이 의도했던 대로 양국 관계는 급속히 냉각되었고, 마침내 전쟁이 재개되었다.

한편 에드워드는 필리파 왕비가 죽은 뒤 탐욕스러운 정부(情婦) 앨리스 페러스에 완전히 빠져 정신을 차리지 못하고 있었다. 그는 큰아들인 흑태자 에드워드와 다른 아들인 랭커스터 공작 곤트의 존에게 대부분의 전투와 외국 영지의 관리를 맡기고 자신은 여자의 품에 빠져 지냈다.

곤트의 존의 부인은 헨리 2세의 고손녀이자 랭커스터의 집안의 딸이었으므로 곤트의 집안을 랭커스터 가라 한다. 1369년 곤트의 존이 이끄는 잉글랜드군이 프랑스로 침입했다. 하지만 이미 만반의 준비를 갖추고 있던 샤를의 프랑스군 앞에서 잉글랜드군은 패배를 맛보아야 했다.

당시 흑태자는 건강이 나빠져 잉글랜드로 돌아와 있었으므로, 결국 에드워드 3세가 직접 출정하게 되었다. 하지만 역풍으로 잉글랜드 육군은 프랑스에 상륙조차 하지 못했으며, 해군 역시 스페인의 카스티야 왕국과 동맹을 맺은 프랑스 해군에게 잇달아 패하고 말았다. 이 전쟁을 통해 샤를은 브레티니 화약으로 잉글랜드에 할양했던 영토의 대부분을 탈환하고, 1375년 부르지에서 잉글랜드와 휴전 협정을 맺었다. 이 협정에 따라 프랑스 내의 잉글랜드 소유 영지는 칼레 · 보르도 · 바욘 · 브레스트로 줄어들게 된다.

흑태자의 병이 심상치 않자, 앨리스 페러스의 도움을 받은 곤트의 존은 1374년 4월 잉글랜드로 돌아와 섭정인이 되었다. 하지만 그가 국민들의 뜻에 어긋나 전제 통치를 하자, 마침내 훌륭한

캔터베리에 묻힌 흑기사

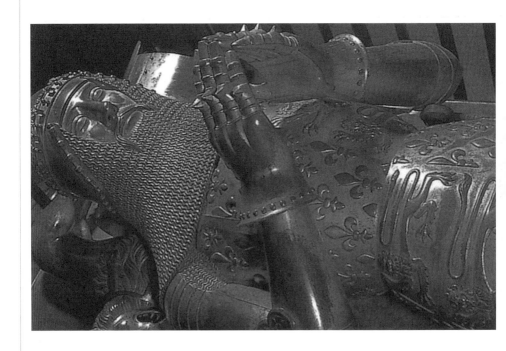

의회Good Parliament로부터 대중적 분노가 터져 나왔다. 이 의회에서 앨리스 페러스는 축출되었고 곤트의 존 추종자들은 탄핵을 받았다. 그러나 의회가 일을 모두 마무리 짓기도 전에 의회의 강력한 지지자였던 흑태자가 세상을 떠남으로써 권력은 다시 곤트의 존에게 돌아가고 말았다. 그리고 아들 흑태자를 먼저 보냈던 에드워드 역시 그 이듬해인 1377년 쉰 궁에서 조용히 눈을 감았다.

플랜태저넷 왕조의 문을 닫은 리처드 2세

비록 실세는 랭커스터 공 곤트의 존이었지만 에드워드 3세의 뒤를 이어 왕위를 물려받은 것은 왕세자의 신분으로 세상을 떠난 에드워드 흑태자(黑太子)의 아들 리처드였다. 그는 10세의 나이로 왕관을 쓰고 리처드 2세가 되었다. 공교롭게 프랑스에서도 1380년 샤를 5세가 죽고 그의 아들 샤를 6세가 뒤를 이었는데, 그의 나이 역시 12세에 불과했다.

두 왕이 모두 미성년이었으므로 양국은 숙부의 섭정으로 통치되었으므로 정치적인 혼란이 일어나 양국 사이의 전쟁도 오랫동안 중단할 수밖에 없는 상황이었다.

리처드 2세의 삼촌인 곤트의 존이 섭정을 맡고 있던 잉글랜드는 오랫동안 계속된 전쟁으로 국고가 텅 비어 많은 고초를 겪고 있었다. 정부는 이를 해결하기 위해 15세 이상의 전 주민을 상대로 인두세를 매겨 세정을 실시했다가 국민의 반감만 높아지는 결과를 얻었으며, 그런 가운데 영주 지배 자체에 대한 농민의 불만

리처드 2세

으로 켄트·에식스·이스트 앵글리아 지방을 중심으로 농민반란이 일어났다.

농민반란에는 빈민뿐만 아니라 부유한 장인(匠人)과 농노들까지 가담했다. 그것은 흑사병으로 격감한 인구로 노동력이 부족해지면서 치솟는 임금을 고정시키기 위해 제정했던 노동조례Statute of Labourers, 1351에 농업 노동자들과 도시 노동자 계급이 반발했기 때문이다.

조례는 60세 이하의 노동자들은 흑사병이 발생했던 1384년 이전의 임금으로 농사 노동에 종사해야 한다는 내용을 담고 있었다. 법으로 임금을 묶어 놓았지만, 부족한 노동력에 비해 낮은 임금을 받으며 일하려는 사람들은 없었다. 노동자들이 오히려 더 많은 임금을 요구하게 되자, 조례는 사문화 되고 말았다. 도리어 임금을 더 올려주어야 할 상황이 되자, 많은 재산을 가지고 있는 영주 계층까지 현실감각이 떨어진 정부의 정책에 불만을 품게 되었던 것이다.

농민 반란과 와트 타일러

정작 봉기의 도화선이 된 것은 세금 징수원과 농민 사이의 충돌이었다. 당시 세금 징수원은 부역을 면제시켜 주는 조건으로 1에이커당 4펜스의 부과금을 거두고 다녔다. 그러나 세금이 잘 거둬지지 않자 징수원들이 미납자들을 구타하고 체포하는 사태가 빈번하게 일어났다. 이에 농민들이 격분하여 반기를 든 것이다.

그러나 시간이 지나면서 이들은 근본적인 주장, 즉 장원제도의 근간인 농노 문서를 없애야 한다고 주장하기 시작했다.

중세 영국의 농노들

1381년 5월 에식스에서 시작된 반란은 곤트의 존이 이끄는 리처드 2세의 정부에 갑작스러운 타격을 입혔다. 와트 타일러가 이끄는 켄트인들은 6월 13일 런던으로 들어가 플랑드르 상인들을 학살하고 불만의 대상이었던 랭커스터 공작 곤트의 존의 저택을 파괴했다.

당시 성직자로서 농민 반란 주동자가 된 존 볼은 타일러와 함께 런던으로 갔다. 런던에서 그는 유명한 연설로 그는 귀족과 고위성직자를 죽이자고 군중을 선동했다.

"아담이 땅을 갈고 이브가 실을 짤 때 귀족들은 어디 있었는가?"

반란군은 런던탑을 장악하고 인두세에 대한 책임을 물어 대법관이자 대주교인 서드베리의 사이먼과 재무장관 로버트 헤일스 경을 참수했다. 상황이 급해진 정부는 이들 반란자들과 협상에 나서야만 했다. 나이 어린 리처드 2세는 런던 교외 마일엔드에서 측근이 일러준 각본대로 반란군들과 만났고, 그 자리에서 농토를 값싸게 공급할 것과 자유로운 거래, 농노제 및 강제노동 철폐를 약속했다.

마일엔드에서의 협상에서 리처드 2세가 많은 것을 양보하겠다고 약속하기 했지만, 타일러의 무리들은 해산을 거부했다. 그리고 이튿날 스미스필드에서 리처드 2세를 다시 만났다. 타일러는 왕에게 교회 소유의 모든 땅을 몰수하라는 무리한 요구사항을 제시했다. 한창 협상이 진행되고 있을 때, 사전에 약속된 대로 미리 준비하고 있던 정부군이 협상장소를 급습했다.

스미스필드는 아수라장이 되었다. 타일러는 용감하게 싸웠지만 결국 중상을 입고, 부하들에 의해 세인트 바솔로뮤 병원으로 옮겨졌다. 그러자 런던 시장 윌리엄 윌워스의 명령을 받은 병사들이 병원으로 쳐들어가 반란군들은 제거되고, 타일러 역시 밖으로 끌려나와 참수되고 말았다.

이런 급박한 상황이 전개되는 동안 리처드 2세는 반란군 앞에 섰다. 그는 비록 어린 나이였지만 군주로서의 위엄있는 태도를 잃지 않았다. 리처드 2세는 반란군들에게 타일러가 이미 처형되었음을 알리고, 그럼에도 불구하고 자신이 했던 약속을 반드시 지킬 것이라는 뜻을 전했다. 반란군들은 리처드 2세의 설득을 받아들였다.

반란군들이 런던에서 물러나는 것으로 급박한 위기는 벗어날 수 있었지만 지방에서의 반란은 그 뒤로도 몇 주 동안 수그러들지 않았다. 하지만 그해 6월 25일경 노위치의 주교 헨리 르 디스펜서

농민들의 반란에 대처하는 정부군

가 이스트 앵글리아에서 존 리처John Richer의 반란군을 진압함으로써 농민반란은 마침내 끝이 났다.

한편 마일엔드와 스미스필드에서 했던 왕의 약속은 하나도 시행되지 않았다. 그러자 국민들은 리처드 2세가 곤트의 존의 강제 아래 고생한다고 여겨 보여주었던 동정심과 애정을 모두 버리고 말았다.

당시 곤트의 존은 리처드 2세의 추종자들과 자기 동생인 글로스터 백작 토머스 우드스톡이 이끄는 반대파 사이에서 중재 역할을 하다가 1386년 7월 자신의 왕비의 고향인 카스티야의 왕위를 계승코자 스페인으로 떠났다. 그는 리처드를 글로스터 백작의 수중에 내버려둔 것이다.

이때를 기회로 삼은 의회는 글로스터 백작의 지원을 받아 리처드의 최측근인 서퍽 백작을 탄핵하고, 11인 위원회를 만들어 국왕의 활동을 감시하도록 했다. 리처드는 이에 대해 왕권을 침해하는 반역적인 위법행위라고 선언하였다. 그러자 글로스터 백작도 이에 맞서 1388년 의회에서 리처드의 측근들을 제거하기 시작했다. 궁지에 몰린 국왕은 일단은 청원파appellants라고 불리는 5명의 반대파 주요 지도자들에게 굴복하였지만 언젠가는 이들 청원파들을 모두 제거할 기회를 노리게 되었다.

1389년 5월 리처드가 드디어 성년이 되어 독자적인 통치를 할 수 있게 되자, 줄곧 기다리던 보복의 기회를 맞게 되었다. 이 해에 곤트의 존은 스페인으로부터 돌아와 중재를 다시 시도했지만 아무런 효과가 없었다. 왕은 이전보다 더욱 강력하게 자신의 지지파를 결속시켜나갔으며 1397년 무렵에는 공격태세를 갖출 수 있었다.

그는 청원파의 수장들 중 애런들을 반역죄로 처형시켰으며 워릭은 추방하고 글로스터는 투옥·살해했다. 그런 가운데 1398년 9월 청원파였던 곤트의 존의 아들 헨리 볼링브로크가 앞서 청원파 지도자들을 제거한 것은 부당하다는 주장과 함께 왕에게 항거하자 국왕은 이 기회를 틈타 그를 추방했다. 뒤이어 곤트의 존이 죽자 리처드는 볼링브로크에게 넘어갈 랭커스터 가문의 광활한 영지도 몰수했다.

이듬해 리처드는 운명적인 실수를 하였다. 다름 아닌 곤트의 존이 죽은 그해 5월 리처드는 내정상 불안한 시기인데도 불구하

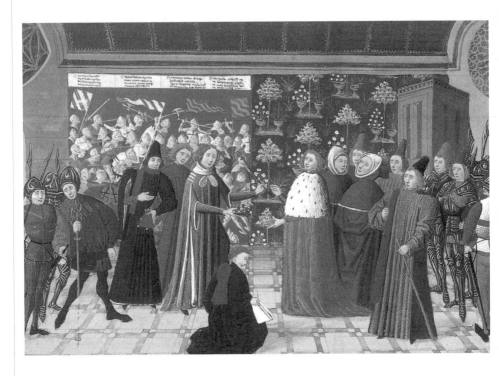

헨리에게 왕관을 씌 워주는 리처드

고 이유없이 아일랜드를 방문하겠다고 떠났던 것이다. 이런 리처드의 움직임은 반란의 기회를 엿보던 볼링브로크에게는 절호의 찬스가 되었고, 결국 잉글랜드로 쳐들어와 왕위를 찬탈한 것이다.

이 소식을 들은 리처드는 8월에 잉글랜드로 돌아왔지만, 이미 잉글랜드의 모든 귀족들은 물론 국민들도 그에게서 등을 돌린 상황이었다. 그는 결국 한번 싸워보지도 못하고 볼링브로크에게 항복해야만 했다. 리처드는 9월 30일 폐위되고 볼링브로크가 헨리 4세로 왕위에 올랐다. 리처드는 10월에 폰티프랙트 성에 감금되어 4개월 뒤 그곳에서 죽었는데, 소문에는 음식을 먹지 않고 스스로 굶어 죽었다고 전해진다.

랭커스터 가의 헨리 4세

왕위에 오른 헨리 4세는 자신의 어머니인 브랑쉬가 헨리 3세의 막내 아들인 '곱사등이 에드먼드'의 증손녀라는 점을 들어 왕위계승을 정당화했다. 물론 그의 통치 초기인 5년 동안은 국내외의 여러 적들에게 끊임없이 공격을 받아 위험을 맞았다. 1400년 1월에는 리처드 2세를 복위시키려고 모의하던 일단의 귀족들을 반란죄로 다스렸다. 이때만 해도 나름대로 순탄하게 왕위를 이어갈 수 있으리라 생각했다. 그러나 그해 9월에 잉글랜드의 웨일스 지배에 항거한 웨일스인 지주 오웬 글렌다우어 가의 대규모 반란을 접하면서 헨리는 곤욕을 치르게 되었다.

당시 글렌다우어는 웨일스만의 문제를 넘어서 잉글랜드 내 실력파인 노섬벌랜드 백작과 '조급쟁이'라고 불리는 그의 아들 헨리와 동맹을 맺어 헨리 4세의 통치에 반대하는 국내 반란도 조종했기 때문이다. 결국 초점은 노섬벌랜드 백작이 일으킨 반란으로 모아지게 되었다. 헨리 4세의 치세 가운데 가장 심각한 반란은 이렇게 시작되었지만 결국 헨리의 국왕군이 슈롭셔의 슈루즈버리 전투에서 노섬벌랜드 백작군을 패배시키면서 반란은 진압되었다.

이 참에 헨리 4세는 잠정적 반란주동자로 지목한 노픽 공작과 요크 대주교 리처드 스크루프를 노섬벌랜드 백작 반란과 엮어서 함께 다루었다. 이로써 노섬벌랜드 반란 후에는 드디어 정치적 안정을 찾을 수 있게 된 것이다.

그러나 정치가 안정될 즈음 불행히도 당대의 사람들은 문둥병이라 여겼으나 아마도 선천성 매독인 듯한 질병으로 헨리 4세는 다시 고통을 받게 되었다. 육체적 고통이 심해지던 시기에도 헨리는 스코틀랜드 왕국과 계속 국경 분쟁을 치렀으며, 웨일스의 반란을 지원한 프랑스와도 전쟁 일보 직전까지 가기도 했다.

한편 끝없는 반란과 전쟁 위기 속에서 헨리에게 부담이 된 것은 군사 비용이었다. 결국 그는 군비를 마련하기 위해 의회에 의지할 수밖에 없었다. 이를 계기로 의회는 계속해서 비난 성명을 냈다.

"왕은 재정관리를 잘못하고 있다. 의회가 왕실의 지출과 직위임명 권리를 행사해야만 한다."

의회의 목소리가 커지는 사이에 헨리 4세의 건강은 점점 더 나빠졌다. 그러자 왕의 총신인 캔터베리 대주교 토머스 애런들과 이에 맞선 헨리 왕세자(헨리 5세) 추종파들 사이에 대립이 시작되었다. 헨리 왕세자는 국왕에게 정치적 발언권과 추밀원에 자리를 마련해줄 것을 요구했다. 한마디로 병에 걸린 왕을 대신하여 섭정을 원했던 것으로, 왕세자와 추종자들은 1410년 초 애런들을 대법관직에서 쫓아내기에 이르렀다.

이듬해 병세가 조금 나아진 헨리 4세는 자신의 아들인 헨리 왕세자보다도 그를 추종하는 무리들을 경계하여 헨리 왕세자와 추종자들로 하여금 일절 정치에 전혀 관여치 못하게 하였다. 이로 인해 왕자와 헨리 4세 사이에는 불화의 골이 깊게 패이게 되었는데, 이와 관련된 왕자의 무모하고 방종한 젊은 시절의 이야기가 셰익스피어의 작품을 통하여 후세 사람들에게 알려진다.

두 사람 사이에 불화가 계속되는 와중에 헨리 4세는 결국 아들과 화해도 하지 못하고 병세가 악화되어 세상을 떠났다. 그리고 헨리 왕자가 헨리 5세로 등극한다.

헨리 5세와 백년 전쟁 후반기

헨리는 부친 헨리 4세의 맏아들로 태어났다. 1398년 리처드 2세의 핍박을 받아 부친은 망명하였지만 어린 헨리 왕자는 잉글랜드에 남아있었다. 헨리의 삼촌인 윈체스터 주교 헨리 보퍼트가 그의 훈육을 책임졌는데, 그는 음악과 독서를 좋아하는 소년이었다. 특히 그는 독서를 통해서 쉽게 영어로 읽고 쓰는 것을 익혔다. 그는 1413년 3월 21일 헨리 4세의 뒤를 이어 즉위했으며, 영어를 자유자재로 구사할 수 있었던 최초의 잉글랜드 왕으로 평가받는다.

통치 초기의 그의 지위는 몇 차례 일어났던 반란 사건으로 불안전해 보였다. 반란이 닥쳤을 때마다 공교롭게도 헨리는 역모를 꾸미는 무리들이 움직이기 전에 누군가로부터 미리 경고를 받았고 반란 세력들은 매번 무자비하게 진압되었다. 결과적으로 그의 왕권은 빠르게 안정·강화되어 갔다. 한편 헨리의 주요 관심사는 내적 왕권강화보다도 프랑스에 대한 야심적인 정책에 있었다.

그는 샤를 5세에 의해 빼앗긴 프랑스 내 영토의 소유권을 요구하였다. 일찍이 앙주 왕가의 재산이었던 노르망디와 투렌 및 멘의 소유권은 물론이고, 한 걸음 더 나아가서 잉글랜드가 한번도 가져보지 않았던 프랑스 지역까지 요구했다.

당시 프랑스에서는 주기적으로 정신착란을 일으키는 샤를 6

헨리 5세

세가 이름뿐인 왕으로 앉아 있었다. 샤를은 1392년에 열병을 앓아 정신병 발작을 일으켰는데, 이때를 시작으로 그는 평생 44번의 발작을 일으켰다고 한다. 그는 3~5개월 간격으로 발작을 일으켰는데, 한번 증세를 보이기 시작하면 3~9개월 동안 지속되었다. 이런 까닭에 왕권은 쇠퇴하고 왕세자 도팽은 왕국을 안정시키고자 스스로를 섭정으로 선포하게 되었으며, 그 틈을 노려 종친 귀족들은 권력을 잡기 위한 경쟁을 시작했다. 결국 부르고뉴 공작 필립의 후계자 장이 1407년 오를레앙 공작 루이를 죽였다. 이에 오를레앙을 강력히 지지하던 아르마냐크파와 부르고뉴파 사이에 대립이 격화되면서 프랑스는 내란 상태에 빠졌다.

헨리가 영토 반환을 요구한 것은 프랑스 정부의 이런 혼란한 정치적 상황을 알고 있었기 때문이었지만, 프랑스가 그의 요구를 받아들일 턱이 없었다. 즉 헨리는 '폭력적인 수단'에 호소할 각오가 되어 있었던 것이다.

헨리의 요구에 의한 샤를과의 협상이 결렬된 것은 1415년 6월이었지만 그가 전쟁을 준비하기 시작한 것은 그보다 훨씬 오래전부터였다. 첫째로 그는 부르고뉴 공의 지지와 중립을 확보하기 위해 노련한 외교 수완을 발휘했다. 다음은 프랑스에 해상 지원이

제공되는 것을 막기 위한 노력이었다. 중세의 왕으로는 이례적으로 그는 해군력의 중요성을 인식하고 있었다. 끝으로 헨리는 의회가 의결한 과세를 통해 그가 계획한 프랑스 침략 자금을 체계적으로 마련하고 있었다. 이렇듯 의회가 과세를 너그럽게 인정해 준 것은 그가 전쟁에 대한 국민적 공감대를 불러일으키는 데 성공했음을 보여준다.

헨리는 유력 인사들의 진심 어린 지지와 통일 국가의 지원을 얻어 전쟁을 시작했다. 더욱 놀라운 것은 프랑스 북부의 대도시와 요새들을 조직적으로 정복하는 계획을 가지고 있었다는 것이다. 좀 더 구체적으로 표현하자면 헨리는 정복한 이곳들을 잉글랜드 수비본부로 하고 이곳을 중심으로 점차 주변의 시골 지방을 정복할 계획이었다. 그리고 결정적인 것은 행정관과 세금 징수관이 병사들을 뒤따라 점령지에 들어가 전쟁 비용을 자체 조달한다는 것이 그의 최종계획이었던 것이다.

아쟁꾸르 전투

1415년 8월 센 강 어귀를 통해 프랑스에 침입한 헨리 5세는 9월에 아르플뢰르를 점령하고 노르망디 동부와 퐁티외, 피카르디 서부 지방을 거쳐 칼레로 북상하였다. 대규모의 프랑스 군대는 이런 잉글랜드군의 퇴로를 봉쇄하려 했다. 프랑스군은 마침내 도버 해협으로 통하는 아쟁꾸르에서 피로에 지친 잉글랜드군을 발견하면서 양군은 격돌하게 되었다. 양군의 병력은 잉글랜드군 약 6천 명, 프랑스군 약 2만 명으로 추정되고 있다.

그러나 이 지역은 울창한 삼림으로 뒤덮여 있는 너비 900미

터 정도의 움푹 들어간 들판이었기 때문에 프랑스군은 수적 우위
를 제대로 살릴 수가 없었다. 프랑스군은 기병을 이용한 정면공격
을 시도했는데, 잉글랜드군의 장궁부대에 의해 무참히 격퇴를 당
했다. 갑옷으로 무장한 보병을 습지에 투입한 프랑스군의 주공격
역시 가볍게 무장하여 기동력을 발휘하는 잉글랜드의 보병들이

**헨리 5세 때 전쟁 이
동로**

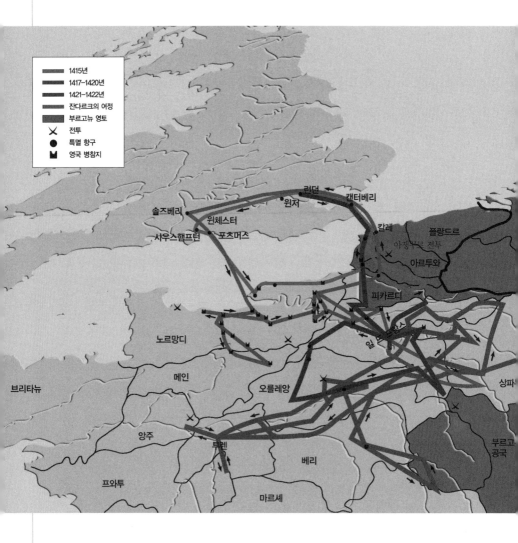

이야기 영국사

칼과 도끼를 들고 측면을 공격함으로써 격퇴되었다.

3시간에 걸친 전투는 프랑스군의 참패로 끝났다. 프랑스군은 총사령관과 함께 12명의 종친귀족들, 1,500명의 기사들, 그리고 약 4,500명의 병사들이 전사했으나 잉글랜드군의 손실은 모두 합쳐서 1,600명 정도에 불과했다.

두 차례의 전투에서 대승한 헨리는 그 후 계속 북부 지방으로 진격하여 1419년 1월 북부의 주요 도시인 루앙의 항복을 받았고, 9월에는 부르고뉴 공작 장이 살해되면서 부르고뉴와 동맹을 맺었다. 프랑스는 어쩔 수 없이 잉글랜드의 요구를 받아들여 1420년에 프랑스 북동부 샹파뉴 주의 소도시인 트루아에서 잉글랜드가 원하는 트루아 조약Treaty of Troyes에 동의할 수밖에 없었다.

헨리는 이 조약으로 프랑스 왕위계승자 겸 섭정으로 인정받았고, 샤를 6세의 딸 캐서린과 결혼했다. 당시 도팽 왕세자는 모후 이사보가 왕의 동생 오를레앙 공과 관계를 맺은 일 때문에 그의 출생이 의심스럽다는 이유로 헨리 5세에게 왕위계승권을 빼앗겼다.

헨리는 이제 권력의 절정에 서 있었다. 그러나 그의 승리는 오래가지 못했다. 믈룅과 모를 포위 공격할 때 건강을 돌보지 않고 무리했던 탓으로 그는 1422년 뱅센 성에서 발진티푸스에 걸려 급작스레 죽었다. "그는 방향 없이 허약한 나라를 맡아서, 9년 뒤에는 유럽에서 가장 강력한 나라로 만들어 놓고 떠났다."라는 말로 헨리 5세의 치세를 대신할 수 있을 것이다.

백년 전쟁의 종결과 헨리 6세

잔 다르크 등장과 전쟁의 종결

1422년 잉글랜드의 헨리 5세와 프랑스의 샤를 6세가 잇달아 죽자 나이 어린 헨리 6세는 잉글랜드는 물론 트루아 조약으로 인해 프랑스의 왕위까지 이어받게 되었다. 하지만 루아르 강변의 시농 성(城)에 도피해 있던 도팽 왕세자는 다시 용기를 내 스스로 샤를 7세로서 프랑스의 왕위에 올랐음을 선언했다.

이는 다시 잉글랜드와 전쟁을 한다는 의미이다. 잉글랜드군은 1428년 샤를 7세의 거점인 오를레앙을 포위하였고, 샤를 7세는 다시 궁지에 몰리게 되었다. 그런데 불리한 전황을 일시에 전환시킨 인물이 프랑스에 나타났다. 바로 소작농의 딸로 태어나 대천사 미카엘, 성 카테리나, 성 마르가리타의 '음성'을 듣고 프랑스를 구한 성녀 잔 다르크였다. 그녀의 사명은 '샤를을 유럽이 인정하는 프랑스 왕으로 올려야 한다는 것'이었다.

당시 전통적으로 프랑스 왕의 즉위식이 거행되던 랭스는 계속해서 잉글랜드의 수중에 있었다. 이 때문에 왕세자 샤를은 시농에서 왕위에 올랐다는 선언에도 불구하고 정식으로 왕관을 쓰지는 못했다. 왕세자가 전통적인 즉위 장소인 랭스에서 즉위식을 올리지 않은 한 프랑스 왕위 주장의 정당성은 언제든지 도전받을 수 있었기 때문이다. 이런 상황 속에 잔 다르크는 어렵게 샤를을 만나 자신이 신으로부터 받은 사명을 전한 뒤, 1429년 4월 27일 모집된 수백 명의 병사들과 함께 블루아를 떠나 잉글랜드군 요새들에 의해 1여 년 동안 포위되어 있던 오를레앙으로 향했다.

잔 다르크는 오를레앙을 포위하고 있던 잉글랜드군 요새들을 하나하나 점령하여 5월 9일에는 마지막 요새로부터 항복을 받아냈다. 오를레앙을 접수한 잔 다르크는 투르로 가서 샤를을 만났다. 그녀는 왕세자에게 서둘러 랭스로 가서 대관식을 올릴 것을 촉구했다. 그러나 샤를은 여간해서 움직일 태세가 아니었다. 그 뒤 여러 도시들을 탈환하는 동안에도 샤를은 측근들의 조언과 우유부단함으로 인해 여전히 랭스 진군에 대한 결단을 내리지 못했다. 잔 다르크는 "왕이시여, 당신은 랭스로 가야 합니다. 그곳에서 즉위하시도록 하는 것이 하나님으로부터 받은 나의 임무입니다."라며 끈질기게 샤를을 설득했다.

6월 29일 드디어 샤를의 군대는 랭스로 진군했다. 랭스 점령의 최대 걸림돌은 잉글랜드-부르고뉴 연합 편에 서있던 트루아였다. 잔 다르크는 도착하기 전에 트루아의 주민들에게 투항을 요구하는 글을 보냈다. 트루아 주민들은 항복을 거부하고 성문을 닫아걸었다.

하지만 트루아는 전투가 시작되자 곧바로 강화를 요청하면서 힘없이 무너졌고, 인근의 샬롱의 성주도 지레 겁을 먹고 성문 열쇠를 샤를에게 넘겨주었다. 랭스 점령에 대한 걸림돌이 모두 없어진 셈이었다.

프랑스군은 7월 16일 랭스에 도착했다. 그리고 이튿날 대관식이 거행되었다. 제단에서 얼마 떨어지지 않은 곳에서 잔 다르크는 기를 들고 서서 대관식 행사에 참관했다. 이로써 샤를 7세는 적법한 프랑스 국왕으로서의 지위를 확립하게 되었던 것이다.

헨리 5세가 심사숙고해서 만들어 놓았던 트루아 조약에 의해 프랑스 왕이 될 수 있던 헨리 6세는 자신이 왕이라는 사실을 말로 표현할 수도 없는 강보에 쌓인 아기였다. 이런 상황에서 샤를이 왕위에 오르게 되었고 이제 랭스에서 즉위식까지 했으니 헨리 6세는 사실상 프랑스 왕으로서의 자격을 상실하고 말았다.

잔 다르크의 임무는 끝이 났다. 그러나 그녀는 계속 프랑스 영토 회복을 위한 전쟁에 출정했는데, 1430년 콩피에뉴 성을 공격하다 잉글랜드군 증원부대에 밀려 결국 후퇴해야 했다. 그녀의 운명은 이때 결정되었다. 자신의 부대가 우아즈 강을 넘는 동안 가장 뒤에 남아 후위를 방어하다가 말에서 떨어졌고, 부르고뉴파에 의해 체포되었던 것이다. 그녀는 잉글랜드 측에 넘겨져 끝내 루앙에서 마녀재판을 받고 화형에 처해졌다.

이 무렵 전황은 이미 프랑스 쪽으로 기울어지고 있었다. 내전 상태에 있던 부르고뉴파와 아르마냐크파도 아라스에서 화의를 맺음으로써 프랑스는 안정을 찾기 시작하였다.

두 나라는 1444년 투르에서 휴전협정을 맺었다. 하지만 외교적 교섭이 원만히 타결되지 못하자 재차 전쟁상태로 돌아갔다. 하지만 잔 다르크의 영웅적인 투쟁에 고무된 프랑스 국민들 사이에서 잉글랜드에 대한 적대감이 크게 높아졌고, 이를 이용한 샤를 7세는 총력을 다해 잉글랜드 지배 아래 있던 여러 도시들을 탈환했다. 칼레를 제외한 모든 프랑스 영토는 이때 다시 회복되었다.

요크 가의 찬탈과 장미 전쟁의 시작

샤를 7세의 등극과 함께 손에 쥐고 있던 프랑스 왕권을 놓아야만 했던 헨리 6세는 직접 통치를 할 수 있는 성년의 나이가 되었다. 하지만 그는 오로지 경건한 종교 의식과 오늘날 잘 알려진 이튼 칼리지, 케임브리지 대학교의 킹스 칼리지와 같은 교육기관의 설립에만 관심을 가졌을 뿐 실질적인 통치는 신경을 쓰지 않았다.

그러자 왕실의 또 다른 혈통들이 왕권을 노리면서 권력다툼을 시작하였다. 엄격한 장자상속 원칙에 따르자면 랭커스터 집안의 헨리 6세보다 왕위계승 서열에서 앞서 있던 왕의 사촌 요크 공작 리처드가 대표적인 인물이다.

헨리는 백년 전쟁이 끝날 무렵부터 1년여(1453. 7~1454. 12) 동안 정신이상 증세를 보였다. 이 기간 동안 요크 공은 호국 경이

장미 전쟁의 상징적 삽화

되었는데, 그는 헨리의 뒤를 이어 왕좌에 오르고자 하는 야망을 품게 되었다. 요크의 야망은 일단 웨일스 왕자 에드워드의 탄생으로 좌절되었지만, 백년 전쟁 후의 사회적 분위기는 그의 야망에 다시 불꽃을 일으켰다.

1453년에 백년 전쟁이 끝나면서 그동안 프랑스 내에 영지를 갖고 있던 잉글랜드 측 영주들은 영지를 잃게 되었다. 그들은 생존 방법을 찾아내기 위해 잉글랜드 왕가의 세도가들 곁으로 모여들었다. 요크 공은 자신의 야망을 달성하기 위해 이들을 활용하려 했다. 그리고 1460년 7월 초 내란이 벌어지게 된다. 즉 붉은 장미를 문장으로 삼은 랭커스

터 왕가와 흰 장미를 문장으로 삼은 요크 가 사이에 벌어졌다고
하여 '장미 전쟁'이라고 불리는 내전이 일어난 것이다.

　막상 내전이 시작되자 두 집안은 중립봉건 영주들을 포섭하
는 데 혈안이 되었고, 이로 인해 잉글랜드 내에는 영주들 간에 서
로 적대감과 증오가 넘쳐나게 되었다. 전쟁의 클라이맥스는 노스
햄프턴에서 리처드 공이 이끄는 요크군과 병약한 헨리 6세의 랭
커스터군이 대치하고 있던 때였다.

　헨리 6세는 전면에 대포를 설치하고 참호로 두른 방어선 후
면에 서 있었다. 하지만 막상 요크군이 쳐들어오자, 측면에서 지
휘하던 그레이 경이 왕을 버리고 요크 쪽에 투항해 버렸다. 남은
랭커스터군들도 공포 속에 도주해버렸다. 그때까지 왕은 사령 캠
프에 홀로 남아 있었다. 승자인 요크군 병사들은 캠프에 있는 왕
을 보자 정중히 예의를 표한 후 그를 런던으로 데려갔다.

　요크 공 리처드는 왜 그를 살려놓았을까? 사실 오랜 정신병
으로 쇠약해져 있는 늙은 헨리의 수명은 얼마 남지 않은 듯 보였
다. 그렇기에 그가 천명을 다할 때까지 왕의 자리를 유지시키고,
그가 죽었을 때 합법적으로 왕위를 이어받는다는 시나리오가 있
었기 때문이다. 그러나 이런 정치적 계산은 중북부 지역에 머물던
마거릿 왕비와 왕세자가 대항하기 시작하면서 복잡한 양상을 띠
기 시작했다.

　마거릿 왕비를 따르는 군대는 왕세자만이 보위를 이을 유일
한 계승자라고 주장하면서 런던으로 진격해 왔다. 요크 공도 이에
군사를 일으켜 맞섰다. 1460년 12월 양군은 웨이크필드에서 격돌
하였다. 결과는 마거릿 왕비의 지휘 아래 있던 강력한 랭커스터군
의 승리였다. 이 전투에서 요크 공 리처드가 전사하였는데, 종이

왕관이 쓰여진 요크 공의 잘린 머리는 반란에 대한 본보기로 요크
성 외곽에 걸리게 되었다.

　요크 공을 처형한 후 마거릿 왕비는 남쪽으로 군대를 이동시
켜 반란 주동자 중의 한 명인 '국왕 제조자'라고 불린 워릭 백작
(뒤의 노섬벌랜드 공작)과 전투를 치르게 되었다. 이 전투에서 워
릭 백작은 부상을 입고 도주하였고, 그 와중에 헨리 6세는 구출되
었다. 잠시나마 랭커스터 왕실은 다시 회복되는 듯 싶었다.

　하지만 아버지의 비통한 죽음을 전해들은 요크 공 에드워드
는 아버지를 따르던 반군을 이끌고 옥스퍼드 주에 머물면서 부상

을 치료하고 있던 워릭과 합류하였다. 둘은 아직 북쪽 지역에 머물고 있는 랭커스터군을 견제하면서 런던으로 진격하였다. 일주일 후, 에드워드는 런던을 자신의 수중에 넣은 뒤 그 힘을 바탕으로 헨리 6세와 마거릿이 이끄는 랭커스터군을 치기 위해 북쪽으로 올라갔다.

'타우턴 전투'라 불린 이 싸움에서는 에드워드의 요크군이 대승을 거두었다. 헨리 6세는 다시 포로로 잡혔다. 요크 공은 스스로 에드워드 4세라 칭하면서 왕위에 올랐음을 선포했다. 요크 왕조의 첫 주인이 되었던 것이다.

마거릿 왕비는 타우턴 전투에서 패한 뒤, 스코틀랜드와 접한 국경 근처 노햄 성에서 항전을 계속했다. 그러나 요크군이 대포를 동원해 무차별로 성곽을 파괴하기 시작하자, 그녀는 모든 것을 포기하고 프랑스로 도주하고 말았다. 그 뒤 랭커스터파는 반역죄로 몰려 영지가 몰수되었고 헨리도 체포되어 런던탑에 투옥되었다.

'국왕 제조기' 워릭 백작의 승패

한편 승리자 편에 선 워릭 백작은 에드워드에게 왕권강화를 위해 프랑스의 공주와 정략 결혼을 하도록 권하였다. 그리고 정략 결혼을 위한 준비를 진행시켜 나갔으나 왕은 그의 말을 무시하고 랭커스터 가문 그레이 경의 과부인 엘리자베스와 전격적으로 결혼했다. 결국 이 결혼으로 왕과 워릭 백작의 사이에는 금이 가기 시작했다. 한편 왕의 동생 클래런스 공은 워릭의 딸과 결혼을 추진하고 있었는데, 왕에 의해 혼사가 금지되자 클래런스 공과 워릭 백작은 왕에게 대항하기 위한 공통분모를 갖게 되었다. 그들과 왕은

헨리 6세가 1440년
에 세운 이튼 칼리지

곧 '에지코트 전투'에서 만나게 되었다.

　이 전투는 에드워드 4세의 패배로 끝나 그는 포로로 잡혔다. 워릭 백작의 손에 이제 두 왕의 목숨이 달려 있게 되었다. 워릭 백작은 결정을 내렸다. 에드워드 4세를 네덜란드로 추방하고 헨리 6세를 재차 옹립하는 쪽으로 가닥을 잡은 것이다. 하지만 추방당했던 에드워드 4세는 네덜란드에 체류하면서 세력을 회복한 뒤, 1471년 바닛 전투에서 승리를 거둠으로써 워릭 백작을 제거했다.

같은 날 헨리 6세의 부인인 마거릿 왕비는 뒤늦게 외아들 웨일스 공 에드워드를 데리고 프랑스로부터 도싯에 상륙했다. 마거릿의 추종자들은 웨일스에서 지원을 얻어 에드워드를 치고자 하는 계산을 하고 있었다.

에드워드는 이미 워릭과의 싸움에서 큰 전력손실을 입었기 때문에 왕비가 웨일스의 지지자들과 손을 잡으면 심각한 사태가 일어날 수 있다는 판단을 내렸다. 해결 방법은 그녀가 웨일스군과 만나기 전에 먼저 그녀를 붙잡는 것이었다.

에드워드의 군대는 하루에 약 64킬로미터 이상씩 며칠 동안 강행군을 한 끝에 그해 5월 4일, 튜크스베리에서 마거릿의 군대와 만났다. 이 전투에서 에드워드의 군대는 왕비 마거릿이 이끄는 군대를 전멸시키고 헨리의 아들이자 랭커스터 가문의 왕위계승자인 에드워드 왕자도 죽였다. 승자로서 런던으로 돌아온 그는 헨리 6세를 재차 런던탑에 감금하고, 얼마 후 살해한다.

요크 가의 첫 왕인 에드워드 4세

헨리 6세의 죽음은 에드워드 4세의 실질적 통치가 시작되었음을 의미한다. 왕위를 찬탈한 에드워드는 불만 세력을 무마하기 위한 방법으로 전쟁을 생각했다. 그는 자신의 누이인 마거릿과 결혼한 부르고뉴의 샤를 공작과 동맹을 맺고 프랑스 원정을 도모했다. 이런 에드워드 4세의 원정 구상 배경에는 혼란한 프랑스의 정국 상황도 한몫을 했다.

백년 전쟁 당시 잉글랜드 측을 지원한 부르고뉴는 아라스 조약을 통해 샤를 7세와 평화협정을 맺은 이후 프랑스 왕실과의 관계가 좋아졌다. 그러나 필립 3세를 거쳐 루이 11세의 통치기에 들어서자 백년 전쟁 때처럼 왕과 부르고뉴 공작 사이에는 충돌이 잦아지게 되었다.

당시 부르고뉴의 샤를 공은 자신의 영토가 로렌 지방으로 인해 남북으로 나누어 진 것을 못마땅하게 생각하여 어떻게든 이 지역을 합병하려고 했다. 더불어 신성로마 제국 황제에게 요청하여 자신의 영토를 프랑스에서 독립된 하나의 왕국으로 승인을 받으려 했다. 이런 샤를 공의 시도가 프랑스 왕 루이 11세 입장에서는 방관할 수 없음은 자명하다. 결국 루이 11세는 경제 봉쇄령과 같은 여러 채널로 샤를 공의 움직임을 방해했으며 이것이 뜻대로 되지 않을 때는 무력에 호소하여 여러 번에 걸쳐 전쟁을 시도하기도 했다.

1474년 의회로부터 군비조달을 위한 충분한 재정적 지원을 받아낸 에드워드는, 이듬해 당시로서는 최대 규모로 일컬어지는 원정군을 이끌고 프랑스로 쳐들어갔다. 물론 부르고뉴 공작과의 동맹을 믿었던 그였기에 이미 승리한 것처럼 기세가 등등하였다.

하지만 막상 프랑스로 건너간 그는 부르고뉴 공작이 생각만큼 싸울 의사를 보이지 않았을 뿐 아니라 프랑스군마저 강력하게 저항하자 당황하게 되었다. 결국 그는 프랑스에서 철수하는 대신 현금으로 금화 7만 5천 크라운을 받고 해마다 금화 5만 크라운을 받는 조건의 '피키니 평화조약'을 체결하고, 체면만 살리는 선에서 물러날 수밖에 없었다. 하지만 협정을 통해 프랑스로부터 돈을 받아낸 덕분에 원정이 실패를 했음에도 불구하고 의회로부터 공격은 피할 수 있었다. 의회가 잠잠하다는 것은 자신의 왕위에 대한 여러 형태의 도전 가능성들을 잠재울 수 있다는 말도 된다.

내부의 통치권을 안정시킨 에드워드는 사업적 기질이 뛰어난 왕으로서의 면모를 보이기 시작하였다. 프랑스·부르고뉴와의 통상조약 체결 및 한자동맹에 관계하여 대외교역을 눈부시게 성장시켰으며, 이로 인해 관세 수입을 비롯한 다른 세입이 크게 증가했다. 에드워드는 활동영역을 자국의 배로 여러 나라들의 물건을 실어주는 중계무역업에까지 넓혔다. 또 왕실 영지에서 나오는 세입을 늘리기 위해 구조적인 재편성을 명했으며, 왕실 재무담당 관리의 권한을 높여 회계감사를 효율적으로 추진했다. 이러한 여러 조치를 통해 에드워드는 백년 전쟁과 장미 전쟁 중에 소모된 왕실 재산을 다시 축적할 수 있게 되었다.

에드워드는 사업적 재능과 함께 영토확장에도 눈을 돌렸다. 그 대상으로 웨일스에 대한 일단의 조치가 그것이다. 그는 웨일스 영토를 확고하게 소유하고 싶어했다. 그는 웨일스 왕실 영지를 중심으로 자신의 상속자 웨일스 공 에드워드의 이름으로 위원회를 만들어 통치했다. 필요에 따라서는 왕실 전권대사까지 파견하여 자신이 통치자임을 확고하게 표현하였다. 이런 그의 노력은 튜더 왕조의 헨리 8세 재위기에 이르러 웨일스가 완전히 복속된 것과 무관하지 않음을 알 수 있다.

이외 에드워드는 잉글랜드 최초의 인쇄업자 윌리엄 캑스턴의 친구이자 후원자였던 것으로 알 수 있듯이 서적 수집에 남다르게 깊은 조예를 지니고 있었다. 그는 금박으로 장식된 플랑드르어 필사본을 즐겨 수집했으며 그가 수집한 서적들은 나중에 잉글랜드가 자랑하는 '브리티시 도서관British Library'의 기틀이 되었다.

1482년 프랑스의 루이 11세가 피키니 조약을 맺으며 약정했던 상납금을 내지 않으려 하자 에드워드는 다시 전쟁을 준비했다. 하지만 미처 원정을 떠나기도 전인 이듬해 4월 9일 지병으로 인한 갑작스런 죽음을 맞게 되었다. 그의 나이는 겨우 40세였다. 왕위는 당시 12살의 후계자인 웨일스 왕자 에드워드(에드워드 5세)가 이어받았는데, 미성년이었던 탓에 삼촌이자 에드워드 4세의 동생인 글로스터 공작 리처드가 섭정으로 지명되었다.

리처드는 역사가들과 문필가들에 의해 악인으로 주로 표현되는 대표적인 인물이었다.

정치적 제물이 된 에드워드 5세

에드워드 4세는 웨일스를 통치하기 위해 웨일스에 위원회를 조성한 후 명목상 통치자로 어린 에드워드를 어머니인 우드빌의 엘리자베스 왕비와 함께 슈롭셔의 러들로로 보냈다. 에드워드 왕세자는 이곳에서 줄곧 머물러 있다가 에드워드 4세가 죽자 에드워드 5세로 등극하면서 런던으로 돌아왔다.

그러나 그는 당시 정치적 소용돌이의 중심에 놓여지게 되었다. 자신의 숙부인 글로스터 공작 리처드가 섭정으로 되어 있었지만 실질적으로 에드워드를 후원하고 지시하는 것은 어머니인 엘리자베스였다. 그러다 보니 엘리자베스와 그의 집안인 우드빌 가에 대한 리처드 공의 불만은 드디어 왕실의 내분을 불러왔다.

어느 날 리처드는 자신의 측근인 버킹엄 공작을 불러 은근히 자신의 하고 싶은 말을 전하면서 의회의 동의를 얻도록 압력을 가하였다.

"나의 형인 에드워드 4세는 생전에 부적절한 여인 관계가 많았음을 경도 알 것이오. 그렇다면 지금 에드워드 5세가 적법한 상속자요? 만약 증거가 없다면 나, 리처드가 형인 에드워드 4세의 정당한 후계자가 아니겠소. 의회는 이 사실을 심각하게 다루어야 할 것이오."

그의 의도는 버킹엄의 입을 통해 의회에서 그대로 전달되었고 에드워드 5세의 외가인 우드빌 파는 이런 의회의 논의에 강력한 저항을 하였다. 그러나 우드빌 파의 주역들은 리처드를 이길 수 없었다. 그들은 모두 체포되어 처형당했으며, 에드워드 5세와 그의 9세 된 동생도 런던탑에 연금되었다. 다행히 엘리자베스 여왕과 딸 엘리자베스는 왕궁에 구금되는 정도로 그쳤는데, 여기에는 리처드의 또 다른 생각이 있었다. 조카인 엘리자베스 공주와 결혼하여 남은 우드빌 가와의 대립을 잠재우겠다는 생각이었다.

에드워드와 우드빌 가를 몰아낸 얼마 뒤 리처드는 반 강제로 자신의 주장에 대해 의회의 승인을 받아내 공식적으로 국왕 자리에 올랐다. 이는 에드워드 5세의 짧은 통치가 막을 내렸다는 의미였다. 그리고 리처드가 왕위에 오른 얼마 뒤 에드워드 5세와 동생은 런던탑에서 살해되었다.

역사가나 문필가들을 통해 오르내리는 가장 유력한 살해 용의자로는 리처드가 단연 손꼽힌다. 그러나 당시 막강한 권력을 휘

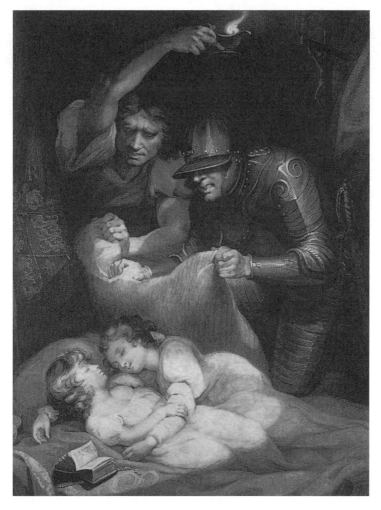

두르던 버킹엄 공작이나 튜더 왕조를 열었던 헨리 튜더(헨리 7세)
도 역사 속의 용의자 선상에 오르곤 한다.

　버킹엄 공작의 경우, 그는 리처드를 지원하여 왕위에 오르게
한 주요인물이지만 막상 자신에 대한 리처드의 예우가 형편없자
은밀하게 왕으로부터 등을 돌렸다. 그리고 얼마 후 리처드에게 공

개적으로 반기를 들었지만 실패하여 처형당했다. 그런 그가 반란을 준비하는 과정에 리처드로 하여금 나쁜 평판을 얻도록 하기 위해 왕자들을 살해했으리라는 추측은 가능성이 있어 보인다.

헨리 튜더의 경우, 리처드를 제거한다면 자신이 유일한 왕실 혈통이 될 수 있는데, 그때 걸리는 인물은 오직 에드워드 5세였다. 그러므로 자신이 적통이 되기 위해 에드워드 5세를 제거했을 것이란 추측도 설득력이 있어 보인다. 그러나 역사적으로 확실한 사실은 1674년 런던탑에서 에드워드 5세와 그의 동생의 것으로 보이는 유골이 발견되었다는 것뿐이다.

탐욕의 극단에 선 리처드 3세

리처드는 요크 가의 막내아들로 1461년 큰형인 에드워드가 에드워드 4세가 되어 왕권을 장악한 이후 글로스터 공작이 되었다. 그런 그가 이제 조카를 몰아내고 공식으로 리처드 3세로서 국왕 자리에 오른 것이다. 왕위에 오른 리처드는 과거의 불명예를 씻어내고 자신의 약한 지지기반을 넓히기 위해 국왕의 직무수행에 전념하였다. 그리고 경제적인 안정을 꾀하기 위해 에드워드 4세 때 진행되던 통상정책을 이어받아 장려하고 좀 더 나은 재정을 확보하기 위한 재정개혁을 실시했다.

그러나 그는 이전의 왕들과 달리 조카를 살해하면서 왕위에 올랐다는 사실로 인해 좀처럼 귀족과 젠트리의 지지를 받을 수가 없었으며 일부의 귀족들은 리처드를 합법적인 통치자로 인정하기

곤란하다고 여기고 있었다. 그들은 오히려 랭커스터 가계의 왕위 계승권자이며 프랑스에 망명해 살고 있는 리치먼드 백작 헨리 튜더에게 지지를 보내고 있었다.

　이런 분위기로 인해 리처드의 불안정한 왕권은 결국 헨리 튜더의 도전을 받게 되었다. 1485년 8월 7일 헨리 튜더는 군대를 이끌고 밀퍼드 헤이번에 상륙한 뒤 진격하다가 보스워스 평야에서 리처드가 이끄는 군대와 대치하게 되었다. 보스워스에서 충돌한 양군 사이의 전쟁은 장미 문양을 갖고 있는 두 왕실 가문의 또 한 번의 사생결단을 내리는 전투였다. 그리고 이 전투는 장미 전쟁의 처음이자 마지막 전투였고, 이를 계기로 장미 전쟁은 막을 내리고 왕실도 튜너 왕소로 넘어가게 된다.

리처드 3세

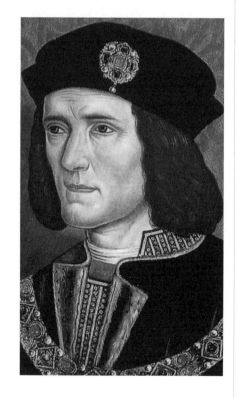

　보스워스에서의 아침, 리처드의 군대는 앰비언 언덕의 유리한 고지를 선점하고 있었다. 이윽고 언덕 비탈에서 양군 사이에 산만한 교전이 벌어졌다. 이때 헨리에 대한 지지를 맹세한 스탠리 경 토머스(후의 더비 백작 1세)가 동생 윌리엄 스탠리 경에게 측면 공격을 명령했다.

　그의 말대로 헨리군이 약한 측면을 급습하자 당황한 리처드는 후방을 담당하던 정예부대의 지원을 청했다. 이에 후방을 지휘하던 노섬벌랜드 백작이 군을 이끌고 움직이자 이번에는 헨리가 지휘하는 부대가 강력하게 이들을 저지하였고 이로 인해 리처드는 점점 고립되어만 갔다. 결국 병사들이 사기를 잃고 도망치기 시작하자 리처드는 자신의 운명을 결정해야만 했다. 그는 항복하지 않고 끝까지 저항하다 말에서 떨어지고 말았다. 그리고 늪에서 무참히 살해됨으로써 그의 욕망도 비참한 결말을 맞이했다.

리처드에 관한 기록이나 편지글은 거의 남아 있지 않다. 초상화도 예외는 아니다. 그에 대한 묘사나 초상들은 모두 셰익스피어를 비롯한 여러 문헌에 의존하고 있을 뿐이다. 한편 여러 문헌에서 '리처드가 꼽추였다.'라는 언급이 자주 보이는데, 과연 그가 꼽추였는지의 여부는 지금까지 확인되지 않고 있다. 다만 그의 한쪽 어깨가 다른 쪽보다 솟아 있었음을 시사하는 기록이 있기에 그렇게 표현했을지도 모른다는 추측은 해볼 수 있다.

리처드는 영국 역사에서 몇 가지 순위에 드는 기록들을 갖고 있다. 먼저 플랜태저넷 왕실의 13번째 왕이자 마지막 왕이 된다. 또 전쟁터에서 죽은 마지막 왕이기도 하며 중세와 근대 사이의 경계를 그어주는 인물로도 언급된다. 또 두 조카들을 몰래 살해했다는 의혹으로 영국 역사상 가장 오랫동안 살인혐의 조사 대상이 된 인물이기도 하다.

4
종교개혁과 절대왕정

The History of United Kingdom

종교개혁과 절대왕정

튜더 왕조는 백년 전쟁과 장미 전쟁의 상처를 안고 출발했다. 하지만 헨리 7세는 현명한 인물로서 빠른 속도로 왕국을 안정시켰다. 그리고 그의 뒤를 이은 헨리 8세는 대륙의 거대한 문화적인 끈인 교황과의 결별을 시도함으로써 잉글랜드 왕국만의 독특함을 이룩했다.

교황과 결별하는 것은 매우 큰 과제여서 헨리 8세 당대로 끝나지 못하고 그의 자녀들에게도 풀어야 할 숙제로 남았다. 국교회를 선포하였지만 뿌리를 내리지 못하고 단명한 에드워드 6세, 그리고 가톨릭으로 환원하면서 헨리에 대한 원망도 함께 풀어보려 했던 큰딸 메리 1세, 이 두 세대 동안 잉글랜드에는 이전 장미 전쟁 시기의 암울함이 다시 감돌게 되었다.

그러나 역사는 되돌려지는 것이 아니라 전진하는 것이다. 메리 1세 시기도 8여 년의 통치로 막을 내리고, 또 다른 헨리 8세의 자녀인 엘리자베스 1세가 등극하면서 잉글랜드 위에 드리웠던 암울한 구름은 걷히게 되었다. 그녀는 풀리지 않을 것 같던 종교 문제 역시 정치적인 방법을 통해 풀었으며, 당대의 가장 최강국이던 스페인을 물리치면서 명실공히 대영 제국의 기초를 닦아 놓았다.

'국민들은 그녀를 사랑했다. 그녀도 국민들을 사랑했다.' 진정 국민이 원함으로써 잉글랜드만의 절대왕정이 열리게 된 것이다. 그러나 이 모든 것이 그녀의 공으로 돌려질 수만은 없다. 장미 전쟁을 끝낸 그녀의 조부 헨리 7세와 대륙의 힘이자 정치적 간섭의 주체인 교황과의 결별을 이뤄낸 부친 헨리 8세의 공도 기억해야 할 것이다.

튜더 왕조를 연 헨리 7세

리처드 3세를 제거하고 즉위한 헨리 튜더는 당시로서는 가장 적자에 가까운 왕실 핏줄이었다. 헨리의 할머니는 헨리 5세의 과부였던 프랑스인 캐서린이었으며, 어머니는 랭커스터 공작 곤트의 존의 증손녀였다. 그러므로 당시 랭커스터 가문이나 요크 가문의 혈통이 다 끊어진 상태에서 그는 랭커스터 가문의 혈통을 주장할 수 있는 유일한 생존자였다.

헨리의 부친은 그가 태어나기도 전에 죽었고, 어머니는 그를 두고 곧 재혼하였다. 헨리는 삼촌인 펨브룩 백작 집에서 자라났다. 마거릿 왕비가 에드워드 4세에게 패하고, 헨리 6세의 후계자인 에드워드 왕자가 살해된 투크스베리 전투(1471. 5) 이후 펨브룩 백작은 어린 헨리를 데리고 브리타뉴 공작령으로 피신했다. 그 이후 리처드 3세의 찬탈로 요크 가가 분열되고, 그 와중에 버킹엄 공작의 반란이 일어나자 랭커스터 가문 사람들은 단결하여 그를 지지했다. 이렇게 단결한 랭커스터 사람들은 삼삼오오 모이며 또 다른 의지를 보이기 시작했다.

> "우리 가문의 헨리를 왕으로 추대해야 해. 이것만이 가문이 살 수 있는 유일한 길이야."

헨리는 이런 무리들의 후원을 받으며, 왕위에 오를 기회를 노렸고 보스워스 전투에서 승리함으로써 드디어 왕관을 쓸 수 있었다. 이어서 에드워드 4세의 딸인 요크 가의 엘리자베스와 결혼함으로써 랭커스터와 요크 가문의 왕위계승권을 통합하고 장미 전쟁의 진정한 막을 내렸으며, 동시에 자신의 가문을 이은 새로운 튜더 왕조를 열었다.

비록 헨리 7세가 잉글랜드에 새로운 왕조가 들어섰음을 선포하기는 했지만 장미 전쟁의 후유증은 남아 있었다. 결혼을 통해 양 가문의 통합을 알리기는 했어도 국왕의 권력을 업고 있는 랭커스터 가문이 요크 가문의 재산과 지위를 그대로 둘 리가 없었다. 헨리도 이를 모르는 바는 아니었지만 자기를 지지해준 랭커스터 가문의 신하들을 무시할 수 없었다.

이런 미묘한 관계는 결국 요크 가문의 반란 음모로 나타났다. 반란을 도모하던 요크 가 사람들은 잉글랜드 북부의 지방귀족들과 아일랜드의 지원을 약속 받았다. 또 리처드 3세의 누이이자 부르고뉴 공작의 미망인인 마거릿을 강력한 동맹세력으로 만들었다. 그리고 이들은 기회가 닿는 대로 헨리 7세를 향한 반란의 깃발을 들게 되었다.

새로운 왕조를 다지는 과정

헨리가 치른 첫 번째 반란은 리처드 3세의 시종장 러벌 공에 의해 일어났다. 다행히 그 반란은 미처 준비가 덜 된 상태에서 일어나 헨리는 이들을 간단히 제압할 수 있었다. 그러나 두 번째 반란인 램버트 심널의 경우는 제압하기가 쉽지 않았다.

심널은 "나는 요크 가 출신인 에드워드 4세와 리처드 3세의 형제인 클래런스 공작의 아들이다."라며 반란의 명분을 공공연히 내세웠다.

그는 이런 명분을 바탕으로 많은 아일랜드의 족장들과 부르고뉴의 마거릿에 의해 고용된 2천 명의 독일 용병의 강력한 지원을 받았다. 반란군은 기세등등하게 런던으로 진격해왔지만 노팅엄셔의 뉴어크 근처 이스트 스토크에서 참패함으로써 진압되었다. 하지만 이 전투에서는 헨리의 병사들 중 일부가 반란군 쪽으로 가담하는 일이 벌어졌는데, 이런 상황을 보고받은 헨리는 자신의 왕권이 얼마나 불완전한가를 절실히 느끼게 되었다.

한편 헨리가 왕권의 불안을 채 떨치기도 전에 훨씬 심각한 반란이 일어났다. 심널의 반란이 실패하면서 후퇴했던 마거릿이 퍼킨 워벡이란 인물과 함께 에드워드 4세의 둘째 아들인 리처드(당시 9세)가 살아 있는 것으로 내세워 다시 반란을 일으킨 것이다. 이번에는 아일랜드와 잉글랜드 요크 가문의 지원 외에도 주변의 여러 나라들이 지원했다. 신성로마 제국 황제이자 프랑스와 네덜란드의 섭정이었던 오스트리아의 막시밀리안 1세와 스코틀랜드의 제임스 4세가 그들이다.

헨리는 이 반란으로 곤욕을 치렀지만 결국 햄프셔의 뷰리에서 워벡을 포로로 잡으면서 마거릿과 관련된 모든 반란은 진압하였다.

헨리는 왕위를 노리는 계속된 반란들로 인해 편안한 날을 보낼 수가 없었지만 이제 마지막 남아 있는 화근은 에드워드 4세의 누이 엘리자베스의 맏아들 서픽 백작뿐이었다.

헨리가 걱정했던 대로 반역의 조짐을 보이던 서픽 백작은 네덜란드로 도망가서 기회를 노리고 있었다. 서픽 백작에게 기회는 곧 다가왔다. 헨리가 아들들의 연이은 죽음에 이어 왕비까지 세상을 떠나면서 심리적인 공황 상태에 빠졌기 때문이다. 기회라고 판단한 서퍽은 반란을 일으켰다. 하지만 서퍽의 반란 역시 진압되었으며, 헨리는 서퍽 백작을 붙잡아 1506년 런던탑에 가두었다.

이때부터 헨리는 반란이라는 어두운 터널에서 완전히 벗어나 마음을 놓을 수 있게 되었다. 그동안 요크 가와 관련된 반란의 주역들은 모조리 제거되고 명실공히 튜더 왕조 시대로 맥을 이어가게 된 것이다. 이로 인해 헨리 7세가 세상을 떠날 때까지 살아 있던 아들은 헨리왕자 한 명뿐이었지만, 그는 아무런 반대도 없이 평화롭게 왕위(헨리 8세)를 물려받게 되었다.

헨리 7세의 치세

헨리 7세는 왕권을 안정시키기까지 오랜 기간 반란의 소용돌이 속에서 보내야 했다. 하지만 반란의 와중에서도 통치자로서 해야 할 일들만은 차근차근 해나갔다.

헨리는 대외적으로 하나의 원칙을 갖고 통치의 묘를 보였다. 그것은 모든 기회를 왕조 보호와 잉글랜드의 교역을 촉진시키는 일에 활용하는 것이었다. 그는 궁극적으로 국가를 부유하게 만들기 위해 전력을 다했는데, 이에 대해 구체적으로 살펴보자.

그는 프랑스로부터 자신이 문을 연 튜더 왕조의 대외적인 승인을 이끌어 냈다. 잉글랜드가 스페인과 신성로마 제국의 대 프랑스 전쟁에 합류하지 않는다는 조건이었다. 그러나 퍼킨 워벡의 반란군을 지지한 네덜란드 및 스코틀랜드와는 날카롭게 대립했다. 다행히 양모산업과 관련하여 네덜란드와 잉글랜드 사이의 경제적 중요성에 대해 인식하고 있던 헨리는 퍼킨의 반란에서 손을 떼는 조건으로 양국 사이의 자유로운 무역과 평화협정을 이끌어 냈다.

잉글랜드와 국경을 맞대고 있는 스코틀랜드의 경우는 좀 달랐다. 두 나라 사이에는 그동안 오랜 적대적 전통이 있었기에 이를 배제하기가 쉽지 않았다. 그러나 헨리는 반란으로 인해 국내의 불안이 가중되고 있는 시점에 대외적인 문제마저 악화된다면 왕권을 유지하기가 어려워질 수도 있다는 결론을 내렸다. 헨리는 스코틀랜드와 적극적인 관계개선을 시도하여 스코틀랜드 제임스 4세를 자신의 딸 마거릿과 결혼시키기 위한 협정을 체결했다.

스코틀랜드의 제임스 4세가 결혼정책에 동의하게 된 데는 다른 이유가 있었다. 당시 스페인 아라곤 왕국의 캐서린 공주가 헨리의 첫아들인 아서 왕자와 결혼하기 위해 잉글랜드에 와 있었기 때문이었다. 다시 말하면 제임스 4세는 지리상의 발견 후 유럽에서 최강국의 자리에 오른 스페인과 결혼으로 동맹이 맺어지면 스코틀랜드에 불리한 영향이 미치게 될까 염려했던 것이다.

1501년 스페인의 캐서린과 잉글랜드 아서 왕자의 결혼으로 튜더 왕가의 대외적 위상은 높아졌다. 하지만 아서가 이듬해 갑작스레 죽음으로 인해 두 왕가의 결합 의미는 없어지게 되었다.

헨리는 겨우 안정된 잉글랜드와 튜더 왕조를 지키려면 스페인과의 결혼 동맹이 깨져서는 안 된다고 생각했다. 그는 차선책으로 유일하게 생존한 헨리 후의 왕자(헨리 8세)를 다시 캐서린과 결혼시켜 양국의 결혼동맹을 지키려 하였다. 이때 스페인과 프랑스가 곧 전쟁을 시작하게 될 것이라는 점을 알고 있던 헨리는 "결혼이 성사되면 잉글랜드는 스페인을 지원할 것이다."라는 담보로 스페인을 설득했다. 그의 의도대로 결혼동맹은 성사되었다. 그러나 헨리는 말과 달리 전쟁에는 가담하지 않았다.

탁월한 대외적인 능력을 보인 헨리는 '강력한 왕권정립과 국

가의 안정'이라는 내부적인 통치의 원칙도 갖고 있었다. 헨리 7세는 '강력한 왕권'은 '부'와 직결된다는 사실에 대해 잘 알고 있었다. 다시 말해서 부는 국왕이 의회와 채권자들에게 의지하지 않아도 된다는 의미이며, 이것이 절대 왕권을 유지하는 필수적인 요소라는 점을 이해한 것이다.

그는 이런 부를 획득하기 위한 방법으로 수출을 촉진하고 국내산업을 보호하는 정책을 취했다. 또 잉글랜드 상품을 잉글랜드 선박으로 운송하도록 하기 위해 항해법을 선포하기도 했다. 헨리는 당시 유행처럼 되어 있던 지리상의 발견 사업에도 뛰어들어 북아메리카를 발견한 존 캐벗과 그 아들의 탐험·항해를 원조하기도 했다.

캐벗은 이탈리아 출신으로 1484년에 런던으로 이주해온 뒤 대서양 횡단의 꿈을 키웠던 인물이다. 그는 콜럼버스의 신대륙 발견 소식에 자극을 받은 헨리 7세와 줄이 닿아서 왕으로부터 특허장을 발부받아 항해를 떠날 수 있었다. 1496년 한 척의 배로 브리스톨 항을 떠났다가 준비 부족으로 돌아올 수밖에 없었던 그는 1497년 5월, 매슈 호를 타고 18명의 선원과 함께 드디어 북아메리카를 발견하게 되었다. 당시 캐벗의 아들인 세바스찬도 함께 동행했는데, 그는 이후 헨리 8세 때 부친의 뒤를 이어 지도 제작자 겸 탐험가로 활약했다.

헨리는 국내 세법도 바꾸어 합법적인 수수료·과태료·벌금 및 봉건적 부과금 같은 왕의 조세권을 강력하게 주장하였다. 더불어 재정을 확보하는 방식에서도 국왕 자신이 조세를 감독하고, 유능하고 활력에 찬 관료들에 의해 집행되도록 하였는데, 매우 효과적이고 무자비했다. 이런 헨리의 절대왕권을 향한 정책들은 그를 계승한 헨리 8세 때 본궤도에 오를 수 있게 된다.

또 헨리는 국가가 안정되기 위해서는 법 제정과 운영이 중요하다고 생각했다. 그는 플랜태저넷 왕조 시절에 이미 있었던 법률가·성직자·젠트리로 구성된 대자문회의를 직접 운용하여 사회 문제를 해결하고 안정시키려 하였다. 대자문회의에서는 주로 가난한 사람들의 소송사건을 맡아보았다. 또한 특별 법정을 세워 왕의 권한이 덜 미치는 웨일스와 잉글랜드 북부 지방의 사회질서를 다스렸으며, 중앙정부가 임명하는 치안판사들에게 많은 권한을 주어 국민들의 소리를 듣기 위해 노력했다. 이런 제도가 효과를 보았던 때문인지 끊이지 않고 일어났던 반란에도 불구하고 헨리의 통치는 쉽게 안정을 찾고 성장하기 시작했다.

하지만 헨리 7세는 왕비인 엘리자베스가 먼저 죽자 거의 은둔에 가까운 생활을 했다. 왕궁도 활기를 잃고 어두운 분위기에 싸여 있었다. 그럼에도 그가 52살의 나이로 웨스트민스터 사원에 묻히던 1509년 4월의 잉글랜드는 백년 전쟁과 장미 전쟁의 후유증, 빈발했던 반발의 소용돌이는 자취를 감추고 너무나 평화롭고 안정된 모습이었다. 그것은 모두 확고한 통치자, 헨리 7세의 모습을 보여주는 잣대라고 할 수 있다.

영국형 종교개혁과 헨리 8세

장미 전쟁의 실질적인 끝이라고 할 수 있는 랭커스터 가의 헨리 7세와 요크 왕가의 엘리자베스의 결합은 튜더 왕조의 두 번째 왕인 헨리 8세라는 열매를 맺게 되었다. 헨리 8세는 둘째로 태어났지만 형 아서가 일찍 죽으면서 왕위를 계승했다. 비록 성격이 변덕스럽고 다혈질적이지만, 스포츠에 재능을 보였고, 독서를 즐겨 풍부한 학식을 자랑했다. 또한 183센티미터의 훤칠한 키에 힘이 세고, 사냥과 춤에도 능했다. 요즈음으로 말하자면 그는 팔방미인이었다.

헨리 8세

그가 왕위에 오르자 의회와 국민들은 그에게 남다른 기대를 품게 되었다. 그러나 기대와는 달리 왕위에 오른 그는 사치스런 연회를 자주 열어 왕실재정을 탕진함으로써 부족해진 재정을 채우기 위해 의회에 부담을 안겨주게 되었다. 이런 재정적인 부담은 그가 헌신적으로 존경하던 교황 율리우스 2세와 프랑스의 전쟁에 가담함으로써 더욱 가중되었다.

이 전쟁의 전말은 이러했다. 당시 율리우스 2세는 자신의 권위에 도전하는 베네치아인들을 제압하기 위한 계획을 세우고 있었다. 하지만 혼자의 힘으로는 불가능하다고 생각했기 때문에 신성로마 제국의 막시밀리안 황제, 프랑스의 루이 12세, 스페인 아라곤 왕인 페르디난드와 캉브레 동맹을 맺어 베네치아를 공격하였다. 그리고 이듬해 교황은 베네치아를 손에 넣을 수 있었다.

하지만 프랑스가 캉브레 동맹을 무시하고 베네치아에 독단적으로 간섭하기 시작하면서 교황과 프랑스 사이에 갈등이 일어났다. 그 결과 교황과 프랑스는 전쟁 상태로 들어가게 되었으며, 신성로마 제국과 스페인의 아라곤은 교황의 편에 섰다.

이 전쟁에 잉글랜드가 굳이 참여해야 할 이유는 없었다. 하지만 왕은 의회의원들과 추밀원 고문관들 앞에서 전쟁을 선포하면서 이렇게 그 당위성을 주장했다.

"아라곤 왕국이 짐의 처가란 점과 짐이 평소 교황을 존경하고 있기에 이번 전쟁을 방관하고 있을 수만은 없소."

의원들은 전쟁 가담을 반대했지만 헨리는 막무가내였다. 의회나 국민들에게 왕의 이런 모습은 못마땅하게 비쳐졌다.

한편 교황이 교권을 강화하기 위해 모든 교회를 통합해야 한다고 주장하자, 스코틀랜드 국왕 제임스 4세는 오랜 동맹국인 프랑스와 손을 잡은 뒤 전쟁 가담을 재고하도록 권했지만 헨리는 비웃고 말았다.

결국 스코틀랜드와의 사이에도 전쟁이 선포되었다. 당시 제임스 4세는 스코틀랜드 역사상 가장 많은 4만 명의 대군을 모았고 잉글랜드로 진격한 병사들만 하더라도 3만이 넘었다. 그러나 1513년 플로든 전투에서 안개를 이용한 기습으로 제임스 4세를

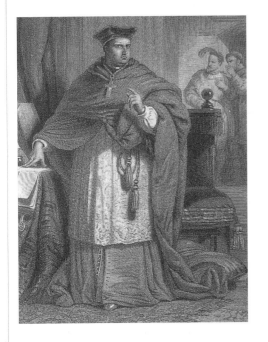

토머스 울지

비롯한 9천 명의 병사들이 전사하면서 스코틀랜드군은 패퇴했다.

비록 이 전투로 잉글랜드가 얻은 재정적인 이득은 없었지만 그동안 불만을 품고 있던 의회와 국민들의 얼어붙은 마음을 녹여줄 수는 있었다.

또 하나의 소득이라면, 플로든 전투의 결과 우쭐해진 헨리에게 프랑스 원정을 권하면서 전쟁을 계획하고 추진했던 토머스 울지라는 인물을 발견한 것이다.

울지의 발견은 헨리로서는 오른팔을 얻은 것과 같았다. 헨리는 울지를 요크 대주교, 대법관 그리고 추기경으로 승진시키면서 왕 자신이 하기 싫은 일에 그를 앞세웠다. 울지가 화살받이 노릇을 한 덕택으로 국왕은 비난으로부터 벗어날 수 있었다. 물론 비난을 뒤집어쓰는 대가로 울지는 햄프턴 궁전에서 왕보다도 더 화려한 부를 누리며 살았다.

그렇다고 헨리 8세가 국왕으로서의 역할에서 손을 뗀 것이 아니었다. 필요에 따라서는 국사에 자주 간섭했다. 그렇기에 사람들이 잉글랜드가 울지 추기경에 의해 통치되고 있다고 생각했을지는 모르지만 국왕은 자신이 원하기만 하면 언제라도 국사에 통제권을 행사할 수 있었다.

울지의 권력은 1515~1527년까지 지속되었다. 그는 왕과 같은 권력을 누리면서도 부족함을 느꼈는지 때때로 교황의 자리를 탐내곤 하였다. 울지의 이러한 야욕을 읽고 있던 헨리 8세는 그를 교황 후보로 지지했다. 만약 울지가 로마 교황 자리에 오르기만 한다면, 잉글랜드로서는 매우 유리한 카드를 손에 쥐는 것과 다름없다고 판단했기 때문이다.

하지만 신성로마 제국의 막시밀리안 1세가 세상을 떠나고 카를 5세가 황제가 되면서 상황이 바뀌었다. 당시 카를 5세는 스페인 · 부르고뉴(네덜란드도 포함) · 오스트리아의 전 영토에 이르는 막대한 재산을 상속받았다. 막강한 권한이 카를 대제 한 사람에게 집중된 것

토머스 모어

이다. 카를의 엄청난 권력에 비하면 잉글랜드를 포함한 유럽의 모든 왕가들은 열등한 존재에 불과했다. 그나마 카를과 맞설 만한 왕국은 프랑스 정도였다.

점차 유럽 대륙에서 잉글랜드의 세력은 미미한 상태로 전락했고, 국내에서도 헨리 8세의 정치체제가 인기를 잃고 있었다. 헨리는 어떤 조치를 취해야 할 필요를 느끼게 되었다. 울지의 권력 남용으로 인한 국민들의 비난이 결국 자신에게로 돌아올 날이 멀지 않았음을 느꼈기 때문이다.

그의 눈에 뜨인 것은 당시의 뛰어난 지성인이자 국왕의 새 고문관이었던 토머스 모어였다. 그러나 모어는 헨리 8세의 학문적 대화의 대상일 뿐 정책의 집행과는 전혀 무관한 인물이었다.

안정된 왕국을 위한 합법적 이혼

바로 이 시점에서 왕에게 새로운 변화가 생겼다. 그것은 왕비 캐서린과의 사이에 왕위를 계승할 아들이 없었던 데 있었다. 캐서린은 여러 차례의 유산을 거듭했을 뿐 아니라 태어난 아이들도 유아기에 죽었기 때문에 남아 있는 혈통이라고는 메리 공주 하나뿐이었다. 만약에 왕국이 수백 년 동안 안정된 모습을 보여왔다면 딸이 왕위를 계승하는 것도 큰 문제가 아닐 수 있다. 그러나 헨리는 랭커스터 가문의 모계를 통해 왕위에 오른 부친 헨리 7세가 겪었던 수많은 반란을 생각했다. 그리고 이제 겨우 장미 전쟁의 그늘에서 안정을 찾고 있는 시점이었다.

헨리는 딸을 후계자로 삼았을 때 일어날 왕실의 혼란과 정치상의 불확실성에 대해 쉽게 상상할 수 있었다. 그에게는 적자로 태어난 왕자가 절대적으로 필요했다. 게다가 몸이 약해서 늘 누워 있다시피 한 캐서린에 대한 싫증이 더해지면서 궁녀인 앤 불린과 가깝게 지냈다.

그렇다고 헨리가 난봉꾼이었다는 말은 아니다. 그는 상당한 품위를 갖춘 인물이었다. 그럼에도 왕위계승 문제를 해결하기 위해서는 캐서린과 이혼하고 그녀와 정식으로 결혼하여 아들을 낳는 수밖에는 없었다. 그리고 바로 이런 결혼과 후계자 문제는 잉글랜드뿐 아니라 유럽 전역의 관심을 불러일으킨다.

1527년 헨리는 드디어 캐서린과의 이혼을 추진했다. 그가 내세운 이혼 사유는 외교전략상 형수*와 결혼한 것은 성서(레위기 18장)의 가르침에 어긋난다는 것이다. 그리고 메리를 제외하고 캐서린의 몸에서 태어나는 아이들이 모두 죽은 것은 이런 부정한 관계에 대한 하나님의 심판의 증거라는 이유를 댔다. 따라서 하나님

* 형수 : 캐서린은 형 아서와 결혼했었다

앞에 떳떳이 서기 위해서는 부정한 결혼 생활을 끝내야 한다고 주장하면서 교황에게 자신의 결혼을 취소해주도록 호소했다. 실제로 교황들은 이런 일들에서 대개 왕들의 손을 들어 줘 은혜를 베풀어 왔었다.

하지만 헨리의 요구는 시기가 좋지 않다. 왜냐하면 캐서린은 신성로마 제국 황제인 카를 5세의 이모였기 때문이다. 즉 헨리는 당시 신성로마 황제의 포로나 다름없었던 교황 클레멘스 7세에게 카를 5세의 이모를 버릴 수 있도록 도와달라고 부탁한 것이다. 교황은 황제의 뜻을 거스를 수도, 거스를 생각도 하지 않았다. 도리어 이전에 헨리가 캐서린과의 결혼을 필요로 했을 당시, 교황의 환심을 사기 위해 바쳤던 많은 돈을 증거로 '헨리의 요구는 부당하다.'는 쪽으로 몰고 갔다.

카를 황제 역시 가문의 명예와 황제로서의 위신에 먹칠을 하는 헨리의 요구에 대해 어떠한 양보도 할 생각이 없었다. 합법적으로 승인을 받음으로써 자신의 정치적 딜레마를 해결하려 했던 헨리의 시도는 출발부터 삐거덕거리기 시작했다.

한편 헨리만큼이나 발등에 불이 떨어져 있던 울지 추기경은 헨리의 곤경을 해결해주면 자신의 권력을 회복·유지할 수 있을 것이라고 판단했다. 그리하여 울지는 헨리 8세의 결혼무효 승인을 얻어내기 위해 1529년 7월 로마를 방문했지만 교황의 명령을 받은 동료 법관 캄페노 추기경에 의해 좌절되고 말았다.

그해 10월 결국 울지는 그에게 불만을 품고 있던 귀족들에 의해 '교황 특사로서의 권한을 남용하여 로마 교황을 잉글랜드 국왕보다 우위에 두는 교황존신죄praemunire'를 범한 혐의로 기소하였다. 이로 인해 울지는 요크 대주교직을 제외한 모든 관직을 박탈

당했다. 그러나 그동안 권력을 휘두르던 울지가 권력에 복귀하기 위해 음모를 꾸밀지도 모른다고 생각한 헨리 8세는 요크로 가던 그를 '프랑스 궁정과 연락을 취하고 있다.'는 반역혐의로 체포하도록 했다. 체포된 울지는 헨리 8세와 대면하기 위해 런던으로 압송되던 도중에 죽었다.

　울지가 사라졌다고 해서 해결되는 것은 아무것도 없었다. 그의 뒤를 이은 관료들은 왕이 무엇을 원하고 있는지 알고 있었지만 실질적으로 아무런 도움도 주지 못했다. 대법관직은 토머스 모어에게 넘어갔다. 토머스 모어는 루터교라는 이단과의 싸움에 헌신하고자 하는 보수 신앙을 가졌을 뿐 아니라 헨리에게 "자신은 이

울지와 토머스 모어의 논쟁

혼을 찬성하지 않는다."고 말했던 인물이었다. 헨리의 이혼문제가 더욱 꼬이기 시작한 것이다.

이제 헨리가 선택할 수 있는 길은 포기하든가 아니면 개혁뿐이었다. 그리고 이런 혁명적 개혁에서 성공하자면 이를 구상하고 실행할 수 있는 사람이 필요했다. 그 사람이 바로 토머스 크롬웰이었다.

영국국교의 성립

울지가 사라진 자리를 대신한 크롬웰은 1532년 4월 관료회의를 주도하게 되었으며, 그 자리에 약 8년 동안 머물렀다. 그리고 크롬웰이 의도했던 것은 아니지만 이때 왕의 지휘 아래 이루어진 종교혁명이 바로 '수장령'이다. 수장령은 잉글랜드의 교회는 로마로부터 분리되어 잉글랜드 국왕의 통치 아래 둔다는 것이었다.

교회를 국왕의 통치 아래 두게 되면서 헨리 8세는 캐서린과의 이혼이라는 자신의 소원을 이룰 수 있게 되었고, 수장령은 그의 주요업적이 된다.

캐서린과 이혼한 그는 1533년 1월 앤 불린과 결혼했다. 결혼심리를 주최하여 캐서린과의 결혼을 무효로 선언한 인물은 울지의 뒤를 이어 새로 대주교가 된 토머스 크랜머였다. 이에 교황은 헨리를 파문함으로써 보복했으나 적어도 잉글랜드 내에서 그에 대해 신경쓰는 사람은 아무도 없었다.

한편 헨리의 이혼 사건은 프로테스탄트 종교개혁을 조장하는 것이나 마찬가지였다. 그러나 과연 헨리는 종교개혁을 원했을까? 그렇지 않다. 헨리는 그동안 교황에게 충성을 바쳤던 인물이었다.

《마르틴 루터에 대한 7성사의 옹호Assertio septem sacramentorum adversus Martinum Lutherum》(1521)를 통해 루터를 공격하고 교황에 대한 깊은 충성을 표현했으며, 그로 인해 '신앙의 수호자'라는 칭호로 불렸던 인물이었다. 풍부한 신학적인 지식을 가지고 있었던 헨리는 일생에 걸쳐 '진정한 종교란 무엇인가'에 대해 깊이 생각했으며, 교황권이 왕권의 위에 놓여진다는 것을 제외하고는 자신이 가져왔던 신앙의 주요 강령들을 결코 포기하지 않았다.

그러나 시간이 지나가면서 자신이 믿던 신앙강령들에 대한 일종의 변화가 필요해졌다. 그 변화 속에는 기존에 갖고 있던 '화체설'과 '성직자의 독신조항'이 '교회의 세속권위' 그리고 '인간이 성직자의 도움 없이 구원을 얻을 수 있는가' 하는 것 등의 급진적인 생각과 뒤섞여 있었다.

한차례의 폭풍이 지나간 다음 헨리는 크롬웰을 통해 국내 개혁을 추진했다. 크롬웰은 개혁의 일환으로 수도원을 해산시키고 그 재산을 왕에게 귀속시켰다. 그리고 왕의 통제 하에 놓인 성직자들에 대한 새로운 세금을 신설함으로써 왕권을 크게 신장시켰다. 이것은 모두가 전제정치의 모습을 띠고 있었다. 여기서 전제정치라 함은 그가 권력을 휘두름으로써 희생자가 생긴다는 말이다. 실제로 토머스 모어와 같은 헨리의 옛 친구들도 새로운 질서를 받아들이기를 거부하자 반역죄로 몰려 50명의 다른 사람들과 함께 처형되었다.

그러나 크롬웰에 의해 주도되는 개혁 작업은 합법적인 절차를 통해서 이루어지고 있었기 때문에 왕은 이전 어느 때보다도 법과 의회에 협력하는 입장에 있었다.

정치와 여성편력

그가 혁명적인 정치적·종교적 변화를 주도한 궁극적인 목적은 혈통을 이을 합법적인 아들을 얻겠다는 한 가지 목적이었다. 그러나 앤 불린 역시 딸인 엘리자베스만 낳자, 왕은 곧 일련의 결혼 모험을 시작했다. 헨리는 아들을 낳지 못한 앤에게 이혼을 요구했다. 그러나 딸 엘리자베스를 왕위에 올려놓기 위해서 왕비의 자리를 지켜야 하는 앤은 이혼을 받아들이지 않았다. 그러자 헨리는 그녀가 간통을 저질렀다는 혐의를 씌워 처형시켰다. 앤은 마지막으로 헨리를 만나자 이렇게 말했다.

> "나는 이제 사라집니다. 왕이시여 명심하소서. 당신은 원치않을지 모르나 내 딸 엘리자베스는 반드시 당신의 뒤를 이어 왕위에 오를 겁니다. 이 왕국이 내 딸에게 감사할 때가 있을 겁니다. 그리고… 나는… 지금도 당신을 사랑합니다."

앤이 처형될 즈음 헨리의 첫 부인이자 스페인으로 쫓겨갔던 아라곤의 캐서린도 그곳에서 죽었다. 헨리는 곧 제인 시모어와 결혼했는데, 그녀는 아들 에드워드를 낳았지만 출산 중에 죽었다. 헨리는 그 후 3년 동안 다음 왕비를 구하는 일로 보냈다. 선택된 신부는 클레브스 공작의 누이인 앤이었다. 그녀를 선택하게 된 것은 크롬웰의 작품이었는데, 그는 프랑스와 신성로마 황제로부터의 위험을 예방하기 위해 유럽 북방동맹이 필요했고 여기에는 그녀가 적합한 인물이었기 때문이다. 헨리는 마음에 들지 않았지만 외교적인 이유로 결혼한 탓에 금방 이혼해버렸다.

네 번째 결혼인 앤과의 결혼이 파경을 맞자, 많은 적들을 만

들면서까지 무리하게 그 결혼을 주선했던 토머스 크롬웰의 정치 생명도 끝나고 말았다. 그는 결국 처형되었다.

한편 울지와 크롬웰 두 사람 모두 결과가 좋지 못하자, 이제 헨리는 누구도 믿지 못하고, 자신이 모든 사람을 통제할 수 있다는 과대망상 증상을 보이기 시작했다. 헨리는 당시 유럽에서 가장 나이 많은 왕으로서 풍부한 경험을 쌓았지만 사소한 일에 너무 의심하고 매달리다보니 폭넓은 비전과 도량 있는 정신도 차츰 쇠퇴되고 말았다.

그는 점점 신경질적인 모습을 보였으며 종종 우울해 하고 인내심과 자제력도 없어졌다. 특히 자제력이 없어지면서 음식을 마구 먹어 엄청난 뚱보가 되었다.

그런 가운데 왕은 20세의 캐서린 하워드와의 다섯 번째 결혼하면서 짧게나마 청춘을 회복했다. 하지만 캐서린 하워드는 왕비의 신분에도 불구하고 다른 남자들과 부적절한 관계를 계속 하다가 왕에게 들켜 처형당했다. 왕을 진정 슬프고 환멸에 찬 노인에 불과한 존재로 만든 것이다. 이후 그는 조용하고 순종적인 캐서린파와 한번 더 결혼해서 어느 정도의 마음의 평화를 되찾았다.

이제 헨리는 병들고 광포하며 불행한 노인이었지만 여전히 왕이었으며 유일한 정책 결정자였다. 이런 상태에서 그가 양식 있고 순조로운 정책을 보이리라는 기대를 할 수는 없겠지만, 그나마 군주로서의 권위가 살아 있는 모습을 보여주고자 노력했다. 이런 노력의 하나로 그는 1542년 신성로마 황제와 프랑스 왕이 재개한 전쟁에 가담했다.

캐서린 하워드

스코틀랜드인들은 이번에도 프랑스인 편에 섰다. 더구나 공교롭게도 잉글랜드와 스코틀랜드는 또다시 솔웨이모스에서 치열한 전투를 갖게 되었는데, 이전의 플로든 전투와 마찬가지로 스코틀랜드의 패배로 끝났다. 그리고 이 패배로 정신적인 충격을 받은 스코틀랜드의 제임스 5세는 병이 들어 곧 죽었다.

헨리 8세는 자신의 아들인 에드워드를 스코틀랜드의 제임스 5세의 딸 메리 공주와 결혼시켜 동맹을 맺고자 했다. 나약한 에드워드에게 권력을 쥐어주기 위한 늙은 왕의 마지막 배려였다. 그러나 스코틀랜드에서 친 프랑스파가 득세하면서 헨리의 꿈은 무너져버렸다.

1546년 말 헨리는 자신의 삶이 거의 끝나가고 있음을 느꼈다. 후계자 에드워드에 대한 걱정은 끝이 없었다. 그는 눈을 감으면서도 크랜머에게 에드워드를 부탁했다. 1547년 1월 28일이었다.

《왕자와 거지》의 주인공, 에드워드 6세

에드워드는 헨리 8세가 종교혁명을 일으키면서까지 원했던 유일한 왕실 혈통의 적자였지만, 일반적으로 몸이 약했던 어린 국왕으로만 알려져 있다. 그러나 최근의 연구에서는 그가 죽기 몇 년 전까지만 해도 건강하고 운동을 좋아하는 헨리 8세를 닮은 왕이었다는 주장이 제기되고 있으며, 한편으로 미국 작가인 마크 트웨인이 1881년에 출간했던 《왕자와 거지》에 등장하는 왕자로도 잘 알려져 있다.

에드워드의 어머니인 제인 시모어는 에드워드를 낳고 불과 12일만에 죽었기 때문에 헨리 8세가 눈을 감을 때까지도 걱정을 했던 것은 그가 제대로 왕위에 오를 수 있을지 하는 것이었다. 헨리는 마지막 칙령을 내려 에드워드가 성인이 될 때까지 섭정 위원회로 하여금 정사를 돌보도록 했다. 그리고 개인적으로 추기경인 크랜머에게 에드워드를 부탁했다.

헨리가 세상을 떠나자, 에드워드의 외삼촌인 서머싯 공작 에드워드 시모어는 섭정을 자청하고 나서, 최고의 권한을 행사하였다. 하지만 그는 워릭 백작(뒤에 노섬벌랜드 공작) 존 더들리에게 숙청되었고, 어린 국왕은 이제 노섬벌랜드 공작의 허수아비가 되었다.

하지만 에드워드의 독실한 신앙심만큼은 섭정인들도 어찌하지 못했다. 그는 크랜머의 도움을 받아 헨리가 만든 종교개혁을 발전시켜 '성공회'를 선포하게 되었다. 이것은 그의 주요 업적이 된다.

또 에드워드 시대에서 주목할 것은 대영 제국의 기틀이 될 양모생산과 모직물 산업이 기간 산업으로 뿌리를 내린 것이다. 그러나 이에 따른 부작용도 만만치 않았다. 양모 산업을 더욱 확대하고 싶어했던 중간 계층이 농민들의 토지를 빼앗거나 울타리*를 그음으로써 농민들의 고통이 커지게 된 것이다.

* 울타리 : 인클로저,
enclosure

에드워드는 파괴된 농지의 부흥과 경작을 유도하기 위해 중간계층에게 1인당 2천 마리 이상의 양을 소유하지 못하도록 하는 법을 선포하기도 하였다. 그러나 중간계층들이 친척의 명의를 빌어 양을 소유하는 편법을 사용하면서 문제의 해결점은 좀처럼 찾아지지 않았다. 결국 로버트 케트와 같은 진보주의자들이 농민들을 부추겨서 폭동을 일으키는 등 에드워드 시대의 사회는 혼란에 빠져들고 있었다.

사회적인 혼란이 가중되고 있던 1553년 1월, 에드워드에게 처음으로 결핵 증세가 나타났다. 그리고 5월이 되면서는 세상에 **제인 그레이의 처형**

왕의 병세가 알려졌다. 확실한 왕위계승자가 없는 상태에서 왕이 사경을 헤맨다는 사실은 후계자 자리를 차지하기 위한 권력다툼을 불러올 수밖에 없었다. 헨리 8세가 그렇게도 우려했던 혈통을 잇지 못하게 될 정치적 사태가 발생한 것이다.

당시의 권력은 노섬벌랜드 공작의 손에 쥐어져 있었다. 그는 자신이 원하는 대로 다음 왕위계승자를 선포하였다. 왕위계승 서열 1, 2위였던 에드워드의 이복누이 메리와 엘리자베스가 있었음에도 자신의 며느리이자 헨리 7세의 증손녀인 제인 그레이로 하여금 에드워드 6세의 뒤를 이어 왕위에 오르도록 한 것이다. 물론 그녀의 아들들도 왕위계승 서열의 최우선 순위에 올려놓았다.

따라서 에드워드가 죽은 뒤, 제인 그레이가 왕위에 오르자 기존 왕위계승 서열 1순위였던 메리와 제인 사이에 권력다툼이 벌어지게 되었다. 국민들은 당시 노퍽으로 피해 있던 메리를 지지했고, 국민들의 여론을 알아차린 메리는 런던으로 들어왔다. 그리고 노섬벌랜드 공작과 제인 그레이는 메리의 추종자들에 의해 체포되어 참수되었다.

제인은 불과 9일 동안 통치자의 자리에 있었을 뿐이었는데, 그녀는 눈이 가려진 채 참수 당하는 순간까지 "내가 왜 죽어야 하느냐."라면서 참관인들을 향해 흐느꼈다고 한다.

역사에서 가정이란 아무런 쓸데없는 것이기는 하지만, 지금도 사람들은 '에드워드가 살아서 오랜 기간을 통치했더라면' 하는 표현을 하곤 한다. 그는 헨리 8세의 핏줄을 타고나 성군으로서의 자질을 가지고 있었기 때문에 훌륭한 정치를 펼칠 수 있었으리라는 것이 긍정적인 견해들이다. 하지만 그의 종교적인 열정과 극도로 완고한 태도는 막 뿌리를 내리기 시작한 국교회를 더욱 경직

이야기 영국사

되고 편협한 종교로 만들 수도 있었을 것이며, 또는 국교회가 아닌 제3의 종교가 등장했을 수도 있었으리라는 견해도 있다.

'피의 메리'로 불린 메리 1세

메리는 잉글랜드의 실질적인 후계자이자 외가인 스페인 아라곤 집안의 후광을 입어 줄곧 유럽 왕실들의 결혼 상대자로 입에 오르내렸다. 애초에 헨리 8세는 앤 불린과 결혼하기 위해 캐서린과 이혼하려고 했다가 좌절되자, 메리를 왕위계승자로 인정했었다. 하지만 앤 불린과의 재혼이 성사되면서 메리의 삶은 혼란 속으로 빠져들게 되었다. 새 왕비가 된 앤 불린은 딸 엘리자베스(엘리자베스 1세)를 낳은 뒤, 메리가 부모와 만나지 못하도록 막았다. 그리고

메리 1세

헨리가 캐서린과 이혼하면서 사생아 신세로 전락한 메리의 왕위계승 자격을 박탈하도록 했다.

메리는 어린 엘리자베스 앞에서 시녀처럼 행동하도록 강요를 당했다. 메리는 이런 수모를 당하면서도 비밀리에 스페인으로 쫓겨간 어머니 캐서린과 편지를 교환했다. 불안감 속에서 살아야 했던 메리에게 현실을 견딜 수 있는 용기를 주는 것은 캐서린이 보내오

는 편지뿐이었다.

그러던 중 앤 불린과 헤어진 헨리 8세가 얼마 뒤 메리를 궁으로 불렀다. 헨리가 말했다.

"메리야, 내가 잉글랜드 국교회의 수장임을 네가 인정하고, 너의 어머니 캐서린과의 결혼이 '근친상간에 따른 불법'이라는 점을 받아들인다면 내 딸로서의 위치를 회복시켜 주겠다."

메리는 처음에는 당당하게 이를 거부했지만 곧 사촌인 신성 로마 제국 황제 카를 5세의 설득을 따라 결국 그 요구를 받아들였다. 헨리는 약속한 대로 그녀의 신분을 회복시키고 지위에 걸맞은 거처를 마련해주는 한편 다른 왕가와의 결혼도 주선했다. 이후 메리는 헨리의 세 번째 왕비인 제인 시모어의 아들 에드워드 왕세자의 대모가 되기까지 하였다.

메리는 미모가 뛰어나지 않았지만 노래를 잘하고 말솜씨가 있어서 유럽에서 가장 주목받는 공주였다. 그러나 메리의 모든 법적 지위를 회복시켰으며 그에 걸맞은 환경을 제공했음에도 캐서린이 이혼한 상태에서는 도저히 '사생아'라는 딱지를 떼어낼 수가 없었다. 그렇다고 헨리가 다시 캐서린을 받아들이는 것은 불가능했다. 이 '사생아'라는 딱지가 평생 동안 그녀의 뒤를 따라다니는 짐이자 삶의 큰 걸림돌이 되었던 것이다.

헨리의 뒤를 이어 왕위에 오른 에드워드 6세는 성공회를 선포한 후 예배에서 라틴어 대신 영어를 사용하도록 규정했다. 그러나 메리는 개인 예배실에서 예전의 형식대로 가톨릭 미사를 올리다가 목숨이 위험한 사태로 치닫기도 하였는데, 다행히 에드워드의 배려로 무마되곤 하였다.

　1553년 에드워드가 죽은 뒤, 노섬벌랜드가 압력을 넣어 제인 그레이가 왕위에 오르자 메리는 노픽으로 몸을 피했다. 그러나 1544년의 왕위계승법에 따르면 에드워드 이후 정당한 군주는 메리이며, 국민들도 이를 인정하고 있었다. 노픽으로 피한 며칠 뒤, 그녀는 의기양양하게 런던으로 돌아왔다. 그레이와 노섬벌랜드 공작은 참수되었다. 37세의 중년 나이에 그녀는 메리 1세로서 잉글랜드 역사상 최초의 여왕으로 즉위했다.

토머스 와이어트

　메리는 왕위에 오르자, 헨리 8세에 의해 만들어졌던 국교와 에드워드에 의해 선포된 성공회를 파하고 잉글랜드를 다시 로마 가톨릭 국가로 환원시키려고 했다. 그러나 헨리 8세의 수도원 정리로 인해 재산과 토지를 얻은 신흥 귀족들은 그들의 재산을 지키기 위해 가톨릭 환원을 반대하였다.

　또 의회에서는 왕가의 혈통을 지닌 그녀의 사촌 데번 백작 코트니를 결혼 상대로 천거하였는데, 메리는 잉글랜드를 가톨릭으로 환원시키기 위해 카를 5세의 아들이자 자기보다 11년이나 연하인 스페인의 펠리페 2세와의 결혼을 추진했다. 의회에서는 당연히 반대했다.

　메리는 의회 의원들에게 "결혼은 내가 하는 것이다."라고 화를 내면서 의회와 등을 돌렸다. 그녀는 의회의 심한 반대에도 불구하고 펠리페 2세와의 결혼을 강행하려 했다.

　그러자 토머스 와이어트 경이 이끄는 신교도들이 반란을 일으켜 런던으로 진격해왔다. 메리는 당당히 군중들 앞에 나서 반란의 부당함을 연설함으로써 수천 명의 군중을 모아 반란군에 맞섰다. 결국 와이어트의 반란은 진압되었고 그는 처형당했다.

반란이 있은 얼마 뒤 메리는 계획한 대로 펠리페와 결혼했으며 이어서 가톨릭을 복귀시켰다. 그리고 가톨릭에 반발하는 무리를 제거할 합법적 절차를 위해 이단처벌법을 부활시켰다.

이때부터 3년 동안은 반란자와 이단자로 몰린 신교도들이 무수히 처형되는 피의 시대였다. 존 폭스가 쓴《순교자 열전》에 잘 표현되어 있듯, 크랜머와 리들리 주교 등 300여 명은 이때 화형을 당했다. 그녀를 '피의 메리'라고 부르게 된 이유다.

국민들은 점점 그녀에게 등을 돌렸고, 비난이 높아졌다. 그 와중에서도 그녀는 일방적으로 남편 펠리페 2세의 왕국인 스페인과 동맹을 맺고 프랑스와 전쟁을 시작했다가 프랑스에 남아 있던 마지막 잉글랜드 영토이던 칼레마저 잃고 말았다.

독한 마음을 품고 살아서인지 그녀는 몇 차례의 상상 임신은 있었지만 자녀를 갖지 못했으며, 급기야 건강마저 이상이 생겼다. 결국 암에 걸린 그녀는 1558년 11월 17일, 이복 여동생이자 왕위 계승 1순위에 있던 엘리자베스를 바라보면서 눈을 감았다.

국민과 결혼한 엘리자베스 1세

1558년 11월 17일에 메리 1세가 죽자, 25세의 엘리자베스는 국민들의 대대적인 환영을 받으며 런던에 입성하여 화려한 대관식을 가졌다. 대관식을 마치고 나오던 그녀에게 군중 속에서 한 소녀가 메리 시대에는 금지되었던 영역판 성서를 바쳤다. 감격에 찬 여왕은 그 책을 받아들어 입을 맞추고 높이 들어올린 다음 가슴에 품었다. 이 광경을 바라보던 많은 국교도들은 환호성을 내질렀다. 또 웨스트민스터 수도원의 수도원장과 수도사들이 그녀를 환영하기 위해 대낮에 촛불을 들고 나오자, 여왕은 큰 소리로 그들을 꾸짖었다.

"그 촛불을 치워라! 그것 없이도 우리는 이제 잘 볼 수 있느니라."

그녀의 이런 행동은 이듬해인 1559년에 의회로 이어져 헨리 8세의 반교황적 법령을 되살린 수장령을 통과시키고 자신을 국교회의 수장으로 선언하기에 이른다. 그리고 종교적인 구조와 예배에 대한 개혁은 그녀의 통치 기간 동안 신중하고도 꾸준하게 추진되었다. 그 결과 엘리자베스 시기의 많은 귀족과 젠트리들은 대다수 평민들과 마찬가지로 여전히 가톨릭 신앙을 지켰지만 정부와 교회의 중요한 자리는 모두 국교도의 차지가 되었다.

엘리자베스는 처음부터 분명하게 명색에 그친 군주가 아니라 실제 통치자로서 나라를 다스릴 것이며, 어느 개인이나 파벌에 의한 판단이 아니라 자신의 판단을 우선하겠다고 말했다. 실제로는 앞서의 여자 군주였던 메리 1세가 통치자로서의 모범을 보이지 못했던 것도 부담이었고, 당시 국내사정이 통치자로서의 권한을 발휘하기에는 한계가 있었다.

엘리자베스는 분명히 절대군주의 위치에 있었지만 절대군주로서 갖추어야 할 구성조건인 상비군도 없었고 효율적인 경찰력

엘리자베스 1세

도 없었으며 고도로 발달한 관료제도도 갖추지 못한 형편이었다. 뿐만 아니라 나라를 다스리는 데 필요한 재원을 얻기 위해서 까다로운 의회를 상대로 협상을 벌이지 않으면 안 되었다.

이런 문제들을 타개하기 위해, 여왕은 추밀원의 규모를 줄여좀 더 효율적인 자문기구로 만들어 갔다. 그리고 이 기구를 통해서 행정 및 사법의 일관성과 변화의 욕구를 신중하게 조절하며 균형을 유지해 나갔다. 그녀는 최측근에 윌리엄 세실, 프랜시스 월싱엄 그리고 국세상서인 니콜라스 베이컨과 재무장관 니콜라스 스록모턴 같은 경험이 풍부하고 믿을 만한 조언자들을 주위에 두었다. 그중 대표적 인물인 윌리엄 세실은 엘리자베스가 즉위한 날부터 40년 동안 그림자처럼 여왕을 보필한다.

윌리엄 세실은 가능한 여왕에게 좋고 유리한 것이면 어떤 정책이든 수행하는 것이 자신의 임무라고 생각했다. 그는 높은 충성심으로 엘리자베스의 신뢰를 얻었고, 여왕의 충복으로서 공식적인 자리에서는 자신을 숨기면서 '은밀하게' 일을 잘 처리해냈다. 정책을 결정할 때는 '무엇이 국가에 이익인가.'를 직관적으로 알았고 이를 구별하여 여왕에게 전달하려 애썼다.

경제적으로도 그는 재무 담당 귀족으로서 1580년대 말의 어마어마한 전쟁 비용을 충당할 수 있도록 국가 재정을 튼튼하게 유지시킨 인물이었다. 구체적으로 살펴보면, 무거운 세금이 국민과 여왕의 관계 및 의회에 나쁜 영향을 미칠 것으로 확신해 세입 팽창보다는 예산 삭감과 절약을 추구했다. 왕실과 육·해군 조직기구들을 재정적으로 통제해 능률을 향상시켰고, 추밀원과 재무 법정에서 청렴한 인물이라는 명성을 얻었다. 그는 16세기 유럽에서 가장 신사적이고 효율적인 행정부를 운영한 인물이었다.

즉위한 얼마 뒤, 국가의 안정을 꾀하던 엘리자베스에게 힘겨운 문제가 닥쳐왔다. 그것은 다름 아닌 여왕 자신의 결혼문제였다. 결혼 적령기에 있던 그녀에게 결혼에 관해 말이 나오는 것은 자연스럽고도 당연한 것이다. 특히 여왕의 결혼에는 왕조의 이해관계가 걸려 있었기 때문에 여왕의 신랑감은 중대한 국가적 관심사로 떠오를 수밖에 없었던 것이다. 만약 여왕이 자손을 보지 못한다면 혈통적으로 가장 적통에 가까운 인물은 스코틀랜드의 여왕 메리 스튜어트였다.

메리 스튜어트는 헨리 8세의 누이인 마거릿의 손녀이며, 가톨릭 교도로서, 프랑스를 비롯한 가톨릭 국가들의 강력한 지지를 받았다. 따라서 프로테스탄트들은 메리가 잉글랜드 여왕이 될지도 모른다는 우려에서 벗어나기 위해, 엘리자베스가 결혼하여 프로테스탄트 후계자를 낳아 주기를 원했다. 또 여왕의 결혼은 후계문제만이 아니라 대외 문제에서도 중요했다. 아직 유럽 사회에서 약자였던 잉글랜드로서는 전략적인 결혼으로 강력한 동맹을 맺을 필요가 있었다. 스페인의 펠리페 2세, 오스트리아의 카를 대공, 스웨덴의 에리크 14세, 나중에 프랑스 왕이 된 앙주 공작 앙리, 알랑송 공작 프랑수아를 비롯한 여러 후보자들이 이에 속한다.

그런 가운데 여왕의 총애를 받은 것은 로버트 더들리였다. 1560년 9월에 더들리는 아내의 의문스런 죽음 뒤, 당장이라도 여왕과 결혼할 것처럼 행동했다. 당시 세실은 자신의 관직을 걸고 더들리와의 결혼을 반대했다.

이렇듯 세실과 반목을 하던 더들리는 프랑스의 위그노들을 지원하기 위한 프랑스 원정을 지지했으며, 그 뒤 추밀원 의원을 거쳐 레스터 백작이 되었다. 비록 엘리자베스는 레스터 백작에 대한 깊은 애정을 보이고 있었지만 최측근에게서조차 우려의 목소리가 나오는 그와의 결혼문제에 있어서는 끝내 결정적인 행동을 취하지 않았다. 레스터 백작이 정치적으로 적이 많았고, 평판이 좋지 않다는 것을 그녀도 잘 알고 있었기 때문이었다.

이렇듯 무수한 결혼설에도 불구하고 정작 결혼을 결정하지 못했던 이유는 무엇이었을까? 여왕은 통치 기간 동안 장관들의 솔직한 조언과 충고는 장려하고 존중했지만, 자신의 궁극적인 군주로서의 권한은 가장 신뢰하는 장관에게도 양보하지 않았다. 이런 점으로 미루어 본다면 결혼을 미룬 궁극적 이유가 자신의 권력을 남편과 나누어 갖고 싶지 않았기 때문은 아니었을까?

또 그녀의 통치를 엿보면 완고함과 상냥함을 겸비한 보기 드문 재능을 가지고 있음을 알 수 있다. 그녀는 기회만 있으면 정치적 표현을 사랑의 표현으로 바꾸어 통치에서 여성이라는 점이 중대한 장애가 되는 것이 아니라 오히려 뚜렷한 이점으로 바꾸는 재능이 있었던 것이다. 결국 그녀는 결혼과 관련된 모든 정치적 상황을 "나는 이미 잉글랜드란 나라와 결혼했다."라는 언급, 즉 '처녀 여왕Virgin Queen'으로 국민들에게 남는다는 선포와 함께 강력한 통치권을 소유하게 된 것이다.

엘리자베스와 메리 스튜어트

1568년 스코틀랜드의 메리 스튜어트가 잉글랜드로 몸을 피해오자, 엘리자베스의 왕권은 또다시 도전받게 되었다.

메리 스튜어트는 누구인가. 그녀는 잉글랜드와의 전쟁에서 패한 충격으로 세상을 떠난 아버지인 제임스 5세의 뒤를 이어 생후 1주일 만에 강보에 싸여 즉위했었다. 섭정은 그녀의 어머니가 맡았다.

그녀는 6세 때 프랑스 왕실로 건너가 약혼자 프랑수아 왕자의 어머니 캐서린의 보호 아래 가톨릭 교도로 양육되었다. 그리고 1558년 프랑수아 왕자와 결혼하였는데, 이듬해 프랑수아 왕자는 15살의 나이로 왕위에 올랐다. 그러나 프랑수아가 1년 후에 병사하면서 과부가 된 메리는 곧 모국인 스코틀랜드로 돌아왔다.

당시 스코틀랜드는 '주님의 이름으로 함께 하는 모임'을 주도한 장로파의 주역인 존 녹스에 의해 신교적인 정치 구조가 자리 잡혀 있었다. 이런 고국의 분위기에서 가톨릭 교도인 그녀가 환영받지 못한 것은 당연하다.

게다가 1565년 그녀가 구교도인 사촌동생 단리 경과 결혼함으로써 장로파의 반감은 더욱 격화됐다. 남편과의 사이도 원만하지 않았다. 그러던 중 메리와 내연관계에 있던 보스웰 백작에게 단리 경이 암살되고, 그녀가 보스웰과 재혼하자 장로파 귀족들은 반란을 일으켰다. 결국 그녀는 단리 경과의 사이에서 태어난 아들 제임스 6세(잉글랜드 왕 제임스 1세)에게 양위하고, 로크리븐 성에 갇혔다. 그녀는 이듬해 탈출에 성공하여 반격을 시도하였으나 실패하자, 잉글랜드로 피신하여 이제 엘리자베스 여왕의 보호를 요청하게 된 것이다.

국내 가톨릭 교회들이 진정한 잉글랜드 여왕으로 간주하고 있던 메리 스튜어트를 보호하게 된 엘리자베스는 중대한 정치적·외교적 문제에 직면하게 되었다. 그리고 세실 역시 당황스럽게 했다.

이는 스코틀랜드와 외교 교섭을 할 수 있는 기회였지만, 당시 실세였던 노펙 공작이 과부가 된 메리 스튜어트와 결혼하려는 생각을 품었기 때문이다. 노펙은 메리의 운명과 위그노들에 대한 비밀지원, 스페인에 대한 정책을 둘러싸고 세실과 대립하고 있는 인물이었다.

세실의 우려는 현실로 나타났다. 그의 귀에는 메리를 왕위에 추대하기 위해 스페인이 잉글랜드를 침략한다는 각본으로 짜여진 이른바 리돌피 음모Ridolfi Plot가 들어왔다. 이로 말미암아 1572년 노펙이 처형당하고 메리와 친 스페인파는 불신을 받게 되었다.

이런 정치적 문제들은 메리의 끊임없는 야망과 연결되어 더욱 심각해졌다. 엘리자베스는 계속되는 메리에 대한 부정적인 소식을 접하면서 그녀를 잉글랜드에서 추방하려고 생각했다. 그러나 그녀를 내보내는 것이 훨씬 더 위험했기에 결국 마음고생만 심해졌다.

1572년 프랑스에서 성 바르톨로메오의 위그노 학살 사건이 일어나자, 잉글랜드의 가톨릭 교도에 대한 의혹은 더욱 강해졌다. 유럽 대륙에서 훈련받고 잉글랜드로 다시 잠입한 잉글랜드 예수회의 선교활동은 긴장을 더욱 고조시켰고, 역으로 잉글랜드는 국교회 기피자에 대한 압박을 더욱 가했다.

1580년에 교황 그레고리우스 13세가 내린 포고령에는 비열한 이단자를 제거하는 것은 결코 죄가 아니라고 선언되기까지 하였다. 이로써 신교도 지도자들에 대한 암살 위협은 커져만 갔고 결국 1584년에 네덜란드의 오라녜 공 빌렘이 가톨릭 광신자인 제라르에게 암살당하는 일이 벌어졌다. 추밀원은 여왕의 암살 가능성에 깊은 우려를 표명하며 그녀가 암살당할 경우 암살자들만이 아니라 그로 이익을 얻는 왕위 요구자도 죽이겠다고 언급했다. 이

성 바르톨로메오의
학살 사건

것은 여왕의 측근인 프랜시스 월싱엄 경이 이끄는 정보원들이 이
미 메리가 여왕 암살음모에 깊이 관련되었다는 사실을 알아낸 상
태에서 메리를 겨냥한 것이었다.

　　1586년에 배빙턴이 중심이 되어 런던에서 예수회를 지지하
는 비밀결사를 조직, 여왕의 암살과 메리의 구출을 계획하였다.
이 음모는 사전에 적발되었고 이로써 메리 여왕의 운명은 절벽을
향하여 치닫게 되었다. 메리의 밀서가 월싱엄 손에 넘어가, 배빙
턴 음모에 그녀가 깊숙이 관련되었다는 사실이 명백히 입증되었
기 때문이다. 메리는 재판에서 사형선고를 받지만 엘리자베스는
3개월 동안 망설인 끝에야 사형 집행 영장에 서명했다. 1587년 2
월 8일, 스튜어트 메리는 포터링헤이에 있는 처형장으로 가면서

"한 나라의 군주가 다른 나라의 군주에게 대항하는 것이 어떻게 반역이 될 수 있느냐."며 자신을 변호하였다.

스튜어트 메리는 형장에서 흰 수건으로 눈이 가린 채 십자가를 손에 쥐고 조용히 기도하며 죽음을 맞았다. 시퍼런 도끼날이 그녀의 목을 내리친 후 땅바닥에 머리가 뒹굴고 15분이 지나서도 그녀의 입술은 움직이고 있었다고 한다. 그때까지 기도하고 있었던 것이다.

여왕은 메리의 사형이 집행되었다는 소식을 듣고 한동안 교차하는 슬픔과 분노에 휩싸였다. 여왕은 메리가 처형된 1주일 뒤, 그녀의 아들인 스코틀랜드 왕 제임스 6세에게 편지를 보내, 자신은 어머니를 처형할 의도가 조금도 없었으며 사형 집행 영장을 전달한 사람을 투옥했다고 말했다. 그러나 엘리자베스의 이 말을 믿은 사람이 얼마나 될까?

무적 함대와 제해권 획득

스페인은 코르테스가 남아메리카 대륙을 정복한 후 카를로스 1세, 펠리페 2세에 이르러 전성기를 맞이했다. 1556년부터 시작된 펠리페 2세 시대의 스페인은 황금시대를 맞이했으나 동시에 몰락의 원인을 잉태한 시기이기도 했다. 국내 모직물 공업을 국가의 특권을 가진 무역상이 다루었기 때문에 독립된 상업 발전이 억제될 수밖에 없었다. 때문에 지방 귀족들의 자유생산체제에서 발전한 네덜란드 · 잉글랜드산 모직물에 의해 상권을 빼앗기는 것은 당연한 이치였다.

이로써 스페인의 식민지에서 생산된 은도 신흥 상권국가들로

프랜시스 드레이크

집중적으로 흘러가고 스페인은 단순한 은의 경유지로 전락함에 따라 국내산업은 침체하기 시작하였다. 스페인은 이를 만회하기 위하여 자국의 통치 하에 있으며 부가 집중되어 있는 네덜란드에 대한 무역 통제와 징세 등의 간섭책을 시도하였다. 그러나 오히려 네덜란드인들의 불만만 사게 되었으며 급기야 이들이 추구하는 독립 전쟁에 말려들게 되었다.

한편 1571년 지중해를 제압하고 있던 오스만 제국이 키프로스 섬을 빼앗자, 그해 10월 7일 교황 피우스 5세가 소집하고 돈 후안이 지휘하는 베네치아 · 제노바 · 스페인의 연합함대가 코린트만 레판토 앞바다의 오스만 함대를 공격하였다. 레판토 해전이라 불리는 이 전투에서 오스만 해군 전사자는 2만 5천 명, 그리스도교 해군 전사자는 7천 명으로 연합함대 측의 대승이었다. 하지만 이 전투에 연합국으로 참가한 스페인은 이로 인해 그나마 라틴아메리카 식민지로부터 얻은 부를 더욱 낭비하게 되었다.

1585년 엘리자베스 여왕은 '작은 키이지만 튼튼한 신체를 갖추고 있었으며 둥근 얼굴과 갈색의 짧은 머리카락에다 수염을 길게 기르고 둥근 눈과 크고 선이 분명한 준수한 얼굴, 그리고 밝은 표정'을 지녔으며, 세계일주를 한 탐험가이자 플리머스 시장이던 드레이크 경Sir Francis Drake을 25척의 배로 구성된 함대의 지휘관으로 임명했다. 그리고 스페인 해양제국에 가능한 한 큰 타격을 입힐 것을 명령하였다. 드레이크는 케이프버드 제도의 산티아고를 점령하고 콜롬비아의 카르타헤나, 플로리다의 세인트 오거스틴, 산도밍고* 등의 도시들을 점령함으로써 임무를 완수했다.

* 산도밍고 : 히스파니올라의 산토도밍고

이렇듯 서인도 제도에서 그의 활약으로 인한 여파는 실로 대단한 것이었다. 스페인 은행은 파산했으며, 펠리페 2세가 주요 채무자로 있던 베네치아 은행도 파산 직전에 놓였다. 또한 독일의 아우구스부르크 은행마저 스페인 왕실에 더 이상의 대출은 없다고 선언하기에 이르렀다. 드레이크의 명성을 인정하지 않던 버글리 경마저도 주요 은행들의 움직임에 대한 소식을 접하고는 "드레이크 경은 스페인 국왕에게 무시무시한 존재"라고 하였다.

1586년경 펠리페 2세는 '잉글랜드에 대한 보복 계획'을 위해 함대를 준비하였다. 준비 과정 중에 스페인 왕은 교황 식스투스 5세로부터 이단의 잉글랜드를 정복, 로마 가톨릭 교회의 지배 아래 되돌려 놓는 역할을 해달라는 부탁까지 받았다. 한편 이 소식이 잉글랜드에 들어가자 드레이크는 여왕에게서 잉글랜드에 대한 공격을 준비 중인 스페인을 응징하는 전권을 위임받았다. 이듬해 드레이크는 약 30척으로 이루어진 함대를 이끌고 스페인의 카디스 항을 공략, 36시간만에 수천 톤에 달하는 선적화물과 보급품을 파괴하여, 엘리자베스 여왕이 드레이크에 대해 가졌던 신뢰가 헛된 것이 아님을 보여주었다.

드레이크가 "펠리페 2세의 코를 납작하게 만든 행위"라고 말했던 이 공격의 결과, 스페인에 있어서는 잉글랜드 침공계획을 늦추더라도 완벽한 준비를 하는 계기가 되었다. 스페인은 잉글랜드

아르마다 전투

를 원정하기 위하여 전함 127척, 수병 8천 명, 육군 1만 9천 명, 대포 2천 문을 가진 무적 함대를 만들고, 메디나 시도니아 공작을 사령관으로 임명하였다.

1588년 5월 28일 포르투갈의 리스본을 출발한 대함대는 해협을 지나 파미르가 이끄는 스페인령 네덜란드에 있는 정예육군 1만 8천 명과 합류하여 잉글랜드 본토에 상륙할 예정으로 항해를 시작하였다.

1588년 7월에 스페인의 무적 함대(아르마다)가 잉글랜드 해역에 접어들자, 여왕의 배들은 역사상 가장 유명한 해전을 준비하였다. 엘리자베스 여왕은 하워드 경을 사령관으로 하고, 드레이크, 호킨스Sir John Hawkins 등의 명장으로 하여금 무적 함대에 맞서게 했다. 전함 80척, 병력 8천 명으로 수적으로 열세였지만, 잉글랜드 함대는 기동력이 좋은 배에 잘 훈련되고 용감한 선원들로 구성되어 있었다.

무적 함대는 플리머스 연해에서 잉글랜드 함대를 공격했으나 실패했으며, 오히려 8월 7일 칼레 연해에서 잉글랜드 함대의 공격을 받았다. 잉글랜드 함대는 스페인 함대의 후미로 불어온 '신의 바람'을 타고 불화살 공격을 퍼부었고, 이에 우왕좌왕하던 무적 함대는 결정적인 타격을 입었다. 한때 127척의 전함으로 이루어진 위용을 뽐냈던 무적 함대는 결국 절반이 넘는 배들을 잃어버리고 돌아가는 도중 폭풍우마저 만나 겨우 54척만 본국으로 귀환할 수 있었다. 무적 함대의 패배로 인해 스페인은 해상무역권을 잉글랜드에 넘겨 주고* 네덜란드가 독립하는 결정적 계기가 되었다.

* 잉글랜드의 동인도 회사 설립(1600)

화려했던 엘리자베스의 통치의 말년은 그리 좋아 보이지는 않았다. 아무리 여왕이 '훌륭한 여왕 베스'라고 불리며 국민들의 절대적인 인기를 받았지만, 그녀 역시 절대군주임에는 틀림이 없었다. 그녀는 권력이 돈으로부터 나온다는 사실을 알고 있었기에 손쉽고 빠른 수입을 올리는 데 수단 방법을 가리지 않았다. 한 예로 신흥 산업에 대해서 멋대로 독점권을 설치하여, 아첨하는 조정 신하나 귀족 또는 풍족한 상인에게 팔았다. 이런 그녀의 행동에 그동안 순수하게 복종하면서 여왕에게 협력하던 의회도 반대의 조짐을 보이더니 치세 말기에는 의회가 반독점 논쟁의 도가니로 변했다.

또 여왕이 원했던 의회조종법도 언론 탄압이라는 이유로 의회가 반대하였다. 설상가상으로 잉글랜드는 1596~1597년의 흉

년과 무역 쇠퇴로 인해 지속적인 물가 폭등 및 실업으로 어려움을 겪었고, 국민의 사기도 땅에 떨어졌다. 부패하고 탐욕스러운 여왕의 총신들은 대중의 증오심을 더욱 불러일으켰다. 여기에 아일랜드를 정벌하기 위한 일련의 군사적 시도는 엘리자베스의 마지막 총신인 에식스 백작 로버트 데버루의 항명에서 절정에 이른다. 데버루는 총독의 자격으로 아일랜드 반란 진압을 시도하였다. 그러나 반란은 실패하고 불리한 조약을 체결해야 되는 상황에 이르자 갑자기 총독의 위치에서 이탈하여 여왕에게 직접 해명하겠노라고 잉글랜드로 돌아왔다. 여왕은 이 소식을 듣고 크게 화를 내었고 그의 관직을 박탈했다. 데버루는 이에 앙심을 품고 200~300명의 추종자들과 함께 1601년에 런던에서 대중봉기를 일으키려 했으나 실패하고 반역죄로 처형되었다.

일흔을 바라보는 여왕이 런던에서 겪은 반란의 후유증은 심각하였다. 그리고 우울증에다 지병이던 노인성 질환들이 심각하게 발생되면서 기력을 잃어가던 그녀는 1603년 3월 24일 조용히 숨을 거두었다. 그녀 이후 혈통이 단절된 튜더 왕조 역시 그녀의 죽음과 함께 끝을 맞게 되었던 것이다.

셰익스피어의 미스터리

엘리자베스 여왕 시기에 빼놓을 수 없는 인물로는 윌리엄 셰익스피어가 있다. 극작가 벤 존슨은 셰익스피어를 "그는 한 시대를 풍미할 작가가 아니라 수만 대를 빛낼 작가이다."라고 말했듯이, 영어는 그로 인해 '언어의 꽃'으로서 아름다운 자태를 드러내고 향기를 발하였다.

셰익스피어는 알려진 대표작인 4대 비극 외에도 38개의 희곡을 썼는데, 그의 희곡들에 응용된 주요 역사적 사실들은 홀린셰드Raphael Holinshed의 《연대기chronicle》에서 주로 참조했다. 또 희곡 소재들은 로마의 인물들, 잉글랜드의 전설이나 영웅들이 대부분이었다.

한편 그의 생애를 살펴보면 이상하리만큼 기록 속의 인물로만 확인이 되고 있다. 그에 관한 최초의 흔적은 잉글랜드 중남부의 조그만 마을인 스트래퍼드 어폰 에이번의 교구 기록에 보인다. 교구 기록에는 윌리엄 셰익스피어란 이름으로 1564년 4월 26일에 세례를 받은 것으로 적혀 있다.

이를 기준으로 역사가들은 2, 3일 앞선 4월 23일을 생일로 보고 있다. 재미있는 사실은 그의 사망일 역시 공교롭게도 1616년 4월 23일로 적혀 있다는 것이다.

다음 기록은 1582년 11월 28일 날짜로 남아 있는 셰익스피어

셰익스피어

와 앤 해서웨이 사이의 결혼보증인 연서의 문서이다. 이어지는 기록은 딸 수재나의 출생(1583), 쌍둥이 남매 햄닛Hamnet과 주디스의 세례(1585) 등이 있다. 셰익스피어란 이름이 사회에 최초로 보여지는 것은 1592년의 일이다. 당시 극작가 로버트 그린이 병석에 누워 죽어가면서 쓴 소책자 내용 중에 셰익스피어에 대해 비방하는 듯한 구절이 있다.

이렇듯 셰익스피어의 삶은 기

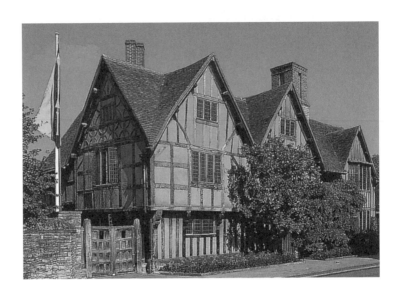

* 체임블리스 멘 : 제
임스 1세 즉위 이후로는
'킹스멘'으로 개칭

록만으로 이어지다가 삶의 체취를 확실하게 드러낸 것은 1594년
경부터 극단 '체임블리스 멘*'의 주요 단원이 되면서부터이다. 이
극단은 당대 잉글랜드 연극을 대표하고 있었는데, 최고 배우인 리
처드 버비지와 최고의 글로브 극장을 갖고 있었다. 이곳에서 셰익
스피어는 20년 이상을 전속작가뿐만 아니라 극단의 공동경영자
로 있었다. 또 필요에 따라 틈틈이 배우로까지 활동하면서 오늘날
세상에 알려진 모든 것을 남겨 놓았다.

　　그러나 이런 활동기에도 그의 사생활을 말해주는 내용은 극
히 드물다. 또다시 기록에서만 찾을 수밖에 없는데, 현존하는 약
간의 재산 취득에 관계된 서류가 대부분이고, 이외에 쌍둥이 아들
햄닛의 죽음(1596), 아버지 존의 죽음(1601), 총애하던 딸 수재나
의 결혼(1607) 등의 기록과 그가 남겼다는 유서 정도가 모두이다.

　　여기까지 보면 그는 서류 속에서는 완벽하게 실존하고 있는
인물임을 알 수 있다. 그러나 그의 명성에 비해 한 인간으로서의

삶의 흔적을 발견하는 것은 이상하게 어렵다. 이로써 셰익스피어
에 대한 미스터리는 시작되었다. 그리고 그의 미스터리는 묘비명
에서 더욱 증폭된다.

> '벗들이여' 제발 부탁컨대
> 여기 묻힌 것을 파지 말아다오.
> 이것을 그대로 두는 자는 축복받고
> 내 뼈를 옮기는 자는 저주받을지어다.

셰익스피어의 존재에 대해 가장 강하게 부인하는 단체는 '옥
스포디언 소사이어티'이다. 이 단체는 여러 정황을 설명하면서
당시 이름을 밝히기 꺼려한 옥스퍼드 백작이 자신을 대신할 가명
으로 셰익스피어를 정한 후 작품 활동을 하였다고 주장하고 있다.
물론 옥스퍼드가 자신의 흔적을 작품 곳곳에 비밀리에 남겼다고

한다.

　그러나 지금까지도 그의 진위 여부에 대한 결론은 내리지 못하고 있다. 오히려 이 시점에서 굳이 그가 맞고 아님을 밝혀서 얻는 것이 무엇인가라는 반문을 해볼 필요도 있다. 진정한 셰익스피어의 미스터리는 몇백 년이 지난 지금까지도 그의 작품이 지구상의 어느 곳에선가 연출되고 공연되고 있다는 사실이 아닐까?

5
시민권과 타협한 왕권

The History of United Kingdom

시민권과 타협한 왕권

국민과 결혼한 엘리자베스. 너무나 멋진 정치적 제스처이다. 그녀의 이런 제스처 속에 왕국의 미래가 달린 후계자를 선정하는 문제가 끼어들 틈은 전혀 없었다. 그러나 그녀가 세상을 떠나자 곧장 문제가 생겼다.

가장 가까운 혈통은 스코틀랜드의 제임스 6세(통합 1세)였다. 제임스는 북쪽의 조그만 왕국의 주인이자, 잉글랜드의 새주인이 되었기에 잉글랜드의 왕실 및 정치적 특성을 파악하지 못했다. 잉글랜드 왕실 정서 속에는 멀게는 헨리 헌장이나 대헌장, 가까이는 국민을 의식하던 엘리자베스의 통치 정책이 있었다.

그러나 제임스는 당시 유럽 대륙의 왕실이 취하고 있던 '왕권은 신으로부터 부여받았다.'는 왕권신수설을 신봉하고 있었다. 제임스의 이런 생각과 잉글랜드의 정치적 정서가 부딪혀 결국 둘 사이에는 긴 대립이 이어질 수밖에 없었다.

제임스 1세로 시작된 문제는 찰스 1세, 크롬웰의 청교도 혁명, 왕정복고를 통한 찰스 2세와 제임스 2세의 통치기를 거치면서 윌리엄 3세 때의 권리장전으로 시민권과 타협하는 새로운 정치 체제가 열리게 되었다. 이는 영국뿐만 아니라 세계사에서도 처음 있는 일로서 오늘날 민주주의의 첫 결실이 맺어진 것이다. 이후로 많은 시간을 더 필요로 했지만 왕권은 점차 축소되었고, 민권은 점차 커지는 근현대의 역사가 펼쳐지게 되었다.

잉글랜드와 스코틀랜드 통합 왕이 된 제임스 1세

스코틀랜드의 여왕 메리가 장로파 귀족들의 반란에 의해 폐위되어 로크리븐 성에 갇힌 후, 갓 돌이 지난 제임스는 제임스 6세로 스코틀랜드의 왕위에 올랐다(1567. 7. 24). 제임스가 왕이 된 이듬해, 어머니인 메리 여왕은 스코틀랜드를 탈출하여 잉글랜드로 망명했으며, 이후 제임스는 그녀를 다시 만나지 못했다. 제임스가 직접 통치를 할 수 없는 미성년 동안 정사는 머리 백작과 레녹스 백작, 마 백작, 모턴 백작 등 4명의 귀족이 번갈아 섭정을 맡아 처리했다.

제임스는 에든버러 성에서 외롭게 자랐다. 그래도 그는 청소년기 동안 좋은 교육을 받았으며, 구약성서를 읽는 방법으로 그리스어와 프랑스어 및 라틴어를 배웠다. 그가 특히 좋아했던 것은 메리가 파리에서 가져왔던 책 중에 섞여 있던 프랑스어로 쓰인 시집이라고 한다. 젊은 시절에는 스스로 곧잘 시를 쓰기도 했는데, 그렇다고 해서 시적 재능이 있었던 것은 아니었다.

이외에 가정교사들이 소개해준 고전문학과 종교 및 역사책에도 깊은 관심을 보였으며, 독실한 신앙심을 가지고 있었다. 《흠정판 성서》(1611) 같은 문학과 종교가 함축된 걸작이 그의 시대에 나왔던 것은 어느 정도 이런 영향을 받았을 것이다.

청년기에 접어든 제임스는 보통 키에 적당한 체형을 지닌 용모로 왕으로서의 기품이 있었다. 특히 개를 풀어놓고 말을 타고 사냥감을 쫓는 것을 좋아했는데, 멀리서 그의 모습을 바라본 국민들은 자신들의 왕을 멋지게 생각했다.

그러나 실제로 그가 말을 타고 다녔던 진짜 이유는 다리가 약했기 때문이었다. 게다가 곁에서 그와 함께 만찬을 즐긴 사람이라면 좁고 뾰족한 턱 때문에 음식을 제대로 먹지 못하고 턱 밑으로 흘리는 지저분한 모습을 자주 볼 수 있었다.

어른이 된 제임스는 덴마크 왕 프레데리크 2세의 딸 앤과 결혼했으며, 자녀도 두었다. 제임스는 다른 군주들과 달리 평생 동안 한 번도 아내 이외의 애인을 둔 적이 없었다. 다만 그의 영혼을 독차지했던 유일한 여인은 다름 아닌 엘리자베스 1세였다.

젊은 시절부터 제임스는 처녀로 늙어 가는 잉글랜드 여왕 엘리자베스 1세의 뒤를 이을 사람은 왕위계승 서열상 자신이 1순위라는 것을 알고 있었다. 그러나 왕위를 계승하기 위해서는 엘리자베스의 허락이 있어야 했다. 제임스는 그녀와의 관계를 좋게 유지하기 위해 기꺼이 그녀의 구미에 맞춰 정책을 유지했다. 따라서 엘리자베스가 원하는 것에 초점을 맞추려면 항상 그녀를 생각하지 않을 수 없었다.

제임스의 그런 노력은 20년 동안 엘리자베스 여왕에 의해 인질로 붙잡혀 있던 어머니 스코틀랜드

제임스 1세

메리가 1587년에 포더링헤이에서 처형되었을 때에도 조심스레 형식적인 항의에 그쳤던 것만으로도 알 수 있다.

1603년 엘리자베스가 죽자, 그녀의 허락과 상관없이 제임스는 스코틀랜드와 잉글랜드를 통합하여 다스릴 왕으로 추대되었다. 이제 제임스는 스코틀랜드의 제임스 6세에서 통합 왕인 제임스 1세로서 런던으로 입성하게 된 것이다.

그는 막상 스코틀랜드를 떠날 때가 되자, 그동안 그를 보필하고 여러 면으로 도와주던 측근 신하들이나 귀족들을 고스란히 스코틀랜드에 남겨 두었다. 물론 그는 스코틀랜드인 심복들을 함께 데리고 가고 싶었지만, 잉글랜드 쪽에서 그다지 좋아하지 않았던 것도 무시하지 못할 하나의 이유가 되었을 것이다. 그러나 더 큰 이유는 비록 통합 왕이라고는 해도 자신을 스코틀랜드보다는 잉글랜드 왕으로서 자리매김하는 데 더 관심을 쏟고 있었기 때문이다. 그 증거로 제임스는 스코틀랜드를 떠난 뒤 다시 방문한 것은 1617년 한 번뿐이었으며, 통치는 서면으로 이루어졌다.

통합 왕으로 런던에 들어온 제임스는 그동안 스코틀랜드에서 누려보지 못했던 화려한 생활을 하였다. 한 예로 엘리자베스 1세는 총신의 대저택에서 대신들이 비용을 부담하는 연회를 즐기곤 했지만, 제임스 1세는 자신이 주인이 되어 연회를 주최하는 것을 더 좋아했다. 또한 제임스의 통치 초기에는 수많은 왕실건물과 런던에 있는 여러 건축물들을 새로 짓거나 개축했다. 이런 화려한 생활은 스코틀랜드에서 자란 어린 시절부터 계속된 것이다. 어릴 때 이미 왕위에 오른 제임스는 물질적인 어려움에 대하여 전혀 알지 못했으며, 왕으로서 주위에 있는 신하들에게 영향력을 행사하는 데 특별한 쾌감을 느꼈다. 그리하여 어른이 된 뒤에도 자신의 권위를 과시하기 위해 무조건 베풀고 낭비하는 버릇이 생겼는데, 그것이 잉글랜드에서도 마찬가지로 나타났던 것이다.

의회와의 대립

의회가 제임스의 이와 같은 사치스러운 생활을 반겼을리는 만무하다. 게다가 더 큰 문제는 제임스가 의회의 대다수를 차지하고 있는 잉글랜드 중산층과는 거의 접촉하지 않았다는 것이다. 왜냐하면 제임스의 가치관은 자신의 저서인 《자유스런 군주국의 참된 법》에서도 표현했지만 "왕권은 신으로부터 받은 것이기 때문에 군주는 모두 자기가 하고 싶은 것을 할 수 있으며, 신하의 비판은 허용되지 않는다."라는 왕권신수설에 기초하고 있었기 때문이다.

사실 엘리자베스 1세도 절대군주였던 것은 마찬가지였다. 하지만 그녀는 전국을 두루 돌아다니며 국민들의 소리를 듣고 필요에 따라서는 그들 앞에서 즉석연설도 하곤 하였다. 그것들은 국민들로 하여금 그녀를 사랑하게 만든 원동력이었다. 그러나 제임스는 궁정에만 틀어박혀 있었다. 결국 제임스와 국민 사이에는 갈등이 점점 커지게 되었다.

이제 의회는 자신의 특권을 제임스에게 설명해줄 시점이 되었다. 왕에게 단호하게 의회의 특권을 설명한 인물은 엘리자베스 통치기에 검찰총장을 역임했던 법률가인 에드워드 코크였다. 그는 왕에게 나아가 당당하게 말했다.

"국왕은 많은 권력을 갖고 있지만 함부로 그 권력을 휘둘러서는 안 됩니다. 국민의 생명과 재산에 관한 문제는 무엇보다도 법에 의해 결정하여야 합니다."

그러자 왕이 말을 가로막으며 말했다.

"그러면 당신은 군주의 권력이 법 밑에 있어야 한단 말인가?"

코크는 주저하지 않고 대답하였다.

"군주는 사람 밑에 있는 것이 아니라 신과 법의 밑에 있는 것입니다."

제임스는 일단 분노를 참았다. 그러나 얼마 있지 않아 왕의 분풀이로서 코크는 좌천되고 곧 면직되었다. 하지만 왕에게는 코크를 밀어냈다고 좋아할 틈도 없었다. 면직된 코크는 곧 하원의원이 되어 국왕의 정치에 사사건건 간섭하기 시작하였다. 이번에는 왕을 향하여 선대왕인 존 왕 시기에 얻어냈던 의회의 권리인 대헌장(마그나 카르타)을 들먹이면서 왕이 신봉하는 절대왕권에 정면으로 도전하였다.

왕의 분노를 산 코크는 9개월 동안 런던탑에 투옥되었다. 하지만 이런 코크의 주장은 이제부터 나타나게 될 국왕과 의회 대립의 시작에 불과하였다.

의회만큼 왕과 대립하는 또 다른 세력은 청교도인(퓨리턴)이었다. 제임스 1세는 "주교 없이는 국왕도 없다."라는 것이 자신의 기본 방침이었다. 그는 잉글랜드 내에 구석구석 짜여져 있는 국교의 교구조직이야말로 구성되어져 있지 않은 관료제적 지방 행정 조직을 대신할 수 있게 될 것이며, 이는 곧 자신의 절대왕권을 휘두를 수 있는 좋은 도구가 될 수 있다고 생각했기 때문이다. 따라서 그는 자신과 국교의 관계를 조금이라도 약화시키는 어떤 움직임이나 비판도 용납하지 않았다.

한편 헨리 8세에 의해 성립된 국교는 정치가 종교보다 선행

조건이 되어 만들어진 잉글랜드만의 독특한 교회였다. 그러나 국교는 종교개혁차원에 있어서도 로마 가톨릭을 비판하는 데 철저하지 못했으며, 많은 부분에 가톨릭의 잔재들이 남아 있었다. 이런 국교의 문제점을 시정하고 '청정한 교회'를 만들자는 사람들을 청교도인들이라 부른다. 이들은 자연히 국교에 대한 불만 세력이자 개혁을 요구하는 무리들로 알려지게 되었다. 바로 이들이 국교와 왕권을 하나로 묶으려는 제임스에게 걸림돌이 되었다.

청교도인들에는 두 부류가 있었다. 한 부류는 국교 내부에서 '개혁을 주도하려는' 세력과 국교와 별개로 이상적인 '청렴한 교회'를 만들려는 부류였다. 1620년 메이플라워 호로 미국으로 건너가게 된 사람들은 후자의 부류에 속한다. 그리고 전자에 속하는 부류는 의회의원이 되어서 국왕과 대립하는 선봉에 섰다.

이렇듯 끝없는 평행선을 긋던 왕과 의회 및 청교도인의 갈등은 그의 생전에는 터지지 않았다. 제임스는 자신의 아들, 찰스 통치기에 터질 혁명을 예측하지 못하고, 마지막까지 자신이 좋아하는 시골 저택인 하트퍼드셔의 시어볼즈에서 평온한 생활을 하다가 생을 마쳤다.

●

찰스 1세와 의회의 힘

제임스 1세의 둘째 아들로 태어난 찰스는 형이 갑작스레 병에 걸려 세상을 떠나면서 왕위계승 1순위에 오르게 되었다. 그러나 찰스도 결코 건강한 인물은 되지 못했다. 이는 아버지 제임스가 약한 하체 때문에 늘 말을 탔던 것과 무관하지 않은 듯 보인다.

찰스는 너무나 병약한 어린 시절을 보냈다. 아버지가 잉글랜드의 왕위를 물려받아 런던으로 갈 때도 오랜 여행으로 인해 건강을 해칠 것을 우려해 따라가지 못하고 스코틀랜드에 남아 있을 정도였다. 또한 키가 무척 작았고 내성적인 성격이어서 늘 수줍음을 탔으며, 런던에 와서도 스코틀랜드 억양을 버리지 못했다. 신앙심이 두터웠던 것은 제임스와 닮았는데, 그것이 가져다 준 긍정적인 점은 그가 왕위에 오르면서 궁정에서의 퇴폐적인 분위기가 사라졌다는 것이다. 그러나 단점은 왕의 통치권이 '신으로부터 부여받은 것'이라 보는 왕권신수설과 연결되었다는 점이었다.

코크를 비롯한 하원과의 관계가 좋지 못했던 제임스의 유산은 찰스에게 그대로 물려졌다. 초기에 쓴 그의 서한들을 보면 줄곧 하원에 대해 강한 불신이 잘 나타나 있다. 게다가 그에게는 융통성마저 없었고, 하원과 원만한 관계를 유지할 만한 능력도 없었다. 그리고 이런 모든 부정적인 성향은 의회와의 직접적인 충돌을 불러 올 수밖에 없었다.

의회와의 불화

1625년 찰스가 왕위에 오른 후 처음 의회가 소집되었다. 당시 찰스 1세에게 강력한 영향력을 행사하던 버킹엄 공작에 대한 의회의 불신은 커질 대로 커져 있었다. 그리고 명백한 패전으로 기울어지고 있던 스페인과의 전쟁에 대해서 왕은 의회에 자신의 외교 정책이나 전쟁 비용 등에 관한 아무런 언급도 하지 않았다.

당시 하원은 원고 없이 즉석으로 하는 기도나 설교 방식을 좋아하던 청교도들이 장악하고 있었다. 이런 청교도 의원들이 국왕의 실정에 대해 관대할 리가 없었음은 자명하다.

결국 찰스 1세와 하원 사이에 이견이 생겼다. 의회는 이전의 군주들에게는 종신까지 부여된 톤세와 파운드세 등의 관세 부여권에 대한 국왕의 권한을 인정하지 않았다. 단 의회의 권력을 강화하는 경우에는 인정할 것이란 예외를 두었다.

그러자 찰스는 기도문을 통한 기도와 예배 의식의 엄격한 준수를 더욱 강조하는 의회 내 고교회파High Church 의원들을 중심으로 하여 하원의 일부 반발 청교도 의원들을 출신 지방의 주장관으로 임명하는 방법을 통해 의회를 해산시켰다. 이는 일단 왕의 승리였지만 의회를 소집하여 얻으려했던 재정적 지원은 받지 못했다.

재정적 지원이 필요했던 찰스는 위험을 무릅쓰고 1626년 다시 의회를 소집했다. 다시 소집된 의회에서 청교도 의원들은 왕의 정부에 대해 더욱 비판적인 태도를 보였다. 상황이 불리해지자 찰스 1세는 강제로 국채를 끌어들이려 하였다. 이 국채 모집 과정에서 찰스의 처사에 불만을 보인 수석재판관을 해임하고 70여 명의 기사와 젠트리들을 체포하면서 의회를 해산하는 긴박한 사태로까지 발전되었다.

이런 부당한 압력을 가한 찰스의 조치들은 국민의 반감을 더욱 고조시켰고, 다음 번 의회에서 더욱 폭넓게 논의되었다. 1628년 세 번째로 의회가 열릴 무렵, 라 로셸의 프랑스 프로테스탄트를 지원하기 위해 나선 버킹엄 공작의 원정군이 무참한 패배를 당했다. 이를 지켜본 하원의 청교도 의원들은 의회가 열리자 국왕이 멋대로 부과한 세금과 인신 구속을 비난하는 결의안을 통과시키고 유명한 '권리청원'을 제출하게 된다.

권리청원은 대헌장의 재현이자 일부 발전된 문서로서, 여기서 요구한 것은 '의회의 동의 없이 과세하지 말 것, 정당한 이유 없는 구금의 반대, 백성들의 집이나 소유지에 병사를 숙영시키지 말 것, 그리고 평화시에 계엄령을 선포하지 말 것' 등의 4가지 원칙이었다.

　　찰스 1세는 원정군의 실패로 인해 어쩔 수 없이 청원을 받아들일 수밖에 없었으며 이는 분명 의회의 승리였다. 그리고 이듬해 네 번째 의회가 소집되었을 때 버킹엄 공작이 암살당했다. 하원은 교회 내에서의 가톨릭 관행의 부활에 반대하고 나섰다.

　　1629년 3월 2일 찰스 1세는 의회의 휴회를 명령했다. 왕의 이런 조처는 이미 예견된 것이었기에 왕의 명령서가 도착하기 전에 하원의장이 의장석에 앉아 전 의원들과 함께 국왕의 행위를 비난하는 세 개 결의안을 통과시켰다. 찰스 1세는 이와 같은 의회의 조처를 받아들일 수 없으며 권리청원의 무효마저 주장했다. 그리고 이후 11년 동안 한 번도 의회를 소집하지 않았다.

　　찰스 1세는 의회와 등을 돌린 이후 그들의 지원에 의존하지 않기 위해 프랑스 및 스페인과 평화조약을 맺었다. 비록 왕실의 채무는 당시 100만 파운드가 넘었지만, 평화조약으로 인해 이들 국가들과 무역에서 생기는 관세수입과 전통적으로 국왕의 수입원이던 강제 징세를 합치면 평화시 수입원으로는 충분하다는 계산에서였다.

　　그는 왕실 지출을 절약하려 애썼으며, 한편으로 해군 유지를 위해 선박세를 부과했다. 문제는 이 선박세가 원래 배가 정박된 항구도시에만 거둬들이는 것인데, 찰스는 내륙 도시들까지 이 세를 부과시켰다는 점이다. 이에 대한 국민의 불만은 커져 전국적으로 항의의 목소리가 높아졌지만 정작 의회가 열리지 않은 상태에서는 그 부당함을 호소할 대체기구가 없었다. 결국 스코틀랜드인과의 전쟁이 운운되던 1639년까지 대체로 잉글랜드는 찰스가 원하는 쪽으로 통치가 가능하였다.

단기의회와 장기의회

스코틀랜드와의 전쟁은 '비숍 전쟁'이라고 불린다. 찰스 1세가 스코틀랜드 장로교회에 국교회의 예배의식을 강요하려고 하자, 글래스고에서 열린 스코틀랜드 장로교 총회가 찰스 1세의 명령에 불복하기로 결정하고 자국의 교회에 대한 불간섭을 요구하는 '신성한 서약' 협정을 맺자고 요구했다. 찰스 1세는 "이는 나에 대한 도전이다."라며 잉글랜드 군대를 소집해 1639년 국경 지역으로 이동하였다. 그러나 의회의 지원 없이 전쟁을 치른다는 것이 얼마나 무모한 일인지를 파악한 그는 버윅Berwick 강화조약을 통해 스코틀랜드 침공을 보류했다. 따라서 제1차 비숍 전쟁은 아무런 전투도 없이 끝났다.

한편 스코틀랜드가 강화조약을 빌미로 시간을 벌면서 잉글랜드를 치기 위해 프랑스와의 동맹을 추진하고 있다는 사실을 알게 된 찰스 1세는 전쟁을 재개하기로 결심했다. 그러나 전쟁을 치르기 위한 재정조달이 문제였다. 결국 캔터베리 대주교 윌리엄 로드와 아일랜드 총독인 스트래퍼드 백작의 자문에 따라 1640년 4월 재원 확보를 위해 찰스 1세는 그동안 열지 않던 의회를 소집했다. 이른바 '단기의회'로 알려진 이 의회는 정부에 대한 국민들의 불만을 우선적으로 논의할 것을 주장했으며 스코틀랜드와의 전쟁을 반대했다.

대표적인 의원은 존 핌인데, 그는 장장 두 시간에 걸쳐 지난 11년간의 왕의 폭정을 낱낱이 밝히는 '불평의 카탈로그'라 불리는 대연설을 하였다. 그러자 분노와 두려움을 느낀 찰스 1세는 의회를 해산하고 독자적으로 새 원정을 개시했다. 그러나 예상했던 것처럼 제2차 비숍 전쟁은 스코틀랜드의 연이은 승리와 노섬벌랜드와 더럼 지역 전부가 점령됨에 따라, 당황한 찰스는 거액의 배상금을 지불하는 조건으로 강화조약을 맺었다. 그러나 그에게 막대한 배상금을 준비할 능력이 있을 턱이 없었다. 그는 대안을 찾기 위해 귀족 자문회의를 열었다. 이때 그들의 자문에 따라 단기의회가 폐한 몇 달 뒤인 11월에 '장기의회'로 알려진 의회가 웨스트민스터에서 소집된다.

찰스 1세는 큰 기대를 하고 있지 않았지만 이번 의회도 단기의회만큼이나 비협조적이었다. 의회의원들의 출신을 보자면 총인원의 60퍼센트 이상인 333명이 젠트리이고, 74명이 법률가, 55명이 상공업자, 27명이 관리였다. 그러다 보니 과반수 이상의 젠트리 출신 의원들은 한목소리로 그동안 찰스가 시행한 통치내용들을 비난하고, 제2차 비숍전쟁을 개인적으로 지원한 스트래퍼드 백작을 비롯한 각료들을 반역죄로 탄핵할 준비를 하였다.

찰스는 이런 의회의 움직임을 접하면서 최대한 자신을 낮추고 타협적인 태도를 취해, 3년마다 1번씩 의회를 개최한다는 법안 Trienial Act과 의회의원들의 동의 없이 의회를 해산할 수 없다는 법령을 받아들일 것에 동의했다. 또 1641년 11월 22일 하원에서 왕의 그동안의 실정을 낱낱이 밝힌 '대간의서Grand Remonstrance'가 159 : 148로 통과됨으로써 선박세와 그 밖의 재정적 조처가 위법임을 선포하는 법안도 받아들여야 했다. 그리고 자신에게 충성을 다 바친 스트래퍼드가 참수되는 것도 지켜보아야만 했다.

처형대 앞에 선 스트래퍼드는 찰스의 배신에 대해 비통한 목소리로 이렇게 외쳤다.

"군주를 믿어서는 안 된다. 그곳에 구원은 없다."

내란으로

찰스는 잘 참았지만 자신이 사랑하는 가톨릭 교도인 왕비가 청교도 의원들에 의해 탄핵될 우려가 있자, 그만 낮추고 있던 자세를 버리고 극단적인 행동에 들어갔다. 당시 아일랜드에서 반란이 일어났는데, 이 반란에 왕비가 연루되었다는 소문이 돌았던 것이다. 즉 반란은 가톨릭교의 부활을 노린 스페인이나 프랑스의 조종에 의한 것이고, 프랑스 태생인 왕비가 장본인이란 소문이었다.

찰스는 400명의 군사를 이끌고 상원의원 1명과 하원의원 5명을 반역죄로 체포하기 위해 직접 웨스트민스터 의사당으로 갔다. 그러나 이미 소식을 접한 핌 등 다섯 의원들은 의사당을 빠져나가 런던 시내로 숨은 뒤였다. 왕은 의회의장에게 다섯 의원들의 신병 인도를 요구하였지만 의장은 거절하였다.

의원들의 체포에 실패하고 의사당을 빠져나온 그의 등 뒤로 들려오는 군중의 함성은 "킹 핌"이었다. 이제 찰스는 온 런던 시가 자신에게 등을 돌렸다는 것을 느꼈다. 또 자신에게 대항할 런던민병대가 조직되었다는 소식까지 들려오자, 신변의 위협을 느끼고 자신을 따르는 왕당파와 함께 1642년 1월 10일 런던을 빠져나갈 수밖에 없었다.

왕비는 찰스가 의원들과의 대립에서 승리하기 위해서는 재정적 지원이 있어야 한다고 판단하고 그를 위해 왕실의 보물들을 저당 잡혀 돈을 마련할 수 있는 네덜란드로 건너갔다. 그동안 양 진영은 전쟁준비를 서둘렀고 찰스는 8월 22일 공식적으로 노팅엄에서 왕실 상비군을 조직하여 본격적인 전투에 들어갔다. 내전이 시작된 것이다.

1643년 찰스가 이끄는 왕당파 진영은 요크셔와 남서부 등지에서 승승장구했다. 이에 찰스는 군사령부를 옥스퍼드로 옮기고 자신은 크라이스트 처치 칼리지에 머물렀다. 그리고 런던 총 공세를 준비하였다. 그러나 의회군이 스코틀랜드의 서약파와 동맹을 맺고, 그들의 지원을 받게 되자 상황이 달라지기 시작했다. 이번에는 찰스의 군대가 수세에 몰리게 되었고 옥스퍼드 서부 및 남서부 전역에 걸친 내부 방어선만을 겨우 지킬 수 있을 뿐이었다.

찰스 1세 처형

이때부터 약 1년 동안은 서로 간에 아무 소득이 없는 싸움만 되풀이되었지만 해를 넘긴 1645년이 되자 전쟁 양상은 크게 달라졌다. 토머스 페어팩스가 고도로 훈련되고 전문성을 갖춘 신기군New Model Army을 조직한 부관 올리버 크롬웰과 함께 네이즈비 전투에서 찰스의 군을 대파한 것이다. 이로써 내전은 의회군의 승리로 기울게 되었다. 그리고 다시 해를 넘기면서 진행된 내전은 4월 말 찰스가 몰래 옥스퍼드를 벗어나 뉴어크에 있는 스코틀랜드 서

약파 진지에 도망치면서 막을 내리게 되었다. 스코틀랜드 서약파는 잉글랜드를 떠나면서 자신들에게 몸을 맡긴 찰스 1세를 의회파에 넘겼기 때문이다. 내란의 주범을 손에 넣은 의회군이 승리를 거두면서 내란은 종결된다.

의회군의 포로가 되어 햄프턴 궁으로 옮겨진 찰스는 몇 달 뒤 탈출을 시도했다. 당시 찰스는 프랑스로 가려고 계획을 세웠는데, 중간 지점으로 선정해놓은 저지대 쪽을 통과하기가 어렵게 되자 아일 오브 와이트로 숨어들었다. 그러나 찰스가 숨어든 사실을 알게 된 충실한 의회파인 주지사는 찰스를 찾아내어 캐러즈브룩 성에 가두었다.

탈출한 찰스의 체포소식을 들은 의회 의원들은 찰스를 그곳에 유폐하기로 결정했다. 그러나 곧 크롬웰이 이끄는 청교도 군부와 잉글랜드 의회파 사이에 제2의 내란이 벌어지게 되자, 갇혀 있던 찰스를 두고 청교도 군부 지도자는 물론 잉글랜드 의회 및 스코틀랜드 서약파들 사이에 비밀 협상이 벌어졌다.

그는 협상 과정에서 거리낌없이 한쪽에 약속한 내용과는 반대되는 것을 다른 쪽에 약속하는 웃지 못할 행동을 하곤 하였다. 2차 내란은 크롬웰의 승리로 끝났다. 청교도 군대는 찰스 왕을 반역죄로 재판에 회부할 것을 요구하기 시작했다. 그 사이 찰스는 1648년 말 햄프셔의 허스트 성으로 옮겨졌다가 최종적으로 윈저 성으로 이송되었다.

이듬해 1월 찰스 1세는 대역죄로 기소되어 웨스트민스터에 마련된 특별법정에 섰다. 물론 그는 법정의 합법성을 인정하지 않았다. 이유는 '국왕은 지상의 어떤 권력에 의해서도 재판받지 않는 존재'이기 때문이었다. 따라서 그는 어떤 변호도 거절하고 자신은 '잉글랜드 국민들의 자유'를 위해 싸웠노라고 항변했다. 그러나 그의 소리는 공허한 메아리만 되었을 뿐, 1월 27일 신속한 절차에 따라 그에 대한 사형이 언도되었다. 국민의 권리와 자유를 억압한 채 절대권력을 확립하려는 악의를 품고, 의회와 국민에게 반역했다는 것이 죄목이었다.

그리고 3일 뒤인 30일 화요일 아침, 화이트 홀 궁전의 일부인 뱅키팅 하우스의 모퉁이에 세워진 처형대에서 그의 사형집행이 준비되었다. 집행 직전에 찰스는 자신이 '국민을 위한 순교자'임을 재차 주장하였다. 비록 처형대 주위에는 장막이 쳐져 있어서 길에 모인 군중들은 그의 모습을 볼 수 없었지만, 주위 건물에서 내려다보는 사람들은 그때의 상황을 생생하게 지켜볼 수 있었다.

처형이 행해지는 순간 모인 군중들 사이에는 울부짖음이 일어났다고 한다. 이는 왕에 대한 국민들의 연민이 고스란히 남아 있었다고 볼 수 있다. 그 증거는 얼마 뒤 찰스 2세의 왕정복고에서 입증된다. 처형된 얼마 동안 방치된 찰스의 시신은 윈저 성에 묻혔다.

올리버 크롬웰과 청교도 혁명

크롬웰Oliver Cromwell 집안은 헨리 8세가 수도원을 해체하여 나눠준 재력으로 세력을 얻은 프로테스탄트 가문 출신이었다. 부친인 로버트 크롬웰은 엘리자베스 여왕 치하에서 의회의원을 지냈으며, 잉글랜드 동부 헌팅턴의 지주이자 치안판사였다. 크롬웰의 신교

올리버 크롬웰

적 배경은 집안의 영향도 있었겠지만 그가 수학하던 케임브리지 대학교의 시드니 서식스 칼리지의 칼뱅주의자였으며 반(反)가톨릭 성향이 강했던 학장의 역할도 컸었다. 그가 18살 되던 해 아버지가 죽자 케임브리지를 떠나 귀향했으며 한때 런던에 있는 링컨스인 법학원에서 공부했었다.

당시 그는 하층 젠트리의 공통적 문제인 흉작으로 인해 부담이 커진 세금 때문에 물심양면으로 고통을 겪고 있다가 외삼촌으로부터 엘리에 있는 토지를 물려받게 됨으로써 재정적 어려움에서 벗어나게 되었다. 1628년 크롬웰은 자신의 고향인 헌팅턴 선거구에 출마하여 의원이 되었지만 권리청원을 시도한 의회는 찰스 1세에 의해 이듬해 해산되었다.

의회가 해산되기 전 1년 동안 크롬웰은 자신의 영지인 엘리에서 주교가 보이는 고교회파의 예배 의식과 국교회의 권위 중시 행위에 대해 강력히 반발하였다. 그는 기존의 성직위계 조직에 대한 대안으로 성직 감독 제도의 폐지를 주창했으며 신자들 스스로 목회자를 선택할 수 있도록 해야 한다고 주장했다. 그러나 크롬웰의 이런 행동은 결코 국교에 대한 반대가 아니었다. 단지 잉글랜드 교회의 전체 성직위계 조직을 불신하고 있었기 때문이다.

여기까지 보면 크롬웰이 국왕에 반기를 들게 된 것은 무엇보다도 자신의 종교문제 때문이었음을 알 수 있다. 물론 동료의원들이 주장하는 세금과 각종 독점 제도, 그리고 백성들에게 지워진 과중한 부담에 대한 불만 제기에도 동참하고는 있었다.

해산된 지 11년간 한 번도 소집되지 않던 의회가 스코틀랜드와의 전쟁을 통해서 1640년에 열리게 되었다. 그러나 첫번째 의회는 구상된 지 3주만에 해산되고 같은 해 11월 다시 의회가 소집되었다. 이때 크롬웰은 케임브리지 선거구에서 당선되어 1653년까지 지속되는 장기의회에 의원이 되었으며 이로써 본격적인 그의 정치적 삶이 열리게 되었다.

1641년 11월 이른바 중간 그룹을 선도했으며 의회 내 중심적 위치를 차지한 존 핌과 그의 동료의원들은 찰스의 실정을 낱낱이 밝힌 '대간의서'를 제출하였다. 대간의서 내용에는 국교회 주교들을 비난하고 이들의 타락상을 지적하는 내용이 있었다. 이미 종교적인 문제를 의정활동의 일 순위로 보고 있던 크롬웰은 적극적으로 핌의 생각에 동조하면서 만약 하원이 대간의서를 통과시키지 않을 경우 "나는 의원직을 내일 아침까지 모두 정리하고, 다시는 의회를 쳐다보지도 않을 것이다."라고 말했다.

결국 대간의서는 통과되었지만 찰스 1세에 의해 결국 거부되었다. 이렇듯 크롬웰의 비판적인 주장은 왕을 거슬리게 되었고, 결국 왕은 자신의 반대세력 가운데 크롬웰과 핌을 포함한 5명을 반역혐의로 체포하고자 했다. 위기에 처한 의원들은 예전의 권리청원 때나 단기의회 때처럼 왕이 행동할 수 있도록 내버려두지 않았다. 그리하여 왕에 대항한 내란으로 확대되었던 것이다.

1642년 찰스 1세가 군대를 일으기 위해 런던을 떠나자 상황은 본격적인 내전으로 치달았다. 크롬웰은 이제 조직력과 지도력을 갖춘 주요인물로서 두각을 드러내기 시작했다. 그해 7월 그는 하원으로부터 자신의 선거구인 케임브리지에서의 방위조직과 조직의 무장을 승인받았고 고향인 헌팅턴에서도 자신의 군대인 '철기병Ironside'을 조직했다. 크롬웰의 철기병은 같은 해 10월 23일에 지힐 전투의 마무리 단계에서 처음 모습을 드러냈다.

군 지휘관과 정치지도자로서의 활약

크롬웰은 1643년 2월 의회군 대령으로 임명되자 철기병을 확대 조직하기 시작했다. 비록 이들의 훈련은 엄격하게 실시되고 군기는 엄하였지만 다른 군대와 달리 특별대우와 정기적으로 급료를 지급하는 확실한 후생복지를 실시했다. 크롬웰은 철기병을 모집할 때 사회적 지위와 관계없이 종교적 신념과 충성심, 훌륭한 몸가짐을 우선했다. 특히 그는 청교도주의Puritanism을 강조하면서 전투와 전투 사이에 성경을 읽고 자주 기도회를 열었다.

당시 철기병들은 이런 내용의 찬송가를 널리 불렀다.

신은 우리에게 명예를 주시고
성자는 앞으로 전진한다
칼은 날카롭고, 화살은 빠르니
바빌론을 무찌르기 위함일세

이렇게 성공적으로 철기병을 훈련시킨 결과, 크롬웰은 전투를 치르고 나서도 효과적으로 이들을 통제할 수 있었고 재조직도 수월하게 시행되었다. 따라서 당시에 크롬웰군과 싸우던 왕당군은 "그의 부대는 아무리 때려도 부서지지 않는 철과 같다."라며 아이언사이즈Ironsides, 즉 철기병들이라 불렀던 것이다. 이와 같은 철기병의 운영은 바로 전투지휘관으로서의 크롬웰의 탁월한 역량을 보여주는 것이었다.

개인적으로도 그는 자신의 병사들을 매우 아꼈으며, 부하 지휘관들이 의견을 달리했을 때에도 심하게 징계하지 않았다. 병사들과 함께 말을 타고 달리는 경주도 즐겼지만, 그때에도 위엄을 잃지 않는 지휘관의 모습을 지켰다. 1643년부터 철기병을 앞세운 크롬웰은 전투를 치를 때마다 줄곧 승리하였다. 이런 크롬웰의 승리에 흡족한 하원은 철기병에 깊이 매료되었으며, 이는 전 의회군에 철기군의 조직력을 적용하려는 움직임이 생기게 되었다.

철기병의 1644년 초 성격을 가진 의회군이 맨체스터 백작 2세인 에드워드 몬터규의 지휘 아래 편성되었다. 크롬웰은 맨체스터 백작의 부관으로 임명되었으며, 의회군 전체를 철기병화하기 시작하였다. 이렇게 하여 탄생한 새로운 의회군을 '신기군New Model Army'이라 부른다.

신기군은 각기 600명의 병력으로 구성된 11개의 기병 연대와 각기 1,200명으로 편제된 보병 연대 12개, 그리고 1천 명의 기마보병으로 구성되었다. 기병은 주로 에식스 백작 맨체스터와 윌리엄 월러 경의 군대에서 뽑은 경험 많은 군인들로 채웠고, 보병은 대부분 런던과 동부 및 남동부 지역에서 강제 소집된 병력이었다.

1645년 4월 신기군의 사병(私兵)화를 막기 위해 1640년 11월부터 장악해온 모든 군 관직에서 의회의원들은 손을 떼게 되었다. 이를 자금령Self-Denying Ordinance이라고 하는데, 크롬웰이 맨체스터 백작과의 불화를 겨냥해서 상·하원의 의원은 군대의 지휘권을 행사하거나 장교가 될 수 없도록 하는 방안을 의회에 제시한 것이 근원이었다. 자금령에 의해 의원이던 자신도 제외되었지만 크롬웰은 자신이 추앙하던 토머스 페어팩스를 신기군의 대장으로 추천하였다.

이로써 페어팩스는 신기군을 통솔하는 대장이 되어 고위장교들을 임명할 수 있는 고유권한을 부여받았다. 또 신기군의 조직과 훈련과정도 페어팩스에 의해 철저히 이루어졌다. 이렇듯 페어팩스 경이 새로운 군대의 지휘권을 행사하는 것에 대해 크롬웰은 대체적으로 만족해 했다.

1645년 여름, 내란이 절정에 달하자 페어팩스 경은 크롬웰을 부사령관으로 임명할 것을 의회에 요구했다. 이로써 부사령관이 된 크롬웰은 찰스 1세의 마지막 남은 2개 야전부대가 섬멸되는 네이즈비 전투와 랭포트 전투에 참가했다. 그리고 그는 두 전투에서의 공적을 감안하여 부사령관 직책 임기가 예외적으로 6개월 동안 연장되어 왕당군을 완전히 궤멸시키고, 내란의 종식을 고한 옥스퍼드 포위공격에도 참전할 수 있었다. 결국 내전은 의회파의 승리로 끝났고 왕은 스코틀랜드로 도주하였다.

내전이 끝나자 하원의 태도는 돌변했다. 의회파는 크롬웰에게 새로운 불만을 집중시키기 시작했다. 사실 의원들은 크롬웰의 군대가 의회파의 승리에 결정적인 역할을 하긴 했지만, 크롬웰의 세력이 그 힘을 등에 업고 강력한 정치 세력으로 바뀌는 것에 대해 두려움을 갖고 있었다. 그리고 이를 막는 길은 크롬웰을 중심으로 뭉쳐 있는 군대를 해산시켜 결집력을 약화시키는 것뿐이라고 생각했다. 한발 더 나아가 일부 의회 내의 민간인 출신 지도자들은 스코틀랜드인들을 사병으로 고용하여 신변을 보호하면서 군대 해산을 명령하였다.

평소 스코틀랜드인들을 싫어하던 크롬웰은 자신이 아끼던 병사들이 치욕스런 대우를 받았다고 생각하고 런던을 떠나기로 결심하였다. 그리고는 떠나기 전에 먼저 페어팩스 경을 만나 "이처럼 병사들의 사기가 떨어진 적은 없었다."고 말하면서 군대의 동요에 대하여 우려를 표명했다. 그리고 얼마 있지 않아 이런 우려는 현실이 되었다.

제2차 내란으로

크롬웰이 런던을 떠나던 바로 그날, 스코틀랜드로 도주했던 찰스 1세의 신병이 의회파로 넘겨졌다. 찰스 1세가 몸을 위탁했던 스코틀랜드 서약파*들이 의회파에게 신병을 인도한 것이다. 찰스로서는 화약을 지고 불 속으로 들어간 것이나 다름없었다.

크롬웰과 그의 사위 헨리 아이턴은 찰스 1세를 두 차례나 면담하면서 의회파와 군대의 동요를 설득해주기 바랐다. 하지만 진행되는 상황은 왕의 도움이 전혀 필요 없는 쪽으로 가닥이 잡혀가고 있었다. 하원에서는 앞으로 더 이상 국왕에게 청원하지 않도록 하는 법안이 제출되었고, 일반 병사들의 압력을 이기지 못한 페어팩스 장군이 군대를 이끌고 런던의 의사당으로 향하는 사태도 벌어지고 있었다. 한마디로 무정부 사태로 치닫고 있었던 것이다.

그런 가운데 군대와 의회 사이를 중재해주기 바랐던 찰스 1세가 스코틀랜드 측과 협상을 하기 위해 햄프턴 궁을 탈출하여 와이트 섬으로 도망가는 사건이 발생하면서 일이 복잡해지게 되었다. 드디어 1648년 1월 3일 크롬웰은 군대와의 대립을 두고 불만

* 서약파 : 왕에게 장로교를 인정하는 '신성한 서약'을 지킬 것을 요구한 무리

스러웠지만 의회에 나가 왕에 대해 청원을 내지 못하게 하는 법안을 전폭적으로 지지했다.

찰스 1세가 스코틀랜드 측과 협정을 맺고, 크롬웰이 의회와 군대 사이를 중재하는 데 실패했다는 소식을 들은 왕당파들은 재차 무장하고 웨일스와 잉글랜드 북부 지방을 중심으로 봉기하였다. 의회는 크롬웰을 웨일스로 파견해 그들을 진압한 후, 북부 잉글랜드로 침입한 스코틀랜드 군대와 맞선 랭커셔 전투에서 승리를 거두었다. 그는 내친김에 스코틀랜드로까지 진군했다.

그의 사위 아이턴과 남부 지역 주둔군 소속 장교들이 중심이 되어 크롬웰에게 모종의 결정을 내릴 것을 주장하였다. 즉 군사를 움직여 구심점이 되는 왕 찰스를 반드시 제거하여야 한다는 것이었다. 그러나 의회의 분위기는 왕과의 협상 쪽으로 기울고 있었다.

크롬웰군은 의회의 일련의 조처를 비난하는 내용의 항의서를 의회에 제출하고 찰스 1세를 살인자로 재판에 회부할 것을 요구했다. 그런 가운데 크롬웰은 런던 귀환 길에 올랐다. 그가 런던에 도착하기 전 이미 프라이드 대령 휘하 부대들이 의회에 투입되어 왕의 재판 회부를 극렬히 반대하는 의원 40여 명을 축출했다(이를 '잔여의회'라고 한다).

드디어 크롬웰은 1648년 크리스마스 무렵 찰스 1세를 살인자로 재판에 회부하고 이듬해 1월 고등법원의 135명 위원 가운데 한 사람이었던 크롬웰 자신도 찰스 1세의 사형집행 영장에 서명했다. 그는 찰스 1세의 처형에 앞서 왕자들 중 하나를 왕위에 앉히는 문제에 대해 심사숙고하기도 했지만, 그가 내린 결론은 왕정을 폐지한 공화정과 크롬웰 자신이 통치하는 것이었다.

1649년 3월 크롬웰은 잔여의회를 통해서 공화정을 선포한 후

의회의 집행기구인 국무회의 제1의장이 되었다. 이때는 찰스 1세가 처형된 뒤였으므로 사실상 잉글랜드의 실권은 그의 손에 있었다. 실권을 장악한 크롬웰은 먼저 수평파Levellers와 같은 극단주의적 청교도 집단의 반란을 진압하는 데 힘을 쏟았다.

정책보다 앞서 달린 수평파

'사람들의 재산을 균등하게' 분배해야 한다는 주장을 제기하고 실행하려던 수평파 운동은 내란 시기에 의회를 지지하는 런던과 주변 급진 세력 가운데서 시작되었다. 당시 수평파는 실질적인 주권이 하원에 있어야 하며 성인 남자의 보통선거권, 의석의 재분배, 1~2년마다 의회를 열어 입법기관이 진정한 대의기구가 되어야 한다는 점, 정부의 권한을 지방공동체로 분산할 것 등을 주장했다.

경제개혁안들도 내놓았는데, 법률상으로 완전한 평등, 상거래 독점의 폐지, 인클로저 운동으로 집중된 토지의 재분배, 등기 소작농에 대한 차지기한의 보증 등과 같은 것이었다. 이외에 징병 및 군에 대한 숙식 제공 금지, 가혹한 법률의 개정, 국교회 십일조의 폐지, 신앙과 결사의 완전한 자유 등을 요구했다. 그러나 내란이 끝난 후 의회의 태도에 실망한 수평파는 국민과 신기군New Model Army에게 직접 호소하기 시작했다.

한편 1647년 10월 퍼트니에서 신기군 내 군사평의회는 수평파에 의해 제시된 인민협정에 관해 논의했다. 인민협정은 내란에서 의회가 승리하고 왕이 도주한 상황에서 흐트러진 국가의 정체를 다시 세우려던 사회적 협약이었다. 그러나 급진적인 수평파 지지자들이 주축이 된 인민협정은 논의 과정에서부터 교착상태에 빠지게 되었으며 급기야 지도부는 이들 수평파 지지 병사들을 무력으로 장악하고 군 내부의 규율을 회복시켰다. 1649년 3월 존 릴번과 수평파의 다른 지도자인 오버턴Richard Overton이 투옥된 이후 몇 차례 폭동이 일어났으나 모두 크롬웰에 의해 진압됨으로써 조직화한 정치 세력으로서의 수평파 운동은 막을 내렸다.

수평파의 대표적 지도자인 릴번의 생애는 수평파의 역사와 함께 했다. '자유인 존'으로 통했던 그는 자신이 쓴 팸플릿에서 종교의 자유를 허락하고 장인들과 소지주들에게까지 참정권을 확대할 것을 주장했다. 또 법 앞의 완전한 평등을 주장하였으며, 관습법보다 자연권 사상을 주장하기도 했다. 이렇듯 릴번은 선동가로 명성을 날린 결과, 많은 시간을 감옥에서 보냈다. 수평파의 세력이 붕괴했을 때에도 릴번은 여전히 런던 시민들로부터 큰 인기를 누렸다. 감옥에 있던 릴번은 퀘이커교로 개종하고 모범수로 생활하면서 1655년 마침내 감옥에서 풀려 나오게 되었지만 2년 뒤에 죽었다.

릴번과 같은 지도자의 각고의 노력에도 불구하고, 사실 수평파는 한번도 전국적인 지지를 받지 못했다. 왜냐하면 오랫동안 교회와 토지귀족들의 영향을 받아온 일반인들에게 갑작스레 근·현대적인 사상을 주입시킨다는 것은 불가능했기 때문이다. 당시 유력한 세력이던 군의 지지를 얻어내는 데 실패했다는 것도 수평파의 결정적인 붕괴요인이었다. 한마디로 그들의 생각을 당시 사회가 따라가지 못했던 것이다.

스코틀랜드 정벌

1650년 여름, 크롬웰은 페어팩스 대신 총사령관이 되었다. 스코틀랜드에서 왕당파들이 찰스 왕자를 왕위에 올리려 한다는 정보를 입수한 크롬웰은 병에 걸렸는데도 전투 준비를 시작했다.

상황은 불리했지만 크롬웰은 기회를 찾을 수 있었다. 크롬웰은 스코틀랜드군이 너무 넓게 퍼져 있어서 밀집된 강력한 군대를 효율적으로 이용한다면 승리할 가능성이 크다고 판단했다.

양군이 대치한 상황 속에 어둠이 찾아왔고, 폭풍우까지 치고 있었다. 스코틀랜드군은 악천후로 인해 전투가 벌어지지 않으리라 생각하고 안심했다. 하지만 기습하기에 적당한 날씨라고 생각한 크롬웰은 기회를 놓치지 않았다.

폭풍이 치는 새벽녘, 잉글랜드군은 6개 기병 연대를 선봉으로 세우고 3개 보병 여단을 동원해 스코틀랜드군을 공격하였다. 잉글랜드군의 공격을 맞은 스코틀랜드군은 즉시 응사할 수가 없었다. 화승총의 점화심지가 젖어버렸기 때문이었다. 잉글랜드군은 이미 집중적으로 우익을 치고 중앙부로 진격해 들어갔다. 믿기지 않는 승리였다. 크롬웰은 "만군의 주께서 우리의 칼을 빌려 그들을 쑥대밭으로 만들었다."고 기록했다.

이 전투에서 3천 명의 스코틀랜드인이 전사했고, 1만 명이 포로로 잡혔으며, 1만 5천 정에 이르는 총기가 노획되었다.

찰스 왕세자는 1651년 1월 스코틀랜드에서 찰스 2세로 즉위한 뒤 아버지가 잃은 잉글랜드를 되찾기 위해 스코틀랜드-왕당파군을 일으켰으나 크롬웰은 이마저도 우스터에서 격퇴했다.

크롬웰은 찰스군을 본거지인 스털링에서 끌어내 잦은 접전을 하다 결정적인 기회에 대규모로 공격한다는 전략을 세웠다. 크롬웰의 이런 전략은 그대로 적중하여 1만 2천 명의 찰스 연합군은 우스터로 이동하면서 수차례 소규모 전투를 벌였고, 우스터 동쪽 3~4킬로미터 지점에서 기다리고 있던 2만 8천 명의 크롬웰군을 만났을 때는 이미 불을 보듯 뻔한 결과가 기다리고 있었다.

우스터 전투 이후, 잉글랜드 내 왕당파의 저항은 완전히 소멸되었고 명실공히 크롬웰의 통치 시대로 접어들게 되었다.

크롬웰의 호국경 체제

스코틀랜드 정벌이 끝나자, 크롬웰은 정치적 안정과 사회개혁을 추진했다. 그러나 여전히 의회에 대한 군대의 불만은 컸으며 오히려 더욱 심해졌다. 군대 내에는 의회의원들이 부패했으며 의회가 새로 소집되어야 한다는 여론이 팽배했다.

크롬웰은 더 이상 이런 여론을 막을 수가 없다고 판단하고, 의회의 해산을 결정했다. 1653년 4월 20일 부사령관 존 램버트의 지휘 하에 친위 쿠데타가 일어나 의원들은 강제로 축출되었으며, 크롬웰은 2개월 후 자신이 지명한 인사들로 의회를 구성했다.

그 뒤 쿠데타의 주요멤버인 램버트는 잉글랜드 헌정 사상 유일한 성문 헌법인 통치헌장Instrument of Government을 기초했으며, 1653년 이 헌법에 의거해서 크롬웰은 호국경Lord Protector에 취임한다. 램버트는 국무회의 위원을 지냈으며, 1657년 크롬웰을 왕으로 추대하려는 계획에 반대하기 전까지는 크롬웰의 오른팔 역할을 했다. 그는 새 헌법이 만들어진 뒤 호국경에게 충성을 맹세하지 않는다는 이유로 해임됐으나, 그 후로도 상당한 액수의 연금을 받았다.

1654년 9월 3일 의회를 소집하기에 앞서 크롬웰은 수십 가지의 국내정책에 관한 조례를 통과시켰다. 이들을 요약해보면 법 개혁과 청교도의 확립, 종교적 관용정책, 교육의 진흥, 통치의 분권화 등이었다. 크롬웰은 잉글랜드와 아일랜드에 훌륭한 재판관들을 임명했으며 관행이 되어 있는 사소한 범죄에 대한 중형제도에 대해 강력히 반대했다. 또한 잉글랜드만의 금융업 발전에 폐해가된다고 판단하여 추방했던 유대인의 입국을 다시 허용했다. 이는 인도적인 차원보다 그들의 부를 활용하겠다는 경제적인 이득을 감안한 조처였다.

크롬웰은 자신이 직접 옥스퍼드 총장직을 겸임하면서 그 역할을 훌륭히 수행하였을 뿐 아니라 더럼에 칼리지를 세웠다. 또한 칼뱅주의에 입각하여 성서를 읽도록 하기 위해 라틴어 문법을 가르치는 중등학교도 크게 발전시킨다.

크롬웰의 공화정 아래 종교정책은 제한적이나마 다원주의를 허용하면서도 청교도에게 특혜를 주고 있었다. 이와 함께 수평파 · 디거파 · 제5왕국파 · 퀘이커파*를 포함한 많은 급진적 청교도 집단이 출현했다.

* 퀘이커파 : 오늘날 현존하는 유일한 종파

내전에서 큰 역할을 해냈을 뿐 아니라 크롬웰 통치의 배경이된 신기군의 활용에 관한 문제가 의회에서 제기되자, 그는 프랑스와 동맹하여 스페인에 대항하는 데 활용한다는 최종결정을 내렸다. 스페인령 서인도 제도에 원정대를 파견했으며 자메이카를 정복했다. 또 스페인령 플랑드르에도 원정대를 파견하여 케르크 항을 손에 넣었다.

그는 조상들의 뿌리가 있던 스칸디나비아 지역에도 큰 관심을 쏟았다. 그는 동인도 회사의 전통적인 독점 체제에서 벗어나 3년 동안 완전히 자유경쟁 체제하에 놓아두었다. 이 때문에 재정적

어려움에 봉착하자 1657년 10월 동인도 회사로부터 재정지원을 받는 대가로 독점제의 부활이라 할 수 있는 새로운 특허장을 부여했다.

쿠데타 이후 의회가 처음 소집되자 크롬웰은 호국경 체제와 크롬웰 정부의 당위성에 대해 연설했다. 특히 수평파에 대해 강력히 비판하고 국교회의 붕괴로 인한 정신적 무정부 상태에 대해 심각한 우려를 표했다. 그는 "신이 인정하고 인간이 승인한 이 정부를 멋대로 전복하는 것을 좌시하느니 차라리 무덤으로 굴러가 오명을 쓰고 묻히겠다."며, 다시 나라가 어지러워지지 않도록 한 사람과 하나의 의회에 의한 정부, 의회의 정기적 소집, 양심의 자유 보장, 호국경과 의회 간의 군대의 지휘권 분할 수용이란 4가지 지침을 만들었다. 그러나 이런 지침을 만들었음에도 불구하고 제대로 운영이 되지 않자 크롬웰은 1655년 1월 22일 의회를 필두로 몇 차례(1656, 1658)에 걸쳐 의회를 해산했다.

1658년 8월에는 총애하던 딸 엘리자베스가 암으로 죽었으며, 그 자신도 말라리아에 걸려 런던의 세인트제임스 궁에서 요양하였다. 처음에는 별로 심하지 않다고 생각한 병세는 급격히 악화되었다. 그는 결국 9월 3일 3시에 화이트 홀에서 죽었다.

당시 크롬웰에게는 적이 많았기 때문에 그의 유해는 11월 10일 웨스트민스터 묘지에 비밀리에 안장되었고, 시신 없는 장례는 13일 뒤에 국장으로 치러졌다. 그러나 그의 시신은 행방이 알려져서 왕정복고가 이루어진 후인 1661년 무덤에서 끌려나와 타이번에 있는 교수대에 매달렸다. 그 뒤 그의 시신은 교수대 아래에 다시 매장되었으나 머리 부분만은 따로 웨스트민스터 홀의 꼭대기에 걸린 채 찰스 2세의 집권 말기까지 그대로 있었다.

크롬웰은 담배와 술을 멀리할 만큼 독실한 청교도는 아니었
다. 세간의 평과는 달리 천성적으로 잔인하지도 무자비한 인물도
아니었다. 또한 자신의 가족들에게도 헌신적이었으며, 음악과 사
냥을 즐기고 훌륭한 말을 구분하는 데 뛰어난 재주가 있었다.

하지만 크롬웰의 개인 및 공적 역사는 그의 죽음과 함께 막을
내리게 되었다.

찰스 2세와 왕정복고

1658년 크롬웰이 죽자 당시 대부분의 잉글랜드 국민들은 안정적
이고 합법적인 왕정복고를 원했다. 크롬웰 휘하의 장군이었던 조
지 멍크는 자칫 나라가 사분오열될 위험에 처해 있다고 판단하고
자신이 거느리고 있던 군대를 동원해 1660년 왕정복고를 외치며
반란을 일으켰다. 그는 찰스 1세의 아들이자 망명 중인 찰스를 왕
으로 모시려 하였다. 그해 4월 찰스는 망명지에서 브레다Breda 선
언을 발표했다. 찰스는 이 선언에서 왕위에 복귀한 뒤, 일반사면
과 종교의 자유 및 토지분쟁의 공정한 해결, 그리고 군대 체불 임
금의 완전지급을 약속했다. 또한 구체적인 관련조항들은 의회에
서 자유롭게 결정하도록 맡긴다고 약속했다.

찰스는 5월 25일 도버에 상륙하여 국민들의 환호를 받으며
런던으로 들어왔다. 공교롭게도 그 날은 찰스의 30회째 생일날이
었다. 내란으로 처형된 찰스 1세와 프랑스 출신의 왕비 헨리에타
마리아와의 사이에서 맏아들로 태어난 찰스는 20세가 되기 전에

내란을 겪으면서 조숙하고 냉소적이었으며, 때로는 방종했다.

사실 그는 1651년 1월 1일, 스튜어트 왕조의 근원지인 스코틀랜드에서 장로교 정치인들의 지지를 받으며 아가일 후작이 직접 씌어주는 왕관을 받아 찰스 2세로 즉위했다. 그러나 그를 지원해주던 스코틀랜드 군대가 1650년 9월 던바에서 올리버 크롬웰이 이끄는 잉글랜드군에 의해 격파 당하고, 1651년 9월 3일 스코트랜드인들과 함께 연합해서 시도했던 잉글랜드 침공도 우스터에서 패하고, 보스코우벨에 있는 오크나무(로얄 오크라 부름)에 하루 내내 숨어 있다가 이후 41일 동안이나 숨을 곳을 찾아 헤매다가 1651년 10월 프랑스로 탈출했었다.

프랑스 로컨트리에서 망명생활을 하던 찰스는 희망이 없는 나날들을 보내고 있었다. 그를 지원해주는 재력가도 없었고 미래가 불투명한 망명객에게 친구란 더욱이 사치한 희망이었다. 게다가 크롬웰은 혹시도 있을시 모를 찰스의 정치적 움직임을 사전에 막기 위해 그동안 찰스와 관계를 맺고 있던 프랑스 · 네덜란드를 부추겨 상호관계를 단절시켰다. 찰스의 희망은 오직 1656년 조약을 맺은 스페인뿐이었지만 이것도 의뢰적인 관계를 넘어서지 못하였다.

왕정복고 후 찰스의 정치

그런 상황에서 그에게 찾아온 왕정복고란 상상도 할 수 없을 만큼 커다란 기쁨을 안겨 주었다. 따라서 1661년 강경한 국교회와 왕당파의 입장에서 구성된 의회의 요구에 대해 이의를 제기할 입장이 아니었다.

하지만 막상 왕위에 오르고 나자 무조건 허락했던 조건들에 대해 속속 후회가 되는 것들이 나타나기 시작했다. 한 예로 당시 강력한 국교도 의회였기 때문에 이에 따라 심한 제약을 받게 된 비국교도와 로마 가톨릭 교도들에 대해 종교적 관용을 확대하고자 하는 그의 생각은 좌절되고 말았다.

그가 더 절실하게 후회하게 되는 것은 자신의 재정에 가해지는 의회의 제약이었다. 찰스는 연간 120만 파운드의 수입을 책정받았지만 그가 의회에 강력하게 요구할 수가 없었던 초기에는 제때에 돈을 받기가 어려웠다. 하지만 찰스는 그런 상황에서도 이전에 겪었던 궁핍한 시절에 대한 보상이라도 받으려는 것처럼 사치한 생활을 계속했다. 당연히 재정은 더욱 악화되었고, 왕실 채무는 늘어갔으며 신용을 잃을 수밖에 없었다.

1665~1667년의 잉글랜드-네덜란드 전쟁으로 입은 막대한 손실로 인해 찰스의 평판은 바닥까지 떨어졌다. 자신의 평판에 대해 위기의식을 느끼게 된 찰스는 이에 대한 변명으로 오랫동안 자신을 보필해오던 클래런던 백작 에드워드 하이드를 해임했다.

클래런던 백작의 역할

클래런던 백작은 《잉글랜드의 반란과 내전의 역사History of the Rebellion and Civil Wars in England》의 저자이기도 한 인물이다. 그는 단기의회와 장기의회 의원으로 정계에 입문했으며, 찰스 1세 때 문제가 되었던 선박세와 같은 왕의 특권 남용에 대한 비판으로 두각을 나타냈다. 그는 억압적인 법정과 위원회들을 폐지하는 데도 앞장섰던 인물이었다. 그러나 당시 의회의 정치 분위기가 너무 급진적인 방향으로 급속히 쏠리자 자신은 중도 노선을 택했다.

1641년 11월에 하원에서 채택한 대간의서에는 왕의 각료 임명과 교회 개혁에 대한 의회의 발언권을 요구하고 있었다. 일단 찰스 1세는 대간의서를 수용할 수밖에 없었는데, 나중에 이를 번복했다. 이로 인해 왕과 의회의 화해는 더욱 어려워졌고, 클래런던은 이때부터 국왕의 조언자로서 막후에서 일하기 시작했다.

클래런던은 1642년 5월 말, 의회로부터 '사악한 조언자'로 낙인 찍혀 추방당하면서도 국왕의 조력자로서 의회와 화해할 수 있는 길을 찾기 위해 노력했다. 그중 하나는 클래런던이 1643년 12월 왕에게 건의해 옥스퍼드에서 의회를 소집하도록 한 것이다. 하지만 불행히 이 의회는 제한된 성공밖에 거두지 못했다. 오히려 그는 의회에 민병대 통제권을 부여하고 장로가 교회를 지배하는 제도를 시행하도록 하라는 의회의 요구를 완화시키려 애쓰다가 찰스의 미움만 사게 되었다. 결국 찰스 1세는 그를 왕세자 웨일스 공의 보호자로 임명하여 왕세자와 함께 저지 섬으로 보냄으로써 그는 정치 일선에서 쫓겨났다.

더 이상 왕의 곁에서 자신의 이상을 펼 수 없게 되자, 클래런던은 국왕에게 교훈을 줄 수도 있으리라는 희망을 품고 왕이 그동안 저질러 왔던 실수들에 대해 분석한 《잉글랜드의 반란과 내전의 역사》 초고를 쓰기 시작했다. 그러던 1648년 그는 파리에서 왕비와 왕세자(찰스 2세)를 만난다. 그는 왕위와 목숨을 구하기 위해 마지막 노력을 기울이고 있는 찰스 1세에 관한 소식을 들었다. 하지만 당시의 그는 무력하게 지켜볼 수밖에 없는 방관자일 뿐이었다.

1651년 클래런던은 왕위를 되찾기 위한 전쟁에서 패한 뒤 프랑스로 도망친 찰스 2세를 다시 파리에서 만났다. 이후 그는 찰스 왕세자를 보필했으며, 찰스가 잉글랜드 왕으로 복위하면서 대법관으로 임명되었던 것이다.

　왕에 의해 선포된 브레다 선언은 일부의 내용을 제외하고는 그동안 클래런던이 신념을 갖고 행해오던 내용들이 구체화된 것들이었다. 다시 말해서 '의회가 자유롭고 떳떳하게 왕의 의도에 맞설 수 있을 때 왕과 의회는 진정한 화해를 이룰 수 있다.'는 그의 믿음의 결실이었던 것이다.

　대법관이 된 클래런던은 왕의 복귀로 득세하게 된 왕당파들

런던 대화재

이 크롬웰을 추종했던 공화파들에 대해 보복하지 못하도록 하기 위해 대사령 공포를 시행하도록 했고, 다른 한 편으로는 제때에 지급받지 못하는 국왕의 수입을 신속하게 지급하도록 독촉하는 데 앞장섰다. 또한 크롬웰이 거느렸던 군대 해산을 서두르고, 비국교도에 대한 박해를 완화시키고자 애를 쓰기도 했다.

　클래런던은 딸 앤이 요크 공작 제임스(후에 제임스 2세)와 결혼하면서 강력한 왕실 외척이 되었다. 게다가 찰스 2세는 그에게 거의 모든 분야의 행정을 관장하도록 했기 때문에 그는 잉글랜드 최고의 세력가로 등장했다.

　하지만 클래런던은 모든 것을 손

에 쥔 순간, 과로로 인해 중풍에 걸렸다. 그는 몸이 불편해지면서 성격이 날카로워지고 인내심도 약해져 공공연하게 왕의 부도덕성을 비난하곤 하였다. 결국 클래런던과 왕의 오랜 우정은 끝이 났다. 이제 남은 것은 그가 어떻게 권력을 잃게 되느냐 뿐이었다. 결정적인 사건은 1665년 잉글랜드와 네덜란드 사이에 벌어졌던 전쟁이었다.

이 전쟁에서의 최대 참극은 네덜란드 군함이 템스 강 깊숙한 곳까지 진격해 잉글랜드 선박을 불태우고 인근 지역을 유린한 사건이다. 의회는 누군가에게 이 참극에 대한 책임을 지울 필요가 있었다. 이듬해에는 런던에 원인 모를 대화재가 발생하여 엄청난 재산과 인명의 손실이 일어났다.

이 모든 것들에 대해 책임을 지게 된 것이 클래런던이었다. 클래런던은 1667년 8월 대법관직에서 해임되었다. 그리고 특별법정에서 죄를 물으려 했으므로, 그는 11월 프랑스로 망명할 수밖에 없었다.

그는 망명지인 프랑스에서 죽었다. 그렇지만 시신만은 잉글랜드로 돌아와 웨스트민스터 사원에 묻혔다.

찰스의 통치 후반기

찰스는 훤칠한 키에 활동적인 인물이었다. "약간의 쾌락은 하나님도 용서하실 것이다."라고 믿었던 찰스는 의회를 자극하지 않는 범위에서 왕으로서 누릴 수 있는 것들을 확실하게 즐겼다.

찰스는 승마와 요트를 매우 좋아하는 건강한 스포츠맨이었다. 그는 특히 망명생활을 하는 동안 요트를 타기 시작했는데, 잉글랜드의 국왕으로 즉위해 런던으로 들어오자 템스 강에서 동생 제임스와 100파운드를 걸고 그리니치와 그레이브젠드 사이를 왕복하는 시합을 즐겼다. 오늘날에도 귀족과 상류층 사이에 요트 타기가 유행하고 있는 것은 이때부터다.

찰스는 스포츠를 즐겼던 만큼 지루한 회의를 싫어했다. 정치를 클래런던에게 맡겨놓고 있었을 때는 별 문제가 없었지만, 그를 해임하고 나자 그의 정치에 대한 한계가 드러나기 시작했다. 그중에서도 가장 큰 문제는 점점 커지고 있는 네덜란드의 위협이었다. 찰스는 이를 막기 위해 도버 비밀조약을 통해 프랑스와 동맹을 맺었다.

이 조약에는 프랑스에 대해 환심을 사기 위해 찰스가 로마 가톨릭으로 개종한다는 조항도 포함되어 있다. 물론 개종에 관한 조항은 양쪽이 비밀로 하겠지만 만약 국교도들에게 알려져 말썽이 생길 경우에는 프랑스의 군사력과 재정 지원으로 해결한다는 보증도 받았다.

프랑스와의 동맹은 찰스와 국교도들의 관계를 악화시켰다. 국교도들은 찰스의 개종을 알아차리지는 못하고 있었지만 프랑스와의 동맹 그 자체를 탐탁지 않게 생각했으며, 찰스의 정책 전반에 대해서도 신뢰 하지 않았다. 문제는 또 있었다. 그것은 왕위계승자에 관련된 것이었다. 즉 왕비 캐서린이 유산을 하여 적자로 왕위계승자를 얻을 가능성이 줄어드는 상태에서 찰스의 동생 요크 공작 제임스가 가톨릭 교도인 모데나의 메리와 두 번째 결혼을 했기 때문이다. 이것은 가톨릭 교도가 왕위를 계승할 가능성이 더 높아진다는 의미였다. 그리고 국교도들의 국왕에 대한 불만을 점점 더 깊어지게 만들었다.

대표적인 예는 휘그파가 찰스 2세의 친 로마 가톨릭 정책에 반발해 허트퍼드셔의 허드스턴에 있는 라이하우스에서 찰스 2세를 암살하고 반란을 일으키려 한 라이하우스 암살음모 사건Rye House Plot이다. 라이하우스는 뉴마킷에서 열렸던 경마대회에 참석했다가 돌아오는 찰스를 살해하려던 장소이다. 기록에 의하면 "왕이 예기치 않게 일찍 경마대회에서 돌아오는 바람에 이 음모는 실행되지 못했다."고 한다.

비록 이 사건은 미수에 끝났지만 한 밀고자에 의해 수사가 진행되어 곧 음모의 전모가 드러났다. 이 음모의 관련자로서 체포된 에식스는 런던탑에서 자살했고 러셀, 시드니, 암스트롱 같은 동조자들은 재판에 회부되어 반역죄로 참수 당했으며, 사건이 미수에 끝난 만큼 그 외의 사람들은 간신히 처벌을 면했다.

1679년 여름 찰스가 중병으로 눕게 되자 국교도들의 불만은 왕비에 대한 중상모략으로 나타났다. 찰스 2세에게 자식이 없었기 때문에 왕위계승 1순위는 동생인 제임스 왕자였다. 하지만 제임스의 반대파들은 찰스 2세를 프로테스탄트와 재혼시켜 적자를 보는 한이 있더라도 제임스만은 안 된다고 생각했다. 하지만 정상적인 방법으로 가톨릭 교도인 캐서린과 이혼하도록 할 수 없었다. 이에 반대파는 왕비 캐서린 왕비가 왕을 독살하고 가톨릭 교도인 제임스를 왕위에 앉히려는 음모를 꾸미고 있다고 모함했다.

그러나 찰스는 병든 몸을 이끌고 왕비를 변호했으며, 비협조적인 의원들을 해임하는 극단적인 처방을 통해 정부에 대한 통제권을 회복했다. 게다가 프랑스와 체결한 비밀조약에 따른 프랑스의 보조금으로 일단의 국가수입을 기대할 수 있게 되자, 1667년에는 재무부 개혁 작업도 시작하였다. 이런 그의 조치들은 '행정

통제'라는 값진 유산을 잉글랜드 정부에 물려준다. 찰스가 직접 통치를 맡으면서 그의 말기는 평온하게 지나갈 수 있었다. 그리고 1685년 2월, 그는 런던의 화이트 홀에서 평화롭게 세상을 떠났다.

가톨릭을 국교로 삼으려던 제임스 2세

잉글랜드에서 내란이 일어났을 당시, 찰스 1세의 둘째 아들 요크 공작 제임스는 세인트 제임스 궁에 머물고 있었다. 탈출 기회를 엿보던 그는 드디어 1648년 네덜란드를 거쳐 이듬해 어머니가 있던 프랑스로 탈출하는 데 성공했다. 당시 유럽은 베스트팔렌 조약으로 30년 전쟁이 끝나고, 프랑스에서는 '프롱드 난'이라고 하는 내란이 시작되고 있었다.

프롱드*의 난(1648~1653)은 루이 13세의 총리를 지낸 리슐리외 추기경이 귀족의 영향력과 '파를망'이라 불리던 고등법원의 권한을 약화시키는 정책을 실시한 데 원인이 있었다.

반란의 시작은 1648년 봄 파를망이 정부의 재정안 승인을 거부하고 오히려 국왕의 칙령을 심의·수정할 수 있는 권한을 확고히 함으로써 왕권을 법적으로 제한하려 한 것에서 비롯되었다. 이런 반발은 이듬해 내란으로 발전하였는데, 우여곡절은 있었지만 결과적으로 반란이 실패하게 되면서 오히려 국왕 루이 14세의 절대왕정화의 기반을 마련해주는 결과를 초래했다.

격랑이 일고 있던 1652년, 제임스는 프랑스 군대에 입대했다. 제임스는 루이 14세 때의 가장 위대한 사령관인 튀렌 장군 밑에서

* 프롱드 : 당시 파리의 어린이들이 관헌에 반항하여 돌을 던지는 놀이에 사용한 투석기구에서 유래

네 차례 전투에 참가하며 용맹성과 뛰어난 능력을 발휘해 튀렌의 감탄을 자아냈다.

1660년 찰스가 잉글랜드 왕으로 복위하자, 제임스도 형을 도와 활동을 시작했다. 그는 잉글랜드의 발전은 오직 제해권에 있다고 보고 해군의 효율성 유지와 군 조직 개선을 위해 많은 노력을 기울였다. 아메리카 식민지 발전에도 상당한 관심을 보여서 1664년 9월 8일 잉글랜드 함대를 동원해 네덜란드로부터 뉴 암스테르담을 획득하고, 제임스의 공식명인 요크 공의 이름을 따서 '뉴욕'이라 명하였다.

난봉꾼으로 평판이 자자하던 그는 1660년 9월 클래런던 백작의 딸 앤과 결혼했다.

한편 명예혁명을 불러온 주된 원인인 종교문제는 1668년경에 왕실 전통에 따라 국교도인이던 그가 가톨릭으로 개종함으로써 시작되었다. 제임스는 가톨릭을 믿었지만 왕실 계통을 지켜 나가야 했기 때문에 국교회의 성례전을 계속 수행하고 국교회 예배에도 참석했다. 또한 왕이자 형인 찰스의 주장에 따라 두 딸 메리와 앤도 프로테스탄트로 양육했다.

사실 제임스의 개종 사실은 그의 정치적 신념에 그다지 큰 영향을 미치지는 않았다. 왜냐하면 실제로 제임스는 프로테스탄트교도인 형 찰스 왕보다도 국교회에 더 호의적이었기 때문이다. 우선 유럽 대륙에서 벌어지고 있는 전쟁에서 잉글랜드가 프로테스탄트 국가인 네덜란드 편에 합류할 것을 희망했고, 다음은 1677년 맏딸 메리와 프로테스탄트인 네덜란드의 오라녜 공 빌렘(윌리엄)과의 결혼에 동의했던 것으로도 알 수 있다.

그러나 찰스가 적통자가 없다는 점을 감안해볼 때 장차 유력한 왕위계승자인 제임스의 가톨릭 개종은 정치적인 반향을 불러일으키기에 충분한 것이었다. 1673년의 심사령 때 그는 반(反)가톨릭 서약을 거부하고 모든 직책을 사임하면서 자신의 종교적 입장을 공공연히 밝혔다.

"나에게 프로테스탄트를 강요하지 마라. 그것을 기대하지도 말고, 내가 그렇게 될 것이라 추겨 올리지도 말라. 나는 결코 그렇게 안 될 것이며, 그렇게 되어야 한다면 나는 신에게 진정한 종교를 위해 죽음이란 자비를 줄 것을 희망할 것이다."

이런 폭탄선언을 하던 그해 첫 번째 부인인 앤이 죽자, 그는 가톨릭 교도인 모데나의 메리와 결혼하였다. 이 모든 것들은 정계에서 민감한 사항이 되고 있었다. 1678년 제임스의 가톨릭 신앙에 대한 거부감은 정계를 넘어서 전국적으로 고조되었다. 당시 국민들은 가톨릭 교도들이 찰스 왕의 암살과 제임스의 왕위 추대를 획책하고 있다는 '가톨릭 음모사건' 소문을 사실로 받아들이고 있었다.

1679~1681년 연속적으로 열린 세 차례의 의회에서 토리와 휘그 의원들은 법 제정을 통해 제임스의 왕위계승을 저지하려고 하였다. 이런 상황에 런던에 머무는 것이 이롭지 않다고 판단한 제임스는 런던을 떠나 브뤼셀과 에든버러로 거처를 옮겨다녔다.

제임스가 런던으로 다시 돌아온 것은 1682년이 되어서였다. 그는 토리당 국교파의 지지를 받고 있었는데, 당시 지방의 자치시들이 국교파를 지지하면서 런던 외곽에서의 권력은 사실상 제임스에게 넘어오게 되었다. 그리고 마침내 1685년 2월 16일 제임스는 공공연한 반대나 비판 없이 순조롭게 왕위에 올랐으며, 마치 국교회 신자들의 확고한 지지를 바탕으로, 17세기 잉글랜드 왕들 중에서 가장 강력한 왕이 된 것처럼 보였다.

제임스가 왕이 된 1685년 여름, 찰스 2세의 서자인 몬머스 공작은 "수많은 피를 흘리며 보존해온 프로테스탄트 국가 잉글랜드를 가톨릭 교도에게 넘길 수 없다."면서 스스로 왕이 되어 이를 보호하겠다고 선언했다.

그는 반란군을 일으켜 6월 11일 도르싯의 라임리지스에 상륙했다. 그는 톤턴에서 스스로 자신을 왕으로 선포한 후 브리스톨을 공격했다. 하지만 전투는 그의 패전으로 끝났다. 후퇴도 순조롭지 않았다. 세지무어에 주둔하고 있던 제임스 왕의 군대에 의해 퇴로가 끊겼기 때문이다. 그는 야간을 이용해 기습공격으로 포위망을 뚫으려 했지만 실패하고 반란군은 붕괴되었다. 몬머스는 곧바로 체포되어 처형당했으며, 수많은 그의 추종자들은 전투가 벌어진 다음 달 재판장 조지 제프리스 경의 주재로 열린 '피의 재판'에서 사형 판결을 받거나 유배형을 선고받았다.

이 사건을 계기로 제임스의 태도에 일대 변화가 찾아왔다. 그는 어떤 반란이든 무자비하게 진압하였고 군대도 상당한 규모로 늘렸다. 또 해외에서 전투 경험을 쌓은, 충성심이 확

몬머스의 처형

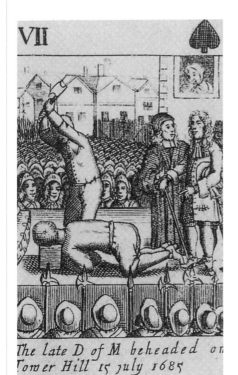

The late D of M beheaded on
Tower Hill 15 July 1685

고한 가톨릭 교도 장교들을 발탁하여 새롭게 편성된 연대의 지휘를 맡겼다. 바로 이런 조치들은 의회가 우려하던 바였다. 결국은 국왕과 의회 사이에 분쟁이 시작이 되었으며, 의회는 1685년 11월 정회된 뒤 다시 열리지 않았다.

1686년 제임스는 그동안 자신을 후원했던 토리와 국교회파의 분열이 심화되자, 왕의 직권으로 그들 중 다수를 자신의 지지자들로 교체하였다. 이로써 제임스는 가톨릭 성향의 모습을 본격적으로 드러내기 시작하였다. 그는 먼저 왕이 심사령에 서약해야 한다는 법을 폐지하였고, 가톨릭 교도가 추밀 고문관이 되는 것도 허용하였다. 다음으로 제임스는 잉글랜드 국교회의 최고 수장으로서 교회문제 전담 위원회를 설치하였는데, 이 위원회는 국왕의 가톨릭 정책에 대한 노골적인 비판자인 런던 주교 헨리 콤프턴을 제거하는 역할을 하였다.

이듬해인 1687년에는 좀 더 노골적인 가톨릭 정책이 실시되었다. 먼저 제임스는 옥스퍼드 대학교의 모들린 칼리지를 가톨릭 교도들의 학문적 연구공간으로 활용할 수 있도록 해주었고, 헨리 8세의 종교개혁 후 금지된 교황청 대사가 공식적으로 세인트 제임스 교회로 파견되었다. 다음으로 신앙 자유령Declaration of Indulgence을 공포해 가톨릭 교도와 프로테스탄트 반대자들을 규제하던 모든 법률들의 효력을 정지시켰다.

이런 조처와 함께 그는 헨리 8세 이후 줄곧 프로테스탄트로 구성되었던 의회를 해산하고 자신이 원하는 새로운 의회를 구성하려는 의욕을 보였다. 헨리 8세 이후 수많은 피를 흘리며 가꾸어 온 프로테스탄트 종교정책을 송두리째 뒤흔드는 제임스의 행동에서 그가 진정 바라는 것이 무엇이었는지 명확하지는 않다.

하지만 이 시기에 그가 내세운 주장과 비난, 협박 등은 거의 광기에 가까웠다. 이런 가운데 1687년 11월 모데나 왕비가 아이를 가졌다는 뜻밖의 소식은 가톨릭 교도의 왕위계승 전망마저 밝게 해주었다. 이런 모든 사실들은 기존의 프로테스탄트 귀족과 젠트리 다수를 자극할 수밖에 없었다. 결국 지도급 인사들은 왕위계승 서열에 있으면서 유럽 프로테스탄트들의 옹호자이자 제임스의 큰딸 메리의 부군인 네덜란드의 오라녜 공 빌렘(윌리엄)을 왕으로 추대하기 위한 준비를 시작했다.

그런 와중에 제임스는 1688년 5월 7일에 신앙 자유령을 재공포하고 주일마다, 모든 교회에서 이 선언을 연속 두 번씩 낭독하도록 명했다. 캔터베리 대주교인 윌리엄 샌크로프트와 다른 6명의 주교가 제임스에게 철회를 요청하는 탄원서를 제출했지만, 제임스는 이들을 선동죄로 몰았다. 게다가 왕비는 아들을 낳았다. 우려했던 대로 가톨릭 혈통이 이어지게 된 것이다.

프로테스탄트 지도자들로서는 결단을 내려야 할 시간이 온 것이다. 왕자의 탄생을 기념하여 캔터베리 대주교를 포함한 6명의 주교들이 풀려난 날, 지도자들은 윌리엄에게 서한을 보내 군대를 이끌고 잉글랜드로 들어와 달라고 요청했다. 이 소식은 제임스의 귀에도 들어갔다. 그는 자신의 군대가 어떠한 경우에도 침공을 물리칠 수 있는 충분한 능력을 가지고 있다고 자신했다.

10월 말 윌리엄은 토어 만에 상륙했다. 그리고 이어진 전투에서 제임스의 군대에 소속되어 있던 프로테스탄트 장교들은 윌리엄의 진영으로 넘어갔다. 윌리엄의 런던을 향한 길이 활짝 열리게 된 것이다. 제임스의 딸 메리도 남편인 윌리엄 편에 섰다. 이 소식을 접한 제임스는 저항할 힘을 잃었다. 결국 제임스는 절규하면서 프랑스로 탈출하고 말았는데, 이를 '명예혁명Glorious Revolution'이라고 부른다.

그는 탈출하는 과정에서도 켄트에서 일단 저지당했지만 12일 동안 이리저리 떠돌다가 무사히 탈출할 수 있었다. 그의 망명 정부는 생제르맹 앙 레이Saint-Germain en Leys에 세워졌다.

의회는 1689년 2월 22일 의회는 제임스의 폐위를 선포하고 다음날 윌리엄(윌리엄 3세)과 메리(메리 2세)가 공동 국왕의 자리에 오르도록 했다. 이후 의회는 윌리엄이 런던에 입성할 때 그에게 제시한 권리선언의 내용을 보완하여 권리장전Bill of Right을 선포한다.

권리장전에는 윌리엄과 메리 사이에 후손이 없을 경우 메리의 여동생 앤이 왕위를 계승하도록 규정함으로써 가톨릭 교도가 왕위를 계승하게 될 가능성을 사전에 봉쇄했다. 또한 국왕이 법률 효력을 정지시킬 수 있는 권한도 폐지했으며, 법률에 구애받지 않는 국왕의 기존 특권도 폐지하였다. 또한 평화시에는 상비군의 유지를 불법화했으며, 동시에 의회의 빈번한 소집과 자유선거의 보장을 선언했다. 만약에 국왕이 이런 내용을 어긴다면 헌법의 저촉을 받게 된다고 명시하였는데, 이는 왕도 헌법 아래 놓인다는 입헌군주제가 시작되었음을 말해주는 대목이다.

잉글랜드에서 탈출한 제임스는 1689년 3월에 프랑스군의 지원을 받아 아직 자신을 군주로 인정하고 있는 아일랜드로 건너갔다. 그러나 그의 2만 1천 명의 아일랜드-프랑스 연합군*이 1690년 7월 보인 전투Battle of the Boyne에서 3만 5천 명의 윌리엄군*에게 패하자 그는 다시 프랑스로 도주할 수밖에 없었고, 아일랜드도 윌리엄 3세의 통치에 놓이게 되었다. 제임스는 이후에도 왕위 회복

* 연합군 : 남부 올드 브리지 지역에서 7천여 명의 프랑스 보병, 약간의 아일랜드 정규 기병, 훈련되지 않은 아일랜드의 보병 및 용기병

* 윌리엄군 : 네덜란드의 청위군(Dutch Blue Guard), 프랑스 위그노 병사와 약간의 잉글랜드인으로 구성된 2개 연대, 덴마크·프로이센·핀란드·스위스 용병으로 구성된 분견대

을 위한 미련을 버리지 못했지만 잉글랜드와 프랑스 사이에 체결된 레이스웨이크 조약(1697)으로 인해 왕위를 회복할 희망을 완전히 잃어버리게 되었다.

공동통치-윌리엄 3세와 메리 2세

* 윌리엄 3세 : 별칭은 오라녜 공, Prins van Oranje

윌리엄 3세*는 네덜란드 북부 일곱 개 주 중 다섯 개 주를 총독의 신분으로 다스리고 있던 오라녜 공 빌렘 2세와 잉글랜드 왕 찰스 1세의 딸 메리 사이에서 태어났다. 그러므로 윌리엄은 잉글랜드 왕위계승 서열상 늘 선두자리에 있었다. 부친인 빌렘 2세는 윌리엄이 태어나기 8일 전 천연두로 죽어 윌리엄은 유복자가 되었다.

한편 부친이 죽자, 강력한 공화주의자들이 포진해 있던 홀란트 주와 암스테르담 시가 격리법(1654)을 제정해 오라녜 공과 그 후손들이 총독에 오르는 것을 차단했다. 1660년 잉글랜드에서 왕정복고로 윌리엄의 외삼촌인 찰스 2세가 잉글랜드 왕위에 다시 오른 후 격리법은 폐지되었지만, 폐지된 직후 어머니가 세상을 떠났다. 그의 후견인 역할은 할머니와 숙부인 브란덴부르크 제후인 프리드리히 빌헬름에게 맡겨져 통치자로서의 역할은 아직 하고 있지 못했다.

1666년 초 스타텐 헤네랄(네덜란드 의회)의 의원이 된 그는 총리인 얀 데 위트의 지도로 정치수업을 받았고, 1672년 총사령관이 된 그는 당시 네덜란드와 대치하고 있던 찰스 2세와 루이 14세의 연합군에 대하여 선전포고를 했다. 네덜란드 해군은 잉글랜

298

이야기 영국사

메리 2세와 윌리엄 3세

드 해군의 진입을 저지했지만 라인 강을 건너온 프랑스군에 의해 3주만에 네덜란드 세 개 주가 점령당하는 위기를 맞게 되었다. 이에 네덜란드의 국민들 사이에서는 국가의 운명을 좌우할 윌리엄을 총독으로 추대하자는 여론이 커졌다. 소수 반대파들의 저지가 있기는 했지만 의회는 1672년 7월 그를 총독으로 선포했다.

총독으로 취임한 윌리엄은 영·프 연합군이 제시한 굴욕적인 평화안을 거부하고, 외교를 통해 전쟁을 새로운 국면으로 유도했다. 윌리엄은 신성로마 황제 레오폴트 1세와 브란덴부르크 선제후의 도움을 얻어냈고, 스페인을 대 프랑스 동맹에 가담시키는 데 성공했다.

이를 바탕으로 윌리엄은 1673년 중요한 요새인 나르덴을 탈환했다. 이어서 신속하게 쾰른 지역으로 진입한 레오폴트 1세의 병력과 합세해 본을 함락시켰다. 결국 네덜란드를 위협했던 프랑스군이 네덜란드에서 철수함으로써 영·프 연합군의 네덜란드 원정은 실패로 끝나게 된다.

그러나 루이 14세는 여전히 독일과 스페인령 네덜란드에 많은 지역을 확보하고 있어서 프랑스와의 전쟁은 계속되었다. 그리고 1679년에 이르러서야 조약을 체결하여 평화가 정착되었다.

1677년 윌리엄은 요크 공 제임스(잉글랜드 왕 제임스 2세)의 딸이며 왕위계승 서열 1위인 자신의 사촌 메리와 결혼하여 그도 잉글랜드 왕위계승 서열 4위가 되었다.

한편 가톨릭 교도인 제임스 2세가 계속해서 친 가톨릭 정책을 펴나가자 이에 격분한 많은 잉글랜드 국민들은 윌리엄의 개입을 강력히 요구하고 나섰다. 그리하여 잉글랜드의 프로테스탄트 지도자들의 초청을 받아 1688년에 부인 메리와 함께 거의 아무런 저항도 받지 않고 런던에 입성하였던 것이다. 이를 '명예혁명' 이라고 부른다.

윌리엄 3세는 부인인 메리 2세와 1689년 2월에 공동 국왕으로 선포되었고 4월 21일 대관식을 거행했다. 또 왕과 의회가 합의하여 민주주의의 한 획이자 영국헌법의 기초가 되는 권리장전을 선포하면서 입헌군주제의 시작을 알리게 되었다.

왕비이자 여왕인 메리 2세

한편 윌리엄과 공동 통치를 하게 된 메리 2세는 어떤 인물이었을까. 그녀의 결혼 생활은 그다지 순탄하지 않았다. 무엇보다도 과묵하고 내성적인 성격을 가진 윌리엄을 제대로 이해하지 못해 불화가 잦았다. 불임으로 아이를 낳지 못하는 것이 그녀의 신경을 날카롭게 했고, 이에 따른 윌리엄의 외도도 결혼 생활을 불행하게 만들었다. 하지만 잉글랜드로 건너와 통치자가 된 뒤에는 메리가 헌신적인 모습을 보이면서 둘의 사이는 아주 좋아졌다.

사실 명예혁명 달성 직후 댄비 백작 같은 일부 귀족들은 윌리엄보다 왕위계승 서열이 높은 메리에게 단독으로 통치할 것을 제의했다. 그러나 공동 통치자로서 잉글랜드 왕위에 오른 메리는 윌리엄이 대외적인 문제로 자리를 비울 때는 남편의 조언을 따르면서 자신의 이름으로 정부를 이끌어갔지만, 윌리엄이 잉글랜드에 있을 때는 정치에서 손을 떼고 안주인으로서의 역할에 충실했다.

단 종교적으로 민감했던 과거의 역사를 되풀이하지 않기 위해 성직자 임명 문제에서만큼은 윌리엄과 대등한 입장에서 적극적으로 관여했다. 이렇듯 메리는 통치 기간 동안 정치와 가정을 적절하게 운영해 나감으로써 국민들 사이에서 큰 인기를 누렸다. 그러나 메리는 아버지를 왕위에서 몰아냈다는 죄책감과 쫓겨난 아버지를 만날 수 없다는 점에 대해 항상 괴로워했다.

글렌코 학살

윌리엄이 왕위에 오른 직후, 아일랜드와 스코틀랜드에서는 무장 봉기가 일어나 사회가 안정되기까지는 시간이 좀 더 걸렸다. 1689년 프랑스의 지원을 받은 제임스 2세가 자신을 지지하는 아일랜드로 건너오자, 진압을 시도한 잉글랜드군은 런던데리와 에니스킬런을 성공적으로 방어한 뒤, 윌리엄 자신은 1690년 7월 보인 강에서 제임스군을 물리치고 승리를 거두었다. 이에 따라 아일랜드 역시 그의 통치 아래 두게 되었던 것이다.

1689년 4월에는 윌리엄과 메리가 잉글랜드 및 스코틀랜드의 군주로 선포되자, 스코틀랜드의 고든 공작은 "제임스만이 나의 군주이다."라고 선언하면서 에든버러 성문을 닫고 저항하였다. 하지만 고든의 저항은 두 달 뒤인 6월에 윌리엄군에 의해 진압되었다.

그러나 전설적 인물인 던디 자작이 하일랜드인을 주축으로 군대를 조직하여 킬리크랭키에서 윌리엄군과 부딪친 7월에는 윌리엄군이 패배했다. 윌리엄으로서는 충격적인 사건이었다. 다행히 이 전투에서 던디 자작이 전사하여 이들의 반란을 진압할 수는 있었다. 던디의 군대를 제거한 윌리엄은 하일랜드인들을 경계하고, 자신의 통치에 대한 위엄을 나타내고자 스코틀랜드 서쪽 해안에 항구도시인 포트 윌리엄을 세웠다.

그런 가운데 스코트랜드인들에게는 지울 수 없는 기억이 된 '글렌코 사건'이 일어나게 되었다. 던디 자작의 무장 투쟁 이후 하일랜드인들은 조그마한 공동 사회를 형성하며 비정치적 집단이 되어 가고 있었다. 윌리엄은 이런 비정치적 집단들이 만약에 정치적 집단으로 전환된다면 문제가 크다는 생각했다. 윌리엄은 이를 막기 위해 1692년 1월 1일부터 시한을 정하고 그 기간 안에 포트 윌리엄에 와서 충성을 맹세할 것을 요구하였다.

맥이안 맥도널드Maclan MacDonald가 이끌고 있던 글렌코의 공동사회도 그중의 하나였다. 맥도널드도 공동사회의 안전을 위해 포트 윌리엄으로 가게 되었지만, 그해에는 눈이 많이 와서 제때에 포트 윌리엄에 도착하지 못하였다. 이에 그는 혹시 불이익을 받을지 모른다는 생각에 탄원서를 에든버러에 있던 스코틀랜드 국무장관 댈림플 경에게 보냈다. 그러나 댈림플 경은 이 탄원서를 '불과 칼의 편지Letters of fire and Sword'로 명하고 도리어 충성맹세를 하지 않으려는 핑계로 해석하였다. 그리고 1692년 2월 13일 새벽, 200여 명의 글렌코의 주민은 무참히 살해되었다.

윌리엄은 얼마 뒤 사건의 진상을 조사하도록 지시했지만 1695년 스코틀랜드 의회가 공개조사를 요구하기 전까지는 추가 조치를 하지 않았다. 또한 가해자들에게 관대한 처분이 내려졌고 학살의 총책임자로 지목된 존 댈림플 경은 장관직에서 해임되는 선에서 사건을 마무리 지었다. 그러나 이 사건은 스코틀랜드인들의 마음속에는 영원히 지워지지 않을 사건이자 잉글랜드인들을 적대하게 되는 큰 이유 중의 하나가 된다.

프랑스와의 대립

아일랜드와 스코틀랜드의 반란이 잦아들 즈음인 1694년, 메리 2세가 32세의 나이로 천연두에 걸려 죽었다. 그 충격으로 윌리엄은 더 과묵해졌으며 관심을 다시 대륙으로 기울이게 되었다. 당시 유럽은 프랑스 루이 14세의 세 번째 주요 전쟁(1689~1697)인 대동맹 전쟁War of the Grand Alliance 기간이었다.

이 전쟁의 근본요인은 경쟁 관계에 있는 부르봉 왕가와 합스부르크 왕가 사이의 세력균형 때문이었다. 합스부르크 왕가 출신의 스페인 왕 카를로스 2세는 간질병 환자에다 정신병자였고 자식을 가질 수 없었기 때문에 스페인의 왕위계승 문제를 둘러싸고 유럽 전체가 주목하고 있었다. 특히 카를로스가 죽으면 스페인 왕비의 가문인 프랑스의 부르봉 왕가와 신성로마 황제 레오폴트 1세가 이끄는 오스트리아의 합스부르크 왕가가 힘을 겨루게 될 것은 자명했다.

이런 상황에서 루이 14세는 합스부르크 왕가의 세력을 약하게 만들기 위해 외교상 무리수를 두기 시작하였다.

1680년대 신성로마 제국의 레오폴트 1세가 투르크와 싸우느라 여념이 없는 틈을 타서 루이 14세는 독일 군주들에 대한 영향력을 강화하려고 시도했다. 그러자 이에 맞서 레오폴트 황제와 바이에른 · 작센 · 팔츠 등의 선제후, 스웨덴 · 스페인 국왕(신성로마 제국을 구성하는 군주의 자격으로)은 1686년 7월 9일 아우크스부르크 동맹을 결성해 루이 14세에 대항했다.

루이 14세는 외교보다는 전쟁을 통해 황제의 힘을 약화시키기 위해 계획을 바꾸었다. 1687년 8월 모하치에서 레오폴트 황제가 투르크를 무찔렀다는 소식을 듣자, 루이 14세는 그 틈을 이용해 재빨리 라인란트를 침략할 계획을 세웠다. 그리고 1688년 10월 팔츠로 진격했고, 이듬해 이 지역은 완전히 폐허가 되었다.

독일의 여러 군주들은 루이 14세의 행동에 분노했다. 동시에 프랑스에 의해 합병을 당할까봐 두려움을 느꼈다. 그들은 재빨리 반격에 나섰다. 그 와중에 1689년 5월 12일 신성로마 제국 황제는 루이 14세의 팔츠합병을 무효화하고 베스트팔렌 조약(1648)과 피레네 평화조약(1659)으로 되돌려놓기 위해 네덜란드와 빈 조약을 맺었다. 그 뒤 18개월 동안 잉글랜드(네덜란드 포함)·브란덴부르크·작센·바이에른·스페인은 대동맹의 핵심을 이루어 전쟁을 치러 나갔다. 결국 속전속결을 염두에 두고 있었던 루이 14세는 전혀 준비가 되어 있지 않았던 세계 전쟁을 9년 동안이나 치러야만 했던 것이다.

윌리엄 3세는 1691년부터 대동맹 전투의 주요 전쟁터인 북해 연안의 저(低)지대(지금의 베네룩스 3국)에서 장기적인 군사행동을 벌여 크고 작은 많은 성과를 올렸다. 1695년 1월, 프랑스 명장 뤽상부르 공작이 사망하자 프랑스의 전력은 약해지기 시작하였다. 교착 상태에 빠진 전쟁은 모든 교전국들에게 막대한 희생을 요구했다.

1695년 루이 14세가 대동맹 참가국들에게 개별적으로 비밀 협상을 제의하자 그들은 신속히 응했다. 그리고 마침내 1697년 10월 레이스웨이크 조약이 체결되었는데, 여전히 유럽의 세력균형에 결정적 영향을 미치게 될 스페인 왕 카를로스 2세의 후계자 문제는 미결인 채로 남아 있는 상태였다.

윌리엄은 이 강화가 일시적인 휴전에 지나지 않을 것이라는 점을 잘 알고 있었다. 따라서 그는 또 다른 전쟁을 미연에 방지하기 위해 루이 14세와 2개의 스페인 분할조약(1698~1699)을 체결했다. 이런 조처에도 불구하고 1700년 11월 1일 루이 14세는 이 조약을 무시하고 자신의 손자를 스페인 왕위계승자로 내세움으로써 프랑스 영토 확장을 위한 야망을 드러냈다. 그리고 1701년 9월 프랑스에 망명 중이던 제임스 2세가 죽자, 루이 14세는 레이스웨이크 조약을 무시하고 제임스의 아들을 잉글랜드 왕으로 선포하기에 이른다.

윌리엄과 의회는 프랑스에 선전 포고를 준비했다. 하지만 전쟁이 선포되기 전인 1702년 3월, 윌리엄은 과로로 인해 갑작스럽게 생을 마치고 말았다.

스튜어트 왕조의 마지막 왕 앤

명예혁명 후 메리가 남편인 윌리엄(빌렘)과 함께 공동 국왕으로 즉위하면서 메리의 동생인 앤도 왕위계승 서열에 들게 되었다. 하지만 메리가 아버지를 몰아내면서 즉위했기 때문에 자매의 사이는 매우 나빠졌다. 1694년 메리가 죽은 뒤 윌리엄은 앤과의 관계를 호전시키기 위해 노력을 했지만 자신이 잠시 자리를 비우는 동안 섭정을 맡을 자리에 앤을 임명하려고 하지는 않았다.

앤은 프로테스탄트 교육을 받고 자랐다. 그녀는 남편인 덴마크의 게오르 공에게 매우 헌신적이었고, 따라서 원만한 결혼 생활을 유지했다. 하지만 그녀는 무려 18번이나 임신을 했음에도 불행히 다섯 아이만 살아서 태어났고 남자아이 1명을 제외한 나머지는 모두 유아기를 넘기지 못하고 죽었다.
그리고 1700년 말, 윌리엄 3세가 후사
없이 병석에 누웠을 즈음에는 남은
한 명의 아들마저도 죽었다.

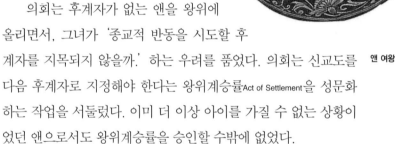

앤의 아들이 죽고 2년 뒤, 병
석에 있던 윌리엄 3세가 세상을
떠났다. 그리고 앤은 스페인 왕
위계승문제로 프랑스와 전쟁이
시작된 얼마 후 스튜어트 왕가의
마지막 군주로 즉위하게 되었다.

의회는 후계자가 없는 앤을 왕위에
올리면서, 그녀가 '종교적 반동을 시도할 후
계자를 지목되지 않을까.' 하는 우려를 품었다. 의회는 신교도를 **앤 여왕**
다음 후계자로 지정해야 한다는 왕위계승률Act of Settlement을 성문화
하는 작업을 서둘렀다. 이미 더 이상 아이를 가질 수 없는 상황이
었던 앤으로서도 왕위계승률을 승인할 수밖에 없었다.

왕위계승률은 헌정상 몇 가지 두드러진 조항들을 담고 있다.
잉글랜드 왕이 될 사람은 반드시 국교회 신자여야 하고, 잉글랜드
본토 출생이 아닌 사람이 후계자로 지목될 경우, 잉글랜드가 그가
지배하던 영토(잉글랜드령은 아님)를 위해 전쟁을 해서는 안 된다
는 조항이다.

여왕이 즉위 초기에 이룬 또 다른 일은 그동안 스튜어트 왕조
란 한 줄기에서 스코틀랜드와 잉글랜드가 따로 통치되던 것을 통
합법Act of Union을 발표하여 일원화 통치를 하게 된 것이다.(1707)

스페인 왕위계승전과 말버러 공작

스페인 왕위계승 전쟁War of the Spanish Succession은 앤이 국왕으로 등극하기 전인 1701년에 시작되었다. 그리고 그 전쟁은 그녀가 잉글랜드를 다스리던 시기 내내 계속되었다.

스페인은 당시 유럽의 최강국 중의 하나였지만, 카를로스 2세의 후계자가 끊기면서 유럽의 세력균형도 깨지고 있었다. 이에 대한 염려로 잉글랜드·네덜란드·프랑스 등 주요 3국은 카를로스 2세의 뒤를 이어 바이에른 선제후의 아들 요제프 페르디난트 대공이 스페인과 스페인령 네덜란드 및 스페인령 식민지를 상속하는 데 동의했다(1698).

그러나 막상 페르디난트 대공이 죽자, 스페인과 스페인령 네덜란드 및 스페인령 식민지는 신성로마 황제 레오폴트 1세의 둘째 아들 카를 대공이 상속하고, 나폴리, 시칠리아, 그밖의 이탈리

말버러 공작

아 내에 있는 스페인 영토는 프랑스가 차지했다. 더군다나 레오폴트 황제는 카를이 모든 스페인 영토를 고스란히 물려받아야 한다고 주장하면서 조약에 서명하기를 거부했다.

한편 카를로스 2세는 생전에 루이 14세의 손자인 앙주 공작 필립에게 영토를 넘겨준다는 유언장을 남겼다. 그런 까닭에 레오폴드의 주장은 묵살되고 루이 14세는 11월 24일 자신의 손자를 스페

인 왕 펠리페 5세*로 선포하고 스페인령 네덜란드를 침공했던 것
이다.

이때 유럽은 세력균형을 이루기 위해 필요한 국가들끼리 동맹을 맺었다. 프랑스에 대항하기 위해 일차적으로 잉글랜드와 네덜란드 및 레오폴트 황제가 동맹을 결성했으며, 프로이센, 하노버, 기타 독일의 공국들 및 포르투갈이 이 동맹에 가담했다. 유럽은 전쟁의 소용돌이에 말려들기 시작했다.

윌리엄 3세의 뒤를 이은 앤 여왕도 적극적으로 이 전쟁에 가담했지만, 실제의 전쟁에 관한 모든 진행은 말버러 공작 존 처칠이 주도했다. 전쟁이 일어날 당시 병석에 누워 있던 윌리엄 3세는 자신이 직접 프랑스와의 전쟁을 지휘하지 못하는 것을 안타까워했지만 말버러 공은 탁월한 능력을 발휘하면서 잉글랜드군을 지휘했다. 전투는 잉글랜드군의 대승으로 끝났다. 전투가 끝날 무렵 윌리엄 3세는 그에게 공작 작위와 총사령관직을 맡기고 세상을 떠났다.

윌리엄의 뒤를 이은 앤은 다시 말버러를 총사령관으로 임명했다. 말버러는 기대를 저버리지 않았다. 그는 총사령관으로서 10여 차례의 크고 작은 전쟁을 통해 자신의 국제적 명성을 쌓아 갔으며, 국제적인 명성과 함께 국내의 정치 분야에 있어서도 중요한 인물이 되었다.

심지어 모든 대신들에게는 앤 여왕보다 그의 지지를 얻는 것이 필수적인 일이 되었다. 이런 그의 영향력의 이면에는 말버러 공작의 아내 세어라 제닝스가 있었다. 세어라는 앤 여왕의 절친한 소꿉동무이자 개인비서와 같은 시녀로 있었다. 앤이 그녀에 대해 두터운 신임을 갖게 된 것은, 명예혁명이 일어났을 당시 제임스 2

세보다 네덜란드의 총독이자 프로테스탄트 통치자인 윌리엄의 편에 서도록 그녀를 설득했던 인연 때문이었다.

여왕은 확고한 가치관과 나름대로의 주장을 가지고 있는 사람이었지만 말버러의 입지가 워낙 강하다 보니 자신의 소리를 낼 수 있는 입장이 되지 못했다. 앤은 정치적 동맹자인 고돌핀 백작 시드니를 재무장관과 추밀원장에 앉혀 말버러와 같은 토리당 내의 세력을 견제하도록 했다.

고돌핀 백작은 전쟁으로 인한 재정적인 이해관계에 반감을 품은 토리당 내 새로운 세력의 지도자로 후에 옥스퍼드 공작 1세가 된 로버트 할리를 끌어들였다. 이렇게 하여 말버러 · 고돌핀 · 할리라는 세 명의 인물이 제휴하거나 견제하면서 루이 14세와의 전쟁을 성공적으로 치러 나갈 수 있었으며, 앤 역시 그 틈에서 자신의 왕권을 굳힐 수가 있었다.

전쟁은 장기화되었다. 그리고 전쟁에 지속적인 지지를 보이는 세력은 휘그당뿐이었다. 말버러 역시 자신의 입지를 강화하기 위해서는 전쟁이 필요했다. 그는 아내 세어라를 통해 여왕으로 하여금 휘그당과의 제휴하도록 강력히 주장했다. 그러나 이런 방법은 도리어 역효과를 불러왔다. 여왕이 휘그당 지도자들을 매우 혐오하는 편견에 사로잡혀 있었기 때문이다. 이 일로 인해 여왕에 대한 세어라와 말버러의 정치적 영향력은 끊기고 말았다.

전쟁을 중단할 수 없었던 말버러는 독단적으로 휘그당과 제휴했다. 그러나 국민들은 전쟁에 싫증을 느끼고 있었다. 전쟁을 지지하고 있는 휘그당과 제휴한 말버러 역시 국민들의 지지를 잃었다. 1710년 앤 여왕은 고돌핀과 그의 휘그파 동료들을 해임했으며, 국민들 역시 여왕의 조치를 지지했다. 한때 여왕보다 더 큰

권세를 누리던 말버러도 이렇게 제거되었던 것이다.

말버러는 해임된 뒤에도 1년 동안 더 육군 사령관직에 있었다. 그리고 당시 추진되던 평화협상에서 나름대로 정치적 영향력을 되찾기 위해 노력했지만, 하원에서 공금횡령 혐의가 제기되면서 모든 관직에서 해임되었다. 말버러는 자신의 부패문제를 뒤로하고 해외로 떠났고, 앤 여왕 치하에서는 더 이상 공직에 나오지 않았다. 그리고 조지 1세 때 다시 그의 정치적 복귀가 거론되었지만, 그때는 이미 병중에 있었다. 그는 세상을 떠난 1722년까지 런던 근처 윈저에서 은둔생활을 하며 지냈다.

말버러가 해임된 후, 그로 인해 맺어진 동맹들도 와해되고 프

위트레흐트 조약 체결

랑스와의 평화를 위한 협상이 시작되었다. 최초의 강화조약은 1713년 4월 위트레흐트에서 조인되었다. 이 조약과 그 후에 체결된 라슈타트바덴 조약은 카를로스 2세의 유언장을 무시하고 조약체결이 진행되었다. 이 조약을 통해 루이 14세의 손자는 스페인 왕위를 계속 유지했다. 하지만 프랑스는 식민지 영토를 잃고 세력이 위축되었으며, 잉글랜드는 점차 식민지를 확장하는 계기가 마련된다.

왕위계승률의 성과

앤이 노쇠해지면서 후계자 문제가 정가의 화두로 떠올랐다. 사실 토리당에 속한 국교도들은 명예혁명에 대한 정통성에 회의를 품고 있었으며, 한편으로 가톨릭 세력은 망명해 있던 제임스 2세 또는 그의 아들인 '젊은 왕위요구자' 찰스 에드워드의 왕정복고를 은근히 기대하고 있었다. 이런 무리들을 통틀어 '자코바이트'라고 부르는데, 실제로 명예혁명 후 앤 여왕 때까지 망명한 스튜어트 왕가의 왕정복고를 꾀하는 시도가 두 차례 있었다. 그러나 그 시도들은 모두 실패했으며, 이제 토리당은 단지 추방되어 있는 '늙은 왕위요구자' The Old Pretender로 불리는 제임스 2세와 지속적으로 연락을 취하고 있었을 뿐이다.

앤은 죽음을 예감하고, 왕위계승률을 지키도록 명했다. 가톨릭의 불씨가 다시 타오를까 염려했기 때문이다. 앤은 온건론자인 슈루즈버리 공작을 재무장관에 임명하여 프로테스탄트 후계자 문제를 일임했다.

앤은 후계자 없이 세상을 떠났다. 앤의 유지를 받든 슈루즈버리 공작은 하노버 선제후의 부인이자 제임스 1세의 손녀인 소피아와 '그녀의 몸에서 태어나는 프로테스탄트 자녀들'이 왕위를 잇도록 하는 법률을 선포했다. 잉글랜드의 왕권이 하노버 가(家)로 평화롭게 넘어가게 된 것이다(1714).

6
대영 제국의 흥망성쇠

The History of United Kingdom

대영 제국의 흥망성쇠

스튜어트 왕조의 첫 왕인 제임스 1세는 정치적인 옷을 입으면서 첫 단추를 잘못 끼워 왕국에 많은 고통을 안겨 주었다. 그러나 같은 왕조의 문을 닫은 앤 여왕은 비록 자신의 혈통을 남겨 놓지 못했어도 왕위계승률을 남겨 놓음으로써 새로운 왕조가 잉글랜드의 정치적 정서를 이어가도록 했다. 그 왕위계승률은 계승자가 남자 상속자이며 반드시 신교인이어야 한다는 것이었다.

이것이 스코틀랜드와 웨일스를 합한 브리튼 전체를 통치하는 하노버 왕조의 시작이다(이때부터 잉글랜드보다는 '영국'이린 명칭을 쓸 수 있다). 조지 1세로 시작한 하노버 왕조는 무엇보다도 부의 축적이 정치와 지·간접으로 연결되도록 하는 정책을 폈으며, 그 결실은 빅토리아 여왕 통치기에 대영 제국의 번영을 가져왔다. 대영 제국의 영광은 빅토리아 여왕의 것처럼 보이지만 사실 영국민들의 것이었으며, 유럽 대륙에 시작된 민주 혁명의 목적이 '무엇이어야 하는지'의 해답이 되었다.

부의 축적은 수천 년을 지속해온 토지를 중심으로 하는 계급들(황제, 왕, 귀족, 기사, 농민, 천민)을 붕괴시키고 가진 자(부르주아지)와 가지지 않은 자(프롤레타리아트)란 새로운 계급을 형성시켰다. 이런 새로운 계급의 탄생은 민권의 급속한 향상으로 이어졌지만 재력을 소유한 정도로 새롭게 형성된 계급 발생은 또 다른 문제를 남기게 되었다.

1890년대 이후 또 다른 제국을 꿈꾸는 유럽 국가들의 정치·경제적 변화로 대영 제국의 독점적인 시대는 위협을 받았고, 20세기 첫 해인 1901년 제국의 상징이던 빅토리아 여왕이 세상을 떠나면서 영국의 미래도 불확실하게 되었다.

하노버 가문의 첫 번째 왕 조지 1세

명예혁명으로 파리로 망명한 제임스 2세는 스튜어드 왕조를 복원하고자 하는 무리들, 즉 자코바이트의 지원을 받았다. 그는 줄곧 왕위를 회복하고자 기회를 엿보게 되었다. 이런 제임스의 움직임은 상대적으로 그를 몰아낸 잉글랜드 정가에 부담이 아닐 수 없었다. 그리하여 당시 토리당과 휘그당은 제임스의 왕위요구를 막기 위한 법적인 장치로 의회를 통해 왕위계승법을 제정하게 되었던 것이다.

잉글랜드는 수 세기 동안 종교와 정치 사이에서 몸살을 앓고 있었다. 제임스 2세가 혁명으로 폐위된 주된 이유도 프로테스탄트 국가인 영국에서 자신의 종교인 가톨릭과 접목된 정치를 실행하려다가 생긴 결과였다. 따라서 왕위계승법에서 일순위로 검토되는 것은 반드시 프로테스탄트인이어야 한다는 것이며, 다음으로는 혈통적으로 왕실에 가장 가까워야 한다는 사실이었다.

이런 조건에 맞는 사람으로는 혈통을 잇지 못한 앤 여왕, 그리고 다음 서열은 하노버 선제후(신성로마 제국의 제후) 에른스트 아우구스트와 결혼한 제임스 1세의 손녀인 팔츠 공국의 소피아 왕녀였으며 그 다음이 그녀의 아들이자 하노버 공국의 실질적인 선거후*인 조지였다.

* 선거후 : 중세 독일에서 황제 선거의 자격을 가진 제후

비록 조지는 왕위계승 서열상 세 번째였지만 토리당과 휘그당의 세력다툼 속에서 왕위에 오를 수 있을지는 의문이었다. 그러나 1714년 6월 8일 어머니인 소피아가 세상을 떠나고 몇 달 뒤인 8월 1일 앤 여왕마저 죽자, 영국 국왕의 왕관이 갑작스레 그의 머

리에 씌여지게 되었다. 사실 그가 왕위에 오르는 것은 왕조가 바뀌는 것을 의미하기 때문에 영국 정계로서는 신중을 기해야 하는 상황이었다. 그러나 당시 막 정권을 장악했던 휘그당은 패권을 놓치지 않기 위한 포석으로 하루라도 빨리 그를 왕위에 올려야 할 필요성을 가지고 있었다. 왕위 추대가 빠르게 진행된 것은 이런 배경이 있었기 때문이다.

조지가 그린위치를 통해 영국에 첫발을 딛고, 런던으로 향했을 때, 의외로 '영국, 스코틀랜드, 아일랜드 전 지역에서는 생쥐 한 마리도 움직이지 않는 듯' 조용하였다. 정말 평화롭게 새로운 왕과 왕조를 맞이하는 듯 보였지만, 그렇다고 스튜어드 왕조에 대한 정서가 사라진 것은 아니었다. 조지도 거리를 메운 환영 군중들 틈에서 보여지는 불만세력들의 모습을 충분히 느낄 수 있을 정도였다. 심지어 독일어만 알고 있는 그였지만 "우우~ 독일 놈이…"라는 중얼거림 정도는 느낌으로 알 수 있었다. 왕의 불안감은 더욱 고조되었다.

사실 독일 중북부에 위치한 조그만 하노버 공국의 군주로서 그곳의 순종적인 백성들만 보고 다루던 조지가 런던 군중들의 거칠고 불만에 찬 모습을 접했을 때의 느낌은 불안감 정도를 넘어서 공포에 가깝다고 보아야 할 것이다. 더군다나 그는 선천적으로 무척 소심하고 부끄럼을 많이 타는 내성적인 성격의 소유자였다. 바로 이런 복합적인 상황은 앞으로 그를 대신할 정치인이자 수상의 탄생을 예견하게 하는 요소였다.

이런 조지의 내성적인 모습은 왕비의 부정 사건으로 분명히 확인할 수 있다. 1682년 조지는 첼레 공국의 조피 도로테아와 결혼했으나 1694년 그녀가 스웨덴 출신 용기병인 쾨니스마르크 대령과 부정(不貞)을 저질렀다는 이유로 이혼한 후 알든 성(城)에 유폐시켰다. 그 무렵 쾨니스마르크 대령도 사라졌는데, 조지가 그를 난도질해서 죽이고 사체를 조각 내 하노버 왕궁의 어느 한곳에 숨겨져 있을 것이라는 소문이 돌았다. 조피는 알든 성에서 32년이나 갇혀 있다가 죽었다.

당시 정권을 잡았던 휘그당의 전격적인 조치로 왕위에 오른 그에게는 곧 시련이 닥쳐왔다. 다름 아니라 토리당 쪽에서 자코바이트와 모종의 결탁을 한 뒤, 대관식을 거행하기 전에 조지를 탄핵하려는 움직임을 보인 것이다. 당황한 조지는 자신의 위치를 지키기 위하여 휘그당과 더욱 결속을 하게 되었다. 이때 주목받던 인물들로서 핼리팩스, 선드랜드, 스태너프, 타운센트 그리고 월폴 등을 들 수 있다. 조지는 이들을 측근에 두고 무사히 대관을 치르게 되었지만 문제는 대관식 이후에 있었다.

왕은 영어를 모르는 외국인에 불과했고, 영국 왕실의 움직임에 대해 알고 있는 것이 전혀 없었다. 다시 말해서 그는 왕으로서 무엇을 해야 할지 전혀 알지 못하였던 것이다. 이런 상황은 그의 내성적인 성격과 결합되어 궁 안으로 더욱 숨어들게 만들었다. 조지는 공식적인 만찬도 베풀지 않고 자신이 거처하는 왕궁 내의 식당에서 홀로 식사를 하곤 했다. 일종의 칩거였다.

이미 언급되었듯, 부정을 범했다는 이유로 왕비를 유폐시킨 그는 두 명의 여인에게 자신의 시중을 들도록 했다. 여기서 조지 왕의 독특한 여성에 대한 취미를 발견할 수 있는데, 그녀들은 모두 못생긴 용모에 나이도 무척 많았다. 다른 특이한 점은 단지 한 여인은 아주 뚱뚱했고, 다른 여인은 매우 말랐다는 것이다.

아무튼 칩거에 가까운 생활을 하는 조지와 왕과 접촉해야 할

헨델

필요가 있는 정치인들 사이에는 왕의 시중을 드는 두 여인이 끼여 있었다. 이런 기묘한 관계에서는 반드시 문제가 생기기 마련이다. 왕과 만나고 싶어하는 정치인들로서는 반드시 이 두 여인을 거쳐야 했으므로 그녀들에게 뇌물을 줄 수밖에 없었기 때문이다.

조지의 취미도 주로 카드게임이나, 실내악단을 불러 음악을 듣는 정도였다. 하노버 선거후 시절부터 자주 불러들였던 헨델이 이제 영국의 세인트 제임스 왕국으로 출입하면서 음악으로 그의 마음을 달래 주었다.

조지의 삶을 정리해보면 대략 이러하다. 영국은 대외적으로 강하게 보이는 왕이 필요했는데 조지는 그 정반대였다. 그는 하노버에서 런던으로 무대를 옮겨왔을 뿐이었다. 왕이 되었음에도 그는 선거후로서의 조용한 삶을 지속하고자 했던 것이다.

그럼에도 불구하고 조지는 새로운 왕국에 대한 자신의 의무만은 부지런히 이행하려 노력했다. 영어를 할 줄 몰랐지만 프랑스어는 조금 할 줄 알았기 때문에 장관들과 프랑스어로 의사소통을 했으며, 언어로 인한 불편과 소심한 성격 탓으로 각의에 참석하는 대신 주요 각료들과 개별적인 만남을 가졌다. 이는 내각의 영향력을 약화시키는 결과를 초래했다. 하지만 곧 일어나게 되는 자코바이트 반란과 남해거품 사건으로 인해 내각의 권위는 살아났고, 오히려 이전보다 훨씬 강한 힘을 갖게 된다.

남해거품 사건과 월폴의 등장

자코바이트 반란은 1715년 9월 스코틀랜드의 마 백작의 선동으로 시작되었다. 백작은 스코틀랜드의 권리를 되찾기 위해서는 제임스 2세를 왕으로 세우고 스튜어드 왕조를 복원시켜야 한다고 주장했다.

처음에는 5천여 명이 모이면서 에든버러 성을 함락하고 남으로 진격할 기세를 보였다. 그러나 정부의 지원을 받은 또 다른 친영 토호세력인 아가일 공작의 토벌로 인해 이들 반란세력은 44일 만에 그 막을 내렸다. 반란이 그리 오래 지속되지 않았기에 왕은 최악의 상황을 겪지 않을 수 있었다.

한편 토리당의 리더인 세인트 존스 경도 이 반란과 직접 관련이 있었기 때문에 그의 숙청은 불가피했다. 이로 인해 휘그당이 단독으로 정권을 장악하게 되었으며, 조지는 이제 강력한 힘을 행사하는 휘그당 각료인 로버트 월폴(나중에 오퍼드 백작이 됨)과 제임스 스태너프, 찰스 타운센드 자작 같은 인물들과 정치를 협의해야 했다.

1716~1717년 타운센트와 월폴은 스태너프가 조지 1세의 하노버 재산권 요구와 영국의 외교정책을 결부시키려 하자 이에 불만을 품고 장관직에서 물러났지만 조지 1세의 아들 웨일스 공(나중의 조지 2세)과 손을 잡고 휘그당 내의 영향력 있는 반대세력을 형성하기 시작했고, 다시 권력을 회복하기 시작하였다.

이즈음 일어난 사건이 바로 남해거품 사건이다. 1720년 정부가 보증하고 있던 남해회사가 파산상태에 빠지면서 조지 1세와 정부가 남해회사의 합법성이 의심되는 거래에 관여했다는 잇따른 사실이 드러났다. 특혜를 예상하고 남해회사의 증권을 샀던 정치

월폴

인들은 모두 도덕적인 책임을 면치 못할 상황이 되었다.

공교롭게도 당시 정계 일선에서 밀려나 있던 월폴과 타운센트의 경우는 이 사건에 깊이 연루되지 않음으로써 국민들로부터 정치적 도덕성을 인정받게 되었다. 이 사건은 그들의 지휘 아래 정리되었으며 특히 월폴은 이 사건과 깊이 연루된 조지 1세를 곤란한 처지로부터 구해주면서 막대한 권한을 이양 받을 수 있었다.

월폴과 타운센트는 곧장 조지 1세의 측근들을 관직에서 밀어냈다. 1724년 무렵 이들은 완전히 조지 1세의 판단을 좌지우지할 수 있는 위치에 올랐다. 이것은 바로 내각이 중심이 되어 운영되는 정치, 즉 수상이 통치하는 정치의 시작이라고 할 수 있다.

32년 동안 갇혀 있던 불운의 왕비 조피는 1726년에 세상을 떠났다. 그러나 무심한 조지 왕은 그 날도 연극을 관람하기 위해 헤이마켓 극장에 갔다. 그리고 그녀의 시신은 왕의 명령을 받지 못해 일곱 달 동안 방치되었다.

예언가들의 말을 빌려보면, 왕은 왕비가 죽은 후 1년을 넘기지 못할 것이라 하였는데, 공교롭게도 하노버 영지를 시찰하러 나간 조지는 1727년 자신의 고향인 오스나브뤽 근처를 지나다가 마차 안에서 뇌출혈로 쓰러졌다. 그는 급히 성으로 옮겨졌으나 결국 태어났던 방에 누워서 세상을 떠났다. 그의 나이는 67살이었다.

　새로운 왕조를 연 인물이었지만 차선책으로 선택된 인물이었기 때문에 국민들은 그다지 그를 좋아하지 않았던 것 같다. 그가 처음 영국 땅을 밟았을 때처럼 그가 죽고 난 뒤 영국나 스코틀랜드, 아일랜드 어느 곳에서도 애통하는 소리는 없었다. 장례행렬을 지켜보던 무리 중에서는 오히려 비아냥대는 소리만이 간혹 들려왔을 뿐이다.

　조지는 웨스트민스터 사원에 묻히지 못하고, 그의 영원한 고향인 하노버의 오스나브뤽에 남게 되었다.

독일 하노버 전통을 버리지 못한 조지 2세

조지 2세는 건장한 몸매와 튀어나온 푸른 눈, 붉은 혈색 그리고 얼굴의 크기에 비해 커다란 코를 가지고 있었으며, 왕으로서 충분한 위엄을 지닌 외모였다. 그는 역사에 특별한 관심을 가지고 있었고, 프랑스어, 이태리어, 영어를 자유자재로 구사할 수 있었다. 뿐만 아니라 독일식 패션, 제복 등을 즐겨 입고, 스스로 왕실 예절을 지키는 등 자유로움보다는 형식적인 것을 좋아했다.

　조지 2세는 생애 전반에 걸쳐 매일매일의 일과를 군사 교관처럼 정확하게 유지하였으며, 연장선상에서 군사적인 면에 남달리 정열을 쏟았다. 1743년의 데팅겐 전투에서는 직접 전투를 지휘하기도 했는데, 이는 역사적으로 영국 왕 이 전쟁터에 모습을 드러낸 마지막 사례가 되기도 한다.

여기까지만 본다면 조지의 삶이 형식적이고 딱딱하기만 했을 것으로 생각하기 쉽다. 그러나 조지는 누구보다도 음악에 조예가 깊었고 즐겼던 인물이다. 특히 오페라를 좋아했으며 아버지 때부터 관계를 갖고 있던 독일의 작곡가 게오르그 프리드리히 헨델의 후원자이기도 했다.

조지 2세는 어머니 조피가 아버지에 의해 감금되기 전에 태어난 유일한 아들이었다. 조지 1세는 아들이 어머니를 만나지 못하도록 주위 시종들로 하여금 엄격하게 통제하도록 했는데, 이는 아내와 마찬가지로 아들마저 감금하는 꼴이 되었다. 하지만 조지는 감시의 눈길을 피해 알든 성으로 어머니를 만나러 달려가곤 했다. 물론 성을 둘러싸고 있는 해자를 건너지 못해 어머니를 만나지 못하는 안타까운 경험만 되풀이했을 뿐이지만.

어쨌든 이런 경험들은 조지에게 아버지에 대한 깊은 원망을 가슴 깊이 쌓이도록 만들었다. 그리고 이런 불만은 그가 왕세자 시절 줄곧 조지 1세와 대립하는 모습으로 나타난다. 특히 1717년 무렵이 되면 부자간의 갈등이 공공연하게 드러났는데, 조지가 머물고 있던 런던의 레스터 하우스는 그의 생각에 동조하던 월폴과 타운센드 등 휘그당 반정부 세력의 회합 장소가 되기도 하였다.

조지는 30살 되던 1705년, 지적이고 아름다운 안스바흐의 카롤리네와 결혼했다. 그녀와의 결혼은 조지 2세에게 큰 행운이었다. 카롤리네 주변에 모이는 정객들이 모두 조지의 왕권을 지원해주는 주역들이 되었기 때문에 그녀는 자신만의 정치적 색깔을 갖고 있었다. 뿐만 아니라 그녀 자신도 수시로 왕에게 자신의 정견을 제시하는 명석함을 보이기도 하였다.

예를 들면 조지가 왕으로 즉위한 직후, 자신을 지원하다가 부친의 유력한 각료가 되어 있던 월폴을 관직에서 쫓아내려 했으나, 왕비가 월폴의 편을 들어 실행에 옮기지는 못했다.

당시 카롤리네도 월폴을 썩 좋아하지는 않았다. 그러면 카롤리네의 마음을 결정적으로 움직인 이유는 무엇인가? 왕이 첩 문제로 속 썩이고 있을 때 월폴이 줄기차게 카롤리네 편을 들어 조지의 문제점을 공격하였던 것을 왕비는 기억하고 있었던 것이다.

카롤리네가 왕의 정치를 지원해주었던 이면에는 자신의 명예와 지위를 지키기 위한 의미가 더 큰 몫을 차지하고 있었다. 그녀는 세인트 제임스 궁에 머물면서 반 다이크의 그림을 수집하고 철학자 라이프니츠와 정기적으로 대화를 나누는 등의 고상한 생활을 누렸으며, 심지어 귀부인들과 카드 게임을 하면서 먹는 음식이 왕실만찬보다 더 화려했다. 자녀들의 교육에도 엄청난 투자를 했다. 사교댄스 파티에서 사람들의 칭찬이 마르지 않을 정도로 자녀들은 훌륭한 댄스 교습을 받았고, 영어 개인교습을 받기도 했다. 이런 모든 것은 왕의 권위가 제대로 서있어야 가능한 것들이었다. 그러기 위해 카롤리네는 왕의 충실한 지원자가 될 수밖에 없었다.

조지가 왕위에 오르자 국민들은 많은 기대를 품었다. 그가 왕세자 시절 아버지와 대립하면서 보여줬던 점들을 국민들은 기억하고 있었기 때문이다. 조지 역시 국민들의 기대에 부응하고자 했다. 그는 먼저 왕실의 법도를 바로잡아 모든 것이 원칙대로 움직이도록 하였다. 조지 1세 때와 같은 왕실 파티는 자취를 감추었고, 남해회사 사건의 교훈을 받아들여 경제부분을 정책 수행의 일순위로 삼겠다고 대내외에 공언하기도 하였다.

그는 평화를 추구하고 검소하게 국정을 운영하는 월폴의 정책을 지지했으며 의회를 국왕의 지지 세력으로 채우기 위해 월폴로 하여금 국왕을 대신하여 관직임명권을 행사하도록 했다. 월폴은 국왕의 뜻에 부합하기 위해 자코바이트를 지원하던 토리당의 다수 유력자들로 하여금 조지 2세의 정통성을 인정하도록 했다.

하지만 일부 정치가들은 "노새를 물가로 데려갈 수는 있겠지만 물을 먹일 수는 없을 것이다."라며 왕의 행동에 대해 여전히 회의적인 표현을 하곤 하였다.

프레드릭 왕세자와의 불화

한편 아버지와 사이가 좋지 않았던 것처럼 조지 2세 역시 아들 프레드릭 왕세자와의 사이가 좋지 않았다. 이런 부자지간의 불화로 왕과 월폴에 대한 반대 세력이 부상하기 시작했다.

누르스름한 피부, 곱슬머리, 매부리코인 프레드릭 왕세자의 첫인상은 좋지 않았다. 이런 용모 때문이었는지 그의 부모는 그가 태어났을 때부터 무척이나 싫어했다. 심지어 "내 큰 아들은 고집쟁이이며 거짓말쟁이다. 최악의 하층민이며 짐승이다. 우리 부부는 그가 이 세상에서 사라졌으면 한다."라고 말하기까지 했다.

프레드릭의 할아버지 조지 1세는 손자의 처지를 고려해 그를 도와줄 배필이 필요하다고 생각했다. 조지 1세가 손자 며느리로 점찍은 것은 당시 매력적인 여인으로 소문난 프러시아 공주였다. 그러나 결혼 협상이 마무리되기 전에 조지 1세가 세상을 떠나고 조지 2세가 왕위를 계승하면서 이 결혼 협상도 중단되고 말았다.

그렇다면 조지 2세는 왜 자신의 큰아들을 그토록 미워했을까? 단지 외모 때문이었을까? 아니면 그의 성격 때문인가? 일부 다른 이유들도 있겠지만 보다 큰 이유는 프레드릭이 당시 국왕에 대해 사사건건 반대를 일삼던 반정부 세력의 지도자였기 때문이다. 조지는 "프레드릭을 추종하는 무리들의 오만함은 하나님이 하시는 일에도 반기를 들 자들이야."라면서 치를 떨었다.

프레드릭을 증오하게 된 왕은 그의 활동비까지도 제한했다. 그는 자신이 왕세자일 때 받던 10만 파운드의 활동비를 프레드릭에게는 2만 4천 파운드만 지급했다. 월폴의 주선으로 세자빈으로 결정된 아우구스타 공주의 작센-고타 집안도 결정되는 순간부터 왕으로부터 반대세력 목록에 올려졌다. 따라서 왕의 총애를 받고 싶어하는 정계인물들은 왕세자와의 접촉을 꺼리며 스스로 거리를 두었다.

그러나 자코바이트와 잠재적 관계가 있던 토리당 측은 프레드릭과 더욱 잦은 접촉을 가졌다. 이는 프레드릭의 반정부 지도자로서의 위치를 더욱 굳건하게 해주었는데, 조지는 이런 소식을 들으면서 매우 못마땅한 심사를 드러냈다.

프레드릭 왕세자와 왕의 악연은 왕세자가 먼저 세상을 떠난 1851년에 가서야 막을 내렸다. 왕은 당시 국민들에게 아들의 죽음으로 슬픔에 차 있는 듯한 모습을 보여주었지만, 어느 누구도 이를 곧이곧대로 믿는 사람은 없었다.

조지는 부친과 달리 언어적, 정서적으로 영국 왕으로서 부족한 부분이 없었기에 국민들은 그에게 기대를 걸었다. 그러나 그가 독일 여인인 마담 발모덴을 가까이 하면서 국민의 기대는 깨어지기 시작하였다. 조지는 왕비에게 내가 발모덴을 사랑하니 당신도 사랑하라는 궤변을 늘어놓으면서 그녀 곁을 떠나지 않았다.

그녀와 가까이 하던 왕은 점점 하노버 집안의 전통을 강조하기 시작하였다. 급기야 조지는 푸념을 늘어놓곤 하였다.

"나는 여기 영국 땅의 모든 것이 너무 싫증이 난다. 악마가 내 주위의 모든 성직자들, 장관, 의회 심지어 영국 땅을 다 가져가면 좋겠다. 그렇게 되면 나는 모든 것으로부터 해방이 되고 하노버로 돌아갈 수가 있게 될 텐데."

모든 상황은 조지 1세 때와 별로 다르지 않았다. 그러나 옆에서 항상 조언을 아끼지 않던 카롤리네 왕비가 1737년 숙환으로 세상을 떠나자 왕은 무척이나 애통해 하였다.

젠킨스 귀 사건과 월폴의 실각

왕비의 죽음은 조지뿐만 아니라 월폴에게도 충격적이었다. 그동안 월폴은 왕비의 총애를 바탕으로 무난히 정치를 이끌어올 수 있었기 때문이다. 따라서 왕과 그다지 좋지 않은 관계를 생각할 때, 월폴은 또 다른 여인을 정치적 후원자로 찾아야 했다. 월폴은 캐롤라인 공주와 마담 발모덴을 물망에 올리고 정치적 저울질을 하고 있었다.

그러나 월폴이 자신의 위상을 다시 세우기도 전에 젠킨스 귀 전쟁이 일어나면서 권력의 사양길로 걸어가야 했다.

젠킨스 귀 전쟁의 발단은 스페인군의 불심검문에 반발하던 영국 상선의 선장 젠킨스의 귀가 잘린 사건 때문이었다. 이 사건을 놓고 의회에서 전쟁에 대한 주장이 일어났고, 평화론자인 월폴은 조지와 사사건건 부딪치게 되었다.

결국 다수의 의견에 밀린 월폴이 전쟁을 선포하자, 프레드릭 왕세자가 지휘하던 토리당 측이 정략적으로 전쟁 불가론을 들고 나오면서 그를 곤란한 처지로 밀어 넣었다. 한편 이런 반전은 월폴뿐만 아니라 조지 2세까지도 당황스럽게 만들었는데, 사태의 수습은 월폴이 책임을 지고 사임하는 수밖에 없었다. 여기서 그의 사임은 정치적 그늘이 되어주던 카롤리네 왕비의 죽음과도 관련이 있음을 알 수 있다.

오스트리아 왕위계승전과 7년 전쟁

월폴이 사임하고 난 뒤, 몇 명의 단명한 수상들이 거쳐갔다. 그리고 월폴에 의해 보호되어 왔던 왕의 위엄도 점점 쇠퇴했다. 그러다가 왕권을 다시 세울 기회가 영국이 오스트리아 왕위계승 전쟁(1740~1748)에 참여하게 되면서 찾아왔다.

조지 2세는 전쟁에서 하노버 왕실의 고향인 독일 하노버 지방의 보호에 대하여 지대한 관심을 갖고 있었다. 1743년 6월 15일 61살이라는 노구로 왕은 영국군, 하노버 공국군, 오스트리아군, 덴마크군 들로 구성된 연합군을 이끌고 데팅겐에서 프랑스군과 맞섰다. 전투가 계속되는 동안 몇 차례의 포격으로 인해 군대를 지휘하던 왕의 목숨이 위험에 처하기도 했지만, 그는 도리어 큰소리로 지휘참모들을 꾸짖으며 전진했다.

이런 사실들이 무용담으로 꾸며져 국민들의 입에 오르내리면서 왕의 위엄은 다시 회복되는 듯하였다. 그러나 1745년 여름, 스튜어트의 핏줄이자 젊은 왕위요구자로 불리우는 찰스 왕자가 스코틀랜드의 영주들을 이끌고 영국 북부지방 깊숙한 곳까지 내려오면서 용맹함의 상징이 되어왔던 조지 2세의 명예도 짓밟히고 말았다. 다행히 조지의 또 다른 아들인 컴블랜드 공작에 의해 찰스 왕자와 스코틀랜드의 반란은 진압된다.

이제 다시 국내외적으로 평온한 시기가 찾아온 듯 싶었지만 두 차례의 큰 전쟁으로 인해 영국 정부는 더 많은 세금이 필요해졌고, 이와 비례하여 의회의 권한도 더 커지게 되었다. 불만에 찬 조지는 런던을 떠났다.

그러자 당시 수상이었던 뉴캐슬은 하노버 영지에 머물고 있는 조지 2세를 모셔오기 위해 독일로 건너갔다. 입헌군주제를 표방하는 영국의 입장에서 볼 때 원만한 정치를 유지하기 위해서는 왕실의 지원이 절대적으로 필요했기 때문이다.

다시 영국으로 돌아온 왕은 뉴캐슬 수상의 집안인 펠럼 가의 지속적인 견제에 맞서도록 하기 위해 펠럼 가의 최대 정적인 윌리엄 피트(나중에 채텀 백작이 됨)를 등용했다. 그리고 이때부터 조지는 정치에 대해 아무런 관심도 나타내지 않았다. 오스트리아 왕위계승전 때와는 달리 프랑스와 대립한 7년 전쟁(1756~1763)에 대해서는 약간의 귀 기울임 정도에서 그쳤다.

조지가 정치에서 손을 떼고 있는 동안 7년 전쟁을 영국의 승리로 이끌었던 피트 만의 명성이 올라가면서 피트는 정치의 전면에 나서게 된다.

한편 말년의 조지는 변비로 인해 무척 고생했다. 그리고 1760년 10월 25일, 여느 때처럼 화장실에 앉아 변비의 어려움을 해결하려 하다가 그만 변기에 앉은 채 세상을 떠나게 되었다.

조지의 큰아들인 프레드릭 왕세자와 둘째 아들 컴블랜드 공작 모두가 그보다 먼저 세상을 떴기 때문에 프레드릭의 아들인 그의 손자가 조지 3세로 왕위를 넘겨받게 된다.

전제군주를 꿈꾼 조지 3세

조지 2세와 왕세자 프레드릭 사이의 불화는 프레드릭이 먼저 세상을 떠나면서 끝이 났다. 그러나 프레드릭의 아들인 어린 조지(조지 3세)는 아버지를 미워했던 조부(조지 2세)에 대해 마음 깊이 반감을 품고 있었다. 특히 감수성이 강한 시절에 겪었던 이런 경험은 그에게 일종의 자폐증을 불러왔다. 조지는 가끔 멍하니 하늘만 바라볼 때가 많았고, 11살이 될 때까지 글을 정확히 읽지도 쓰지도 못했다.

조지의 불우한 어린 시절 친구로는 후일 수상의 자리에 오른 노스 경이 있었지만 그와의 놀이에도 순수함은 없었다. 노스의 부모는 조지 왕자와 놀기 위해 찾아가는 아들에게 매번 왕자를 이겨서는 안 된다고 타이르곤 하였다.

부모의 말을 명심했던 노스의 행동 덕분에 소심했던 왕자는 그에게 마음의 문을 열 수가 있었으며, 그나마 사회성을 회복할 수 있게 되었다. 그러나 상대적으로 노스는 조지 왕자와 자신이 진정한 친구관계가 아님을 알게 되었다.

아버지 프레드릭이 세상을 떠난 것은 조지가 13살 되던 즈음이었다. 어린 시절에 아버지를 잃었기 때문에 그는 무척이나 부친의 정을 그리워했다. 그가 어머니 작센-고타의 오거스트와 깊은 관계에 있던 뷰트 백작에게서 부친의 모습을 찾았던 것은 이 때문이었다.

조지는 왕위에 오를 즈음 찰스 2세의 후손인 사라 레녹스와 사랑에 빠지게 되었지만 하노버 왕실의 적자인 그가 스튜어트 집안의 여인과 결혼한다는 것은 정치적으로 불가능한 일이었다. 젊은 나이의 조지는 이런 상황을 전혀 고려치 않고 왕위보다는 그녀를 택하겠다는 편지를 뷰트에게 보냈다.

이것으로만 보아도 조지에게 뷰트는 대단한 의지의 대상이었음이 분명하다. 당시 뷰트는 아버지의 입장에서 그녀와 헤어져야 할 이유를 설명하며 조언했다. 두 사람의 관계는 이후 왕과 수상의 관계로 발전하게 된다.

늘 불안해하고 소심했던 그가 변하기 시작한 것은 18세 성년식 날 미래의 책임과 의무에 대해 의식하게 되면서부터였다. 그는 과거의 자신이 얼마나 무능력했던가를 통감하고 자신감이 부족했던 과거의 모습을 지우기 위해 성격을 고쳐나갔다. 특히 끈질기게 집착하고 목적달성을 위해 고집을 피우는 것이 그것이었다. 그는 상대의 의견은 듣지 않고 자신이 할 말만 했으며, 게다가 그의 말은 매우 빨랐다. 따라서 그와 대화를 나누었던 사람들은 이구동성으로 그가 하는 말 중에서 일부는 알아듣지 못할 때가 많다고 고백했다.

그가 조지 2세의 뒤를 이어 왕위에 올랐을 때의 나이는 22살이었다. 그는 독일인 혈통답지 않게 수려한 외모를 지니고 있었다. 그리고 앞선 증조부, 조부, 그리고 부친과 달리 독일 악센트가 전혀 없는 완벽한 영어를 구사하는 왕이었다. 또한 학문적으로 탁월한 자질을 갖지는 못했지만 항상 노력하는 학구적인 모습을 보인 인물이다. 역대 어느 왕보다도 독실한 신앙인의 모습을 보여주기도 했는데, 하루 중 상당한 시간을 개인기도로 보낼 때가 많았다. 그가 왕으로 즉위한 후 제일 먼저 했던 일도 신앙적인 배경 하에 조부의 비도덕적인 왕실의 관행들을 뜯어고치는 것이었다.

그의 치세 중 특이한 것은 하노버 왕가의 선조들과 달리 왕권을 회복하고자 하는 시도를 한 것이다. 사실 조지 1세, 조지 2세 모두는 영어를 잘 몰랐다거나, 하노버의 생활을 더 동경하여 그곳에 자주 머물면서 수상이나 내각에 왕권의 많은 부분을 위임하고 있었다. 그러나 조지 3세는 영국에서 태어났을 뿐 아니라 언어로 인한 불편이 없었으므로 왕으로서의 권위와 독자적인 권력을 마음대로 누릴 수 있는 가능성을 지니고 있었다.

조지가 왕위에 오를 즈음 정치를 좌우하던 대 피트가 1761년 10월 스페인과의 전쟁문제로 사임하고 또 한 명의 정치 지도자인 뉴캐슬 공작 펠럼 홀리스도 곧바로 재정비리 의혹으로 사퇴했다. 왕은 자신이 가장 신뢰하고 있던 뷰트를 수상 자리에 올렸다.

왕이 아버지처럼 여긴 뷰트 수상

7년 전쟁은 끝났다. 뷰트 정부는 정국 안정과 전쟁으로 인해 악화된 재정 회복이라는 두 가지 당면과제를 안고 있었다. 당시 영국 정부는 여전히 정치적으로 발전과정에 놓여 있는 상태로 아직 효율적인 행정기구를 갖추고 있지 못하였다. 따라서 의회 지도자들은 정부에 협조하기보다는 정부 시책에 트집을 잡는 것이 일과였으며, 심지어 이런 트집은 각료들 사이에서도 일상사였다. 이런 상황을 제대로 파악하고 있던 왕은 먼저 상원의 원로귀족들을 통합시키는 작업을 생각하였다.

이 일은 왕의 측근인 수상 뷰트가 담당했다. 정가에서는 이를 국왕이 뷰트의 손을 빌려 적대세력을 제거하려는 음모와 책략쯤으로 인식했다.

정국의 불안정한 상황에서 재정 회복은 더욱 어려운 과제였기 때문에 뷰트 내각은 왕의 기대에 제대로 부응할 수가 없었다. 게다가 급진파 의원 존 윌크스가 언론을 동원하여 국왕에 대한 비방을 쏟아놓고 대 피트와 뉴캐슬을 동정하는 일부 정객들이 "평화는 어설픈 사기극이며 국왕이 뷰트와 협잡하여 자신들의 권리를 침해하고 있다."고 공격하기 시작하자 뷰트의 내각은 급속히 무너지게 되었다.

1763년 4월 뷰트는 수상의 자리에서 물러났다. 왕은 어린 시절 자주 조언을 해주었던 뷰트에게 많은 기대를 걸고 있었지만 실제로 뷰트는 정치적으로는 무능했던 인물이었다. 그가 이루었던 최고의 정치적 업적이라면 왕이 신부감을 찾고 있을 때, 공적으로 하자가 없는 메클렌부르크 슈트렐리츠 가의 샤를로테 조피를 추천함으로써 왕과 그녀의 결혼 생활이 50년 이상 무리 없이 이어졌다는 점뿐이다.

뷰트가 사임하고 나자, 조지는 자신의 어리석음이 대영 제국의 정치체계를 붕괴시켰으며 새로운 체제의 구성 또한 어렵게 만들었다는 사실을 깨달았다. 그러나 조지는 측근을 통한 정치를 포기하지 않았다. 왕은 왕실 친척인 조지 그렌빌과 컴벌렌드 공작 윌리엄 오거스터스, 대 피트, 그리고 그래프턴 공작 3세에게 자신의 의중을 보이면서 도움을 청했지만 모두 실패했다. 오히려 7년 전쟁으로 인해 타격을 입은 왕실의 재정위기를 극복할 수 있는 어떠한 타개책도 강구되지 못하고 상황만 어려워졌다.

당시 동인도 회사를 중심으로 진행된 해외무역은 나날이 번창하고 있었다. 그러나 동인도 회사는 민간 회사이므로 그들의 막대한 수익은 본국 경제에 실제로 아무런 기여도 하지 못하는 실정이었다. 정가에서는 미국 식민지의 운용을 위해 엄청난 비용을 들이는 것을 비난하며 정책 강구를 촉구했다.

이에 내각은 식민지를 운용하기 위한 행정비용을 식민지 자체에 부담시키는 정책을 시도했다. 하지만 그렌빌이 제의한 인지세법(1765)은 이듬해 로킹엄 경의 주도로 폐기되었고, 간접세 부과를 위한 타운센드 법(1767)은 산출량에 대한 조사가 제대로 이루어지지 않아 차세(茶稅)를 제외하고는 주민들에 의해 무효화되고 말았다. 이런 상황에서 남은 것은 식민지인들의 본국에 대한 반감밖에 없었다.

정국 불안정에 대한 비난은 자신이 원하는 인물들만 수상에 임명하던 조지 3세에게로 돌아갔다. 휘그당 의원이자 정치 사상가인 에드먼드 버크는 이렇게 표현했다.

국왕은 자질이 없는 수상들을 앞세워 막후에서 음모만을 일삼았으니 정치는 이렇게 수치스러운 상황까지 몰리게 되었다. 영국 정치가 개선되려면 왕의 입김이 아닌 정당의 규율을 바탕으로 내각이 세워져야 한다. 이때 결속의 매개체는 다양한 세력들로 구성된 정치 조직이며 이들이 합의한 원칙에 근거하여 국정이 수행되어야 할 것이다.

조지 역시 이런 불만을 듣고 있었다. 그러나 국정을 주도해야 한다는 강렬한 의무감에 사로잡혀 있던 외고집쟁이 조지는 정치 일선에서 손을 떼려 하지 않았다. 그럼에도 정치현실만은 신중하게 고려하기 시작했으며, 행정권 남용을 자제하고 바람직하지 못한 인물을 총애하는 오류를 범하지 않았다.

여기서 짚고 넘어갈 것은 조지 자신은 국정을 주도하는 것과 왕정복고로 되돌아간다는 것을 동일시하지 않았다는 점이다. 그렇지만 그는 과거와 같은 국왕의 지도력을 기대하는, 측근 복고주의자들의 영향을 받아 점차 왕정복고 쪽으로 기울어지게 되었다는 사실이다.

소꿉친구 노스 수상과 책임 내각제 도래

조지는 줄곧 정치적으로 커다란 자극을 불러일으키지 않는 상태에서 자신의 의도대로 국정을 운영해나갈 수 있는 길을 찾고 있었다. 그리고 드디어 1770년, 자신의 소꿉친구였던 노스 경에게서 모든 조건을 해소할 만한 길을 찾게 되었다.

그러나 노스 경은 집권 초기부터 아메리카 식민지 문제로 발목이 잡혔다. 즉 국왕은 물론이고 의회 내 지방 유지들은 영국이 곤욕을 치르고 있는 재정적인 문제를 해결하기 위해 식민지인 아메리카가 스스로 자체의 방위비용을 부담해야 한다고 보았다. 그런데 여기에 노스 경의 의도가 무엇이든 간에 아메리카 문제를 회피할 수는 없는 상황이었다는 것이다.

마침내 보스턴 차 사건이 문제의 초점이 되면서 영국은 1775년 4월 아메리카와의 전쟁 상태로 들어가게 되었다. 이에 조지는 노스 경을 전폭적으로 지지하면서 전쟁 승부에 관계없이 "그 책임은 왕이 지겠노라."고 선언하였다. 왕은 반드시 승리할 것이란 잠재적인 확신을 갖고 있었다. 그러나 시간이 지나면 지날수록 상황은 왕의 생각과 다르게 전개되고 있었다.

사실 의회지도자들은 점점 깊이 빠져드는 전쟁에 염증을 느끼고 있었다. 또 의회는 미국과의 전쟁에서 패하게 되면 가까운

아일랜드의 가톨릭 교도들로 하여금 반기를 들 수 있는 기회를 주
게 될 것을 염려하고 있었다. 또한 1778년 이후 프랑스군이 전쟁
에 개입하고 있으므로 '세력 균형'이란 국제 외교적 분위기에서
도 결코 영국에 이득을 보장하지 않는다는 점도 우려하고 있었다.
결국 의회는 불리해져 가는 상황을 들어 왕에게 전쟁을 끝내도록
요구했다.

조지 3세는 특유의 필사적인 집착으로 전쟁을 2년 더 연장시
켰으며, 왕의 욕심을 현실적으로 풀어내야 할 인물은 수상인 노스
경이었다. 그러다 보니 조국에 재앙을 안겨준 책임에 따른 의회의

공격은 노스 내각에 집중되었다. 또한 국민들조차 노스 내각의 전쟁 수행 능력에 의구심을 가지게 되었다. 노스 경은 왕의 친구로서 최선을 다했지만 국내여론을 제대로 읽게 되자 수 차례 사퇴의 사를 표명하였다. 그러나 왕은 거듭 노스 경을 놓아주지 않았는데, 배경에는 국정을 주도하고자 하는 왕의 집착이 있었다.

1782년 노스 경은 왕의 만류에도 불구하고 아메리카 식민지 전쟁에서의 패배에 대한 책임을 지고 스스로 수상의 자리에서 물러났다. 그리고 노스가 스스로 수상의 자리에서 물러나는 순간, 영국의 민주주의도 진일보하게 되었다. 다시 말해서 1689년 '권리장전'으로 입헌군주제가 되긴 했지만 수상임명권은 왕이 쥐고 있었기 때문에 절대왕정 때와 별반 다르지 않았었다. 하지만 이제 왕의 의도와 상관없이 여론이 향방에 따라 스스로 책임을 지고 사퇴하는 수상이 생기게 됨으로써 '왕보다 국민 중심의 정치체제'가 성립되었음을 의미하기 때문이다.

노스 내각이 붕괴되자 왕은 충격을 받았다. 급기야 왕은 셸번(1782~1783)을 수상으로 임명했지만 그 내각마저도 단명하면서 왕의 위신은 바닥까지 내려앉았다. 더욱 충격적인 것은 늘 국왕을 비판하던 휘그당의 찰스 제임스 폭스와 노스 경이 만나 연립내각의 구성을 추진하고 있었다는 사실이다.

다행히 국왕은 1년이 지나기도 전에 이런 형세를 역전시킬 기회를 얻었다. 아메리카를 잃은 뒤 식민지에 대한 주된 관심사는 인도가 되었는데, 인도에는 일찍부터 동인도 회사가 설립되어 많은 이익을 챙기고 있었다. 동인도 회사는 민간회사였으므로 정부로서는 아무런 혜택을 받을 수가 없었다. 이점을 부당하게 여긴 폭스와 노스는 동인도 회사를 정부가 관장하는 '동인도 회사 개혁안'을 내놓았다. 그러나 여론은 회사의 개혁안을 통해 시행되는 공직임명권을 통하여 폭스와 노스가 권력을 영속화시킬지도 모른다는 우려를 갖게 되었다.

　국왕은 상원에서 동인도 회사 개혁안을 지지하는 의원은 누구를 막론하고 국가 이익의 수호자인 자신의 적으로 간주할 것임을 선언하였다. 왕의 선언에 따라 법안은 무효화되고 폭스를 비롯한 관련 각료들은 줄줄이 사퇴했다.

타협 속에 공존한 소 피트 수상과 조지

조지는 다시 국왕으로서의 위신을 되찾기 시작했다. 그는 자신의 뜻을 잘 진행시킬 새로운 수상으로 소(小) 윌리엄 피트를 주목했다. 그러나 소 피트라는 카드에 위험이 전혀 따르지 않는 것은 아니었다. 당시 피트의 세력은 하원 내 소수파에 불과했기에 경질된 각료들은 당장에라도 헌법상의 정변을 단행하기라도 할 태세였다. 노스 내각 이후 왕이 직접 임명할 수 있는 분위기가 아니다 보니 모든 것은 1784년 3월의 총선 결과에 맡길 수밖에 없었다. 다행히 결론은 소피트 내각이 성립되는 것으로 매듭지어졌다.

　총선을 통해 알 수 있었던 재미있는 사실은 피트는 국왕의 도움 없이는 살아남기 어려웠고, 국왕 역시 피트가 아니었으면 폭스의 손아귀에서 놀아나야 했다는 것이다. 둘의 얽힌 관계로 인해 소 피트가 수상이 되어 자신이 구상하고 있던 정책들을 제시했을 때, 왕은 상당 부분 마음에 내키지 않았지만 이들 정책을 승인할 수밖에 없었다. 물론 소 피트도 왕의 입장을 일부 묵인하는 조건으로 왕으로부터 막대한 통치 권력을 이양 받았다.

소(小) 피트 수상

비록 피트에게 많은 권력을 이양했지만 조지로서는 자신의 통치 기간 중 가장 평온한 시기를 보냈다. 그는 스스로 정치적인 모든 야욕을 잊어버리려고 노력하였으며 철저하게 건강관리에 관심을 기울였다. 왕비인 조피와의 관계도 가장 이상적인 부부의 모습이었다. 조피 스스로 "나는 나의 삶 속에 우울할 틈이 없다."라고 고백할 정도로 조지는 남편으로서의 훌륭한 역할을 해냈으며, 둘 사이에는 15명이나 되는 자녀를 두고 있었다.

그러나 항상 행복했던 것은 아니었다. 조지의 내면에는 조부와 부친 사이에서 있었던 갈등으로 입은 어릴 적부터의 깊은 상처가 만들어낸 히스테릭한 집착이 있었다. 그런 집착이 정치적으로 풀리지 않자 자식들에 대한 집착으로 바뀌었고, 1783년 성년에 이른 맏아들 조지 왕세자(조지 4세)가 주된 대상이었다.

왕세자는 정치적으로나 사적인 교류에 있어서 폭스의 무리와 자주 어울렸고 그의 주변은 활력이 넘쳐 흘러 방종한 느낌마저 들 정도였다. 바로 이런 사실이 조지가 왕세자에게 집착을 갖고 질책하게 만들었으며, 이는 아들들을 자신의 주변에서 한 명씩 떠나가게 만든 이유가 되었다. 이런 가운데 조지는 어린 시절 겪은 심한 조울증 증세를 나타내기도 하였다.

왕의 광기

1788년 10월 16일 왕은 한밤중에 갑자기 침실을 박차고 나가 빗속을 마구 달린 후에 궁으로 돌아와 이 방 저 방으로 뛰어다니면서 잠자리에 들어있던 왕실 식구들, 가족과 시종들을 깨우기 시작했다. 그리고 끝없는 독백이 이어졌다. 이때 나온 유명한 소문이 바로 느티나무와의 대화였다. 일설에 의하면 느티나무를 프러시아 왕으로 보고 그와 대화를 나눈 것이라고 한다. 그러나 이 날의 이야기는 시종들의 입을 단속하여 그리 멀리 퍼져 나가지 않았다.

왕의 이상한 행동이 세상에 알려지게 된 것은 그해 11월 5일이었다. 윈저 성에서 만찬이 있던 날, 왕은 갑자기 왕세자를 공격하여 그의 머리를 벽에 수없이 부딪히게 했으며, 왕세자의 눈과 귀에서 피가 줄줄 흐를 정도로 부상을 입혔다. 상황을 지켜본 만찬장의 참석자들은 그동안 소문으로 듣고 있던 왕의 정신 이상을 눈으로 확인할 수 있게 되었다.

이때부터 왕은 비밀리 윈저 궁에서 큐 지역으로 옮겨진 후 치료를 받았다. 당시 왕을 치료한 의사는 링컨 지방에서 정신병자들을 위한 사설 보호시설을 운영하던 프란시스 윌리스로서, 그의 치료는 왕을 먼저 길들이는 것으로부터 시작되었다. 그의 치료는 만약 왕이 발광증세가 심하면 음식을 주지 않고 재갈을 물려 묶어두는 등 가혹한 원칙 속에 진행되었다. 그리고 처음에는 도저히 불가능할 것 같던 왕의 증세도 시간이 지나면서 호전되게 되었다. 왕은 이듬해인 1789년 4월 23일 그의 회복에 감사하는 기도회를 위해 세인트 폴 성당에 출석함으로써 공식적인 회복을 국민들에게 알렸다.

당시 왕의 광기에 대해 의사들이나 역사학자들은 두고두고 논쟁을 펼쳤는데, 20세기의 의학보고에 따르면 조지 3세는 '포르 피린증'으로 알려진 신진대사에 이상이 생기는 유전병을 앓고 있었다고 한다. 이 병은 신경계 전체에 퍼진 진홍색 색소로 인해 엄청난 육체적인 고통과 비정상적인 흥분, 마비증상, 환각상태에 빠지는 증상이었다. 현재 포르피린증은 보편적인 의학소견으로 받아들여지지 않고 있다. 조지는 처음 증세가 있은 이후 적어도 몇 차례 더 직무를 떠나 몸져누워야 했다.

프랑스 혁명의 영향

조지 3세가 광기의 모습을 보일 때마다 이는 정치적으로 쟁점화되었다. 왕의 회복을 기다리는 소 피트와 왕세자에게 섭정권이 주어져야 한다고 주장하는 폭스 사이에서의 극한 대립이었다. 이렇듯 왕세자의 섭정권 행사를 놓고 격론이 있는 동안 조지 3세는 건강을 회복하게 되었고 그동안의 정치적 대립도 막을 내리게 되었다. 돌아온 왕이지만 그 스스로는 또다시 광기의 악몽이 찾아들지도 모른다는 불안감에 사로잡혀 있었다. 그러므로 자신을 잘 보필하고 있는 소 피트의 정책노선을 신임하게 되었다. 이런 가운데 그를 반대하던 노스 경뿐만 아니라 폭스 세력의 지지까지도 확보하기 시작했다. 1793년 프랑스 혁명정부와의 전쟁이 발발하자 거의 모든 휘그 당원들이 정부 시책에 호흡을 맞추었다.

이때 조지 3세를 지속적으로 반대하던 폭스는 정치적 영향력을 유지하기는 했지만 그를 따르는 세력들은 사라지게 되었다. 프랑스로부터 들려오는 소식은 왕실과 귀족들의 처형, 혼란 속에 새로운 질서의 형성과 같은 것들이었다. 모든 것은 영국의 귀족들과 중상층 시민들에게까지 파급될 수 있다는 생각으로 인해 프랑스와의 전쟁은 그들의 사활이 걸려 있는 위기상황으로 인식되었다. 영국의 귀족들과 중상층 시민들은 자신들의 운명이 프랑스와 같은 처지에 놓이지 않고자 이미 노년의 조지를 그들을 수호해야 할 구체적 권위의 상징으로 부각시켰던 것이다.

조지 3세는 자신이 그토록 원했던 정치력 확대의 힘을 얻었지만 막상 주어진 권력을 행사할 능력은 약화되어 있었다. 국왕은 마음만 급해서 말끝마다 "뭐, 뭐, 뭐?"를 되풀이하면서 끝없이 각료들에게 주문을 했지만, 요점을 파악해보면 농업 생산을 독려하거나 과거의 정치 분쟁, 군사전략 또는 셰익스피어의 단점들을 늘어놓는 정도였다.

왕은 소 피트의 아일랜드 정책으로 말미암아 내정의 전면에 다시 뛰어들었다. 소 피트는 프랑스와의 전쟁 중 자국에 반기를 든 아일랜드에 대하여 근본적인 대책이 없는 한 끝없이 그들과 대립하게 될 것이라 판단하고 있었다. 따라서 아일랜드를 영국의 진정한 일부로 만들기 위해서는 그들에게 정치적 채널을 열어주어야 한다고 생각했다. 여기서 정치적 채널이란 튜더 왕조 이후 묶여 있던 가톨릭 교도들에 대한 정치적 해방을 의미한다.

하지만 의미 없는 곳에 자신의 정치력을 소모하고 있던 조지는 소 피트의 아일랜드 가톨릭 해방안을 국가 기강을 뒤흔드는 자멸책으로 받아들이고, 자신의 모든 권한을 동원하여 철회시키려 하였다. 결국 소 피트는 이 문제로 수상의 자리에서 물러났으며, 헨리 애딩턴(후의 시드머스 자작 1세)이 새로운 내각을 구성하게 되었다. 왕이 모처럼 자신의 정치력을 발휘한 셈이었다. 1804년 소 피트는 다시 수상의 자리에 올랐지만 이때는 이미 스스로 '가톨릭 해방안'을 포기한 상태였다. 여기서 알 수 있는 바와 같이, 소 피트로서는 문제를 막바지 실력 대결로까지 확대시킬 의향이 전혀 없었다는 것이다.

가톨릭 해방안 문제는 이후에도 정권이 바뀔 때마다 심심찮게 거론되었다. 이때마다 왕은 국교회에 대한 신성한 의무감으로부터 각료들에게 가톨릭 문제를 더 이상 거론하지 않겠다는 서약을 요구했지만 내각은 이와 같은 분별없는 요구를 받아들이지 않았다. 말년의 왕은 거의 시력을 상실했음에도 불구하고 개인비서의 도움을 통해서라도 공문서의 철저한 검토를 고집했다.

1810년 막내딸 아멜리아 공주가 죽자, 큰 충격을 받은 왕은 이듬해 앞서 몇 번이나 있었던 지병인 착란증세를 다시 일으켰다. 이번에는 예전처럼 쉽게 회복되지 못했다. 의회는 웨일스 공의 섭정권을 인정하고 소피아 왕비에게 조지 3세의 보호감호를 위탁하는 칙령을 공표했다. 조지 3세는 간혹 평정 상태를 되찾기는 했으나 끝내 병을 극복하지 못하고 1820년 1월 29일 윈저 궁에서 세상을 떠났다.

섭정왕 조지 4세

조지 3세의 통치가 오랫동안 지속되었기 때문에 조지 4세가 왕위에 있었던 기간은 10년밖에 되지 않는다. 그러나 조지 3세의 정신병으로 인해 그가 실질적으로 통치에 참여했던 것은 섭정으로 있었던 1811년부터 계산하여 20여 년 동안이었다.

젊은 시절의 조지는 특출나게 잘생긴 매력적인 인물이었다. 당시 사교계의 주요 인물 중 한 명인 페르디타 부인은 "사교장에서 만난 왕세자의 우아한 자태, 저항할 수 없는 잔잔한 미소, 남자다운 목소리는 집에 돌아가서도 잊을 수가 없었던 때가 많다."고 표현했다.

이런 조지의 매력은 17세부터 마시기 시작한 포도주와 다소 지나칠 정도로 여자를 좋아했던 방탕한 생활로 나이가 들자 점차 사라지게 되었다. 그는 일행을 이끌고 술집에

조지 4세

가면 그곳의 술이 다 떨어지기 전에는 일어나지 않았다. 물론 술값은 외상일 경우가 부지기수였다. 술은 조지의 외모에 영향을 줘서 뚱뚱해지기 시작했다.

이 시절의 조지는 국왕을 항상 비판하던 폭스 등 휘그당 정치가들과 친하게 지냈으므로 아버지인 조지 3세는 그를 경멸하기도 하였다. 1788년 조지 3세가 정신병 증세를 보이면서 치료를 받게 되자, 이듬에 조지는 섭정을 하기 위해 친분을 유지하던 폭스 무리들과 결탁하여 섭정 법안을 통과시키려 하였다. 그러나 왕이 병에서 회복됨으로써 기도는 좌절되었고 이로 인해 더욱 왕의 미움을 사게 되었다.

조지는 많은 여성 편력을 가지고 있었지만 진심으로 사랑한 유일한 여성은 마리아 피츠허버트 부인이었다. 유서 깊은 로마 가

톨릭 가문 출신인 피츠허버트 부인은 두 번이나 남편을 앞서 보낸 부유한 미망인이었다. 그녀는 런던 사교계에 출입하다가 조지와 깊은 관계가 되었다. 둘은 결혼하여 사랑을 이어가고 싶었지만 주변에는 많은 장애물들이 있었다.

먼저 국법에 의하면 두 사람의 정식결혼은 불가능했다. 1772년의 왕실 혼인법은 국왕의 동의 없는 결혼을 불법으로 규정했고, 왕위상속법(1689)에 따르면 왕세자가 로마 가톨릭 교도와 결혼할 경우 상속권을 박탈하도록 되어 있었다. 한편 피츠허버트 부인의 경우, 로마 가톨릭교의 입장에 의하면 둘 사이에 원해서 진행된 모든 결혼예식은 형식에 관계없이 종교적·예식적인 효력을 갖게 되어 있었다. 이런 상황을 넘어설 수 있는 방법은 비밀 결혼이었다. 두 사람은 1785년에 국교회 목사인 R. 버트의 주례로 비밀결혼을 했다.

한편 사치 생활로 빚어진 조지의 부채를 탕감해주기 위한 법안이 제기되면서 의회는 왕실의 안녕을 위해 조건을 내걸었다. 조지와 고종사촌(조지 3세의 누이인 오거스타의 딸)인 캐롤라인과 결혼할 것을 요구한 것이다. 빚에 쪼들린 조지는 1795년 캐롤라인과의 애정 없는 결혼에 승낙했다. 물론 그는 피츠허버트 부인과의 관계를 비정하게 끊었다.

조지의 여성 편력으로 볼 때, 뚱뚱하고 천박스러운 용모를 가진 캐롤라인은 도저히 받아들일 수 없는 인물이었다. 시작부터 이들 부부의 결혼 생활은 결코 순탄치 못할 운명이었다. 둘은 외동딸 샬럿 공주가 태어난 몇 주 뒤 별거에 들어갔다.

하지만 이탈리아에서 살고 있던 캐롤라인은 조지가 왕위에 즉위한 몇 개월 뒤 영국으로 돌아와 왕후로서 자신의 권리를 주장했다. 조지 4세는 그녀에게 왕후의 자리를 줄 수 없다고 단호하게 잘라 말하면서 그녀와의 결혼을 무효로 하는 법안을 상원에 제출하였다. 이 법안은 상원에서는 통과되었지만 하원에 넘어와서는 표결에 부쳐지지도 않았다. 왕과 왕비의 불화는 1821년에 왕비 캐롤라인이 갑작스럽게 세상을 떠나는 것으로 해결되었다.

조지는 캐롤라인과 결혼 후 5년 뒤인 1800년에 들어서면서 헤어졌던 피츠허버트 부인과 다시 만났다. 둘은 그 사이에 피츠허버트 부인을 조지의 부인으로 인정하는 공식판결문을 얻어냈다. 이 판결문에 힘을 얻은 두 사람은 다시 함께 생활했는데, 그녀는 이 시기가 일생에서 가장 행복했던 때라고 말했다. 이 사이에도 조지는 많은 여인들을 만나는 여성 편력을 그치지 못하다가 1808년경 마침내 헤어졌다. 그러나 조지 4세는 죽을 때까지 목에 그녀의 세밀 초상화를 걸고 있었다고 한다.

조지의 치세

1810년 막내딸 아멜리아 공주의 죽음으로 상심에 빠진 조지 3세는 지병인 정신이상 증세가 회복하기 어려울 정도로 깊어졌다. 이제 섭정법에 따라 왕세자 조지는 섭정의 자리에 올랐다. 그리고 1812년부터 이 법령의 제한조항이 시효만료로 소멸되자 그는 실질적인 통치의 힘을 발휘할 수 있게 되었고, 8여 년 뒤 부친인 조지 3세가 사망하자 왕으로서 통치를 시작했다. 그러나 왕으로서의 권력이라고 해서 섭정 신분 이상으로 강해진 것은 없다.

그의 통치가 시작되자 좋은 면보다는 나쁜 면에 대한 소문들이 더 퍼져 있었다. 심지어 〈더 타임〉 지에는 '왕세자가 늘 술과

샬럿 어거스타 공주

여자를 옆에 끼고 정치를 한다.'
라는 기사가 나오기까지 하였
다. 그러나 좋은 면에 대한 언급
도 있다. 그는 하노버 왕실에서
가장 총명한 자라는 사실과 좋
은 기억력과 모방력이 있는 인
물이었다는 점이다. 대표적인
예로 그의 선조들은 스튜어드
왕가가 남긴 왕궁들에서 불편하
게 삶을 보내곤 하였지만 그는
아니었다.

그는 대륙의 여러 왕궁들에
비견될 수 있는 왕궁을 지을 것
을 구상했다. 그는 왕궁은 윈저
궁의 고딕식을 본뜨고, 정원은
브라이튼 파빌리온(연회장)의
동양적인 그것과 흡사하게 꾸미려 하였다. 동서양 건축의 조화를
이룬 그것은 마치 크렘린과 흡사한 것이었다. 모든 구상이 끝난
그는 이를 실천에 옮기려 했지만 엄청난 건축비 때문에 하원의 지
원 승인이 나지 않아서 결국 꿈으로 끝나게 되었다. 그러나 그는
자신의 꿈의 일부를 채우기 위해 건축가 존 내시가 런던의 리젠트
거리와 리젠트 공원을 만드는 것을 지원했으며, 제프리 와이어트
빌 경이 윈저 성(城)을 복원하는 것을 후원하였다.

정치적으로는 폭스와 휘그당을 지원하였다. 이런 지원의 배
경은 자신의 정치적 철학보다 부친에 대한 반발에 의한 것이다.

당시 조지 3세가 총애하던 소 피트에 대항할 인물로는 폭스밖에 없었기 때문이다. 그러나 프랑스와 싸움이 시작된 1793년경, 휘그당이 조지 3세와 정치적으로 화해하자 조지는 과감히 그들과 결별하고 토리당 쪽으로 방향을 돌렸다.

그러나 왕을 대신한 섭정으로서 조지는 부친처럼 가톨릭 해방법안을 반대하였기 때문에 소 피트와 토리당과의 관계도 곧 소원해졌다. 이런 조지의 정치적인 변동에 대하여 휘그당의 그레이 경은 "왕세자는 변절자이다."라고 소리를 높였다. 섭정의 상태에 있었던 조지는 그레이 경의 표현을 듣고 "나만의 정치적 철학을 펼 수 있는 실질적인 정치적 권한이 내게 있던가?" 라고 반문하면서 위기를 넘겼지만, 그의 이중적인 행동에 따라 정계에서 '믿지 못할 인물' 로 각인되게 된 것은 어쩔 도리가 없었다.

사실 조지는 권한을 소유한 왕이 되었을 때 부친뿐만 아니라 자신도 반대하던 가톨릭 해방법안을 1829년 웰링턴 수상 때 승낙했던 것에서 자신의 이중성을 확실하게 드러내 보인다. 정치와 관련하여 그에 대한 에피소드를 보자면 1846년 곡물법 폐지의 주역이던 필 수상이 조지 4세 시절 내무부 장관으로 있을 때의 이야기를 들 수 있다.

나는 새벽 두 시에 왕으로부터 이튿날 집행되어야 할 사형수의 형 집행을 중지하라는 공문을 받아서 깨어난 적이 종종 있었다.

잠재적으로 부친의 광기의 혈통이 엿보이는 부분이다.

섭정이 된 뒤 10여 년이 지난 마흔여섯이 되던 해 그는 드디어 왕위에 올랐다. 그는 선왕들과는 비교가 되지 않을 정도로 화려하게 왕위즉위식을 치르고자 했고, 실제로 즉위식은 "천국에 날아다니는 멋드러진 새 한 마리와 같다."는 찬사를 받으며 치러졌다.

이어 그는 더블린과 아일랜드를 방문하여 자신이 유일한 통합영국의 통치자임을 알리려 했다. 에든버러의 프린스 스트리트를 지나갈 때는 스코틀랜드의 전통의상인 킬트를 입었으며, 반란의 조짐이 강한 더블린에서는 의식적으로 오만하게 거리를 걸으면서 자신이 반란자들을 두려워하지 않는다는 것을 보여주었다.

60세를 넘기면서 쇠약해진 그는 정기적으로 위스키에 아편을 넣어 마시곤 했다. 어린 시절부터 행한 사치가 말년까지 지속된 것이다. 심지어 그는 국정보다 어떻게 하면 화려한 왕궁을 만들 수 있을 것인가를 더 고민할 정도였다. 주민이 없는 '부패 선거구'에서 산업 지역으로 대표권을 옮김으로써 영국 왕실 및 귀족 지주들의 정부에 대한 권한을 축소시킨 의회개혁—제1차 선거법 개정—의 서막이 오를 즈음인 1830년, 조지 4세는 세상을 떠났다.

바보스런 윌리엄 – 윌리엄 4세

조지 4세의 유일한 적자인 샬럿 어거스타 공주가 1818년에 죽고, 조지의 첫째 동생이던 요크 공 프레드릭도 1820년에 죽자 세간에서는 조지의 두 번째 동생인 클라렌스 공 윌리엄을 주목하기 시작하였다. 윌리엄은 13살 되던 해 해군 사관후보생으로 바다와 인연을 맺었다. 해군 장교가 되는 것이 주목적이 아니라 직선적인 성격과 항해를 좋아했기 때문에 택한 길이었다. 물론 그는 자신이 왕이 될 줄은 까마득히 모르던 때였다.

그는 해군에 있던 동안 미국 독립 전쟁에 참가하였고 서인도 제도에서 근무하는 동안에는 나폴레옹과의 전쟁 중에 장렬히 전사하여 영웅이 된 호레이쇼 넬슨(나중에 자작)과도 깊은 우정을 맺었다.

왕실에서의 윌리엄은 왕세자였던 조지와 부친이 충돌하는 상황에서도 전혀 끼여들지 않았다. 이것은 그가 지혜롭고 현명했기 때문이 아니라 직선적이고 단순했던 그의 성격으로 인해 복잡한 상황을 이해할 능력이 없었기 때문이었다. 이런 까닭에 주변에서 공공연히 '바보스런 윌리엄Silly Billy'이라고 불렀다.

그런 가운데 그는 1794~1807년까지 아일랜드인 희극 여배우 도로시아 조단과의 동거를 하면서 10명의 사생아 성(姓)은 피츠클래런스를 낳았다. 동거가 가능했던 것은 윌리엄이 미래의 왕이 될 것이란 사실을 그 자신은 물론 영국 내의 어느 누구도 몰랐기 때문이었다. 물론 왕실의 도덕성에 흠집을 낸 점에 대해선 부친인 조지 3세나 국민들의 분노를 샀다. 이런 까닭에 그가 해군 출신으로 충분한 역할을 할 수 있었음에도 왕실이나 의회의 어느 누구도 그에게 함대를 맡기거나 프랑스와의 전투에 참가하도록 권유하지 않았다. 윌리엄은 자신에 대한 홀대에 대하여 종종 상원에 출석하여 불만을 표현하곤 하였다.

1818년에 조지 4세의 유일한 상속녀 샬럿 공주가 죽으면서 그의 왕위계승 서열도 높아졌다. 그는 주변의 권유를 받아들여 동거생활을 접고 적자를 두기 위해 작센마이닝겐 가문의 아델하이트 공주와 결혼했다. 그녀는 똑똑하고 훌륭한 신부감이자 왕비감이었지만 복음주의 신앙인이어서 모든 일을 자로 잰 듯 행하려는 경향이 있었다.

그녀의 그런 경향은 곧 윌리엄으로 하여금 따분함을 느끼도록 만들었다. 더군다나 그녀는 두 명의 딸을 낳았지만 몇 시간을 넘기지 못하고 모두 죽었는데, 자식을 가질 수 없는 특이한 체질 탓이었다. 결국 그녀는 윌리엄의 관심에서 멀어진 채 형식만 남은 불행한 결혼 생활을 하게 되었다.

해군과 깊은 관련을 맺고 있던 윌리엄은 1827년 해군장관으로 취임했다. 왕실과 의회가 그에게 이런 자격을 준 것은 나폴레옹 전쟁과 같은 대외적인 큰 전쟁의 위험이 없어진 시점이었고, 왕위계승자로서의 그의 서열도 고려했기 때문이었다. 그리고 그 해 왕실 서열 1순위에 있던 윌리엄의 형인 요크 공작이 세상을 떠나자 그는 왕세자가 되었다.

대영 제국의 해군 제독 호레이쇼 넬슨

이 무렵 그는 무척 개혁적인 입장에서 휘그당이나 자유 토리당원들과 자주 접촉했다. 그의 개혁적 성향을 알 수 있는 대표적인 예를 당시 논쟁거리가 되고 있던 가톨릭 해방법안과 관련하여 살펴볼 수 있다. 상원에서 이 법안 문제를 다룰 때 윌리엄은 자신의 동생인 컴블랜드 공작이 "프로테스탄트의 수호를 위해 법안은 관철되지 말아야 한다."고 주장하자, 이에 맞서 단호히 법안이 통과되도록 소리를 높였었다.

1830년 6월 26일 윌리엄은 조지 4

세의 주치의인 헨리 할포트 경으로부터 왕의 서거 소식을 들었다. 그는 이날을 기다리며 건강 유지에 힘을 쏟고 있었다. 그는 매일 아침마다 양치하는 데 2갤론의 물을 소모했고, 감기에 걸리지 않도록 늘 큰 덧신을 신고 있었다. 그런 그는 형인 조지 4세가 세상을 떠났다는 소식을 접하자, 직선적이고 단순한 성격대로 자신의 기쁨을 감추지 못하고 며칠 동안 흥분에 찬 모습을 드러내었다. 그가 즉위하던 첫날 단순한 64살의 윌리엄은 국민들 앞에 자신의 모습을 보이는 행사에서 덮개 없는 마차 위에서 줄곧 웃음을 띠었고, 자주 모자를 벗어 들고 흔들었다. 그리고 거리를 메운 인파들 앞에 수 차례 마차를 세우고 내려서 그들에게 자신의 손에 입술을 대며 경의를 표하게 하곤 하였다. 윌리엄은 자신이 왕이 된 기쁨을 한껏 누렸다.

왕궁에 들어온 그 앞에 추밀원장이 대관식에 관한 상의를 하려고 대기하고 있었다. 왕은 그에게 대뜸 '누가 바보스런 윌리엄인가?'라는 질문을 던졌다. 머뭇거리는 추밀원장에게 그는 자신의 대관식은 간소하게 치르도록 명령했다. 그는 화려한 의상이나 거대한 연회 등을 생략하도록 명령을 내렸는데, 대관식 비용은 결과적으로 조지 4세 때의 십분의 일 정도에 불과했다. 이런 왕의 행동은 그동안 그에 대한 선입견을 말끔히 씻어내고 국민들의 갈채를 받게 되었다. 윌리엄은 자신의 문제점을 누구보다 잘 알고 있었다.

1830년 11월 정권은 휘그당으로 넘어왔다. 당시 수상이던 웰링턴은 윌리엄에게 차기 수상으로 지목되는 그레이에 대해 "형편없는 성격의 소유자이며 난폭한 인물"이라는 험담을 늘어놓았다. 그러자 윌리엄은 "청렴하며 판단력과 결정력, 경험 등이 풍부한 신뢰가 가는 인물"이라고 두둔하였다.

휘그당이 정권을 인수한 즈음 사회적인 분위기는 험악해져 가고 있었다. 특히 전후 넘쳐나는 실업자들, 특히 도시 노동자들의 문제가 심각했다. 이들은 선거권이 없었기 때문에 의회에는 이들의 문제점들을 들어주고 해결해줄 대표가 전혀 없었다. 이런 상태로 계속 진행된다면 도시 노동자들의 불만은 폭동으로 진행 될 수밖에 없었다.

휘그당과 그레이는 해결책은 의회의 개혁밖에 없다고 보았다. 즉 쓸모없는 농촌 선거구를 정리한 후 이를 도시 쪽으로 옮겨 그들의 대표를 뽑을 수 있도록 선거법을 개정하자는 것이었다. 윌리엄은 개인적으로는 의회개혁에 반대했으나, 당시 상황을 정확히 읽고 있었기 때문에 획기적인 1832년의 개정선거법을 수용했다. 이 개정법으로 인해 주민이 없는 '부패 선거구'에서 산업 지역으로 대표권이 옮겨짐으로써 영국 왕실 및 귀족 지주들의 정부에 대한 권한은 대폭 줄어들었다.

당시 한 에피소드를 알아보자. 왕은 수상 그레이 경의 선거법 개정을 수용하여 늘 문제가 되는 기존의 상원을 해산해주기로 약속했다. 상원은 거의 농촌 중심의 귀족들로 구성되어 있었는데, 이들은 절대로 선거법의 개정을 허락해주지 않을 무리들이었다. 왕은 그레이 경에게 이들을 해산시킬 것을 약속한 것이다. 한편 윌리엄이 약속을 지키기 위해 막상 왕궁에서 상원이 열리고 있는 웨스트민스터로 가자니 절차가 너무 복잡하였다. 왕의 행차를 위해 근위병들을 길에 도열시켜야 하고 거리의 군중들을 적당히 막아야 하는 등등이었다.

그러자 왕이 그레이 경에게 말했다. "그레이 경, 만약 마차 대신 내가 승마용 말을 타고 거리를 재빠르게 통과한다면 일이 쉬어질 것 같지 않소?" 그리고 얼마 뒤 그는 이를 실천에 옮겼다. 그는 의회 입구부터 직접 걸어 들어갔다. 상원에 도착한 그는 왕홀에 자신의 왕관을 걸어놓고 상원 해산령을 선포했다. 당시로서 파격적인 왕의 행동이었다. 소식을 접하고 있던 국민들은 환호와 함께 왕을 칭송하였다.

왕의 발 빠른 움직임을 본 그레이 경도 선거법 개정이 수월히 이뤄질 수 있는 상원을 다시 결성할 것을 왕에게 약속하였다. 왕위에 오른 후의 윌리엄 4세는 형인 조지 4세보다 총명하지는 못해도 공적 의무수행에서는 형보다 덜 이기적이고 더 적극적인 태도를 보였다.

그가 왕의 매력을 한껏 나타낼 즈음은 이미 연로하여 다음 왕위를 누구에게 넘기느냐가 논의되기 시작했다. 이에 가장 적합한 인물은 살아 있는 윌리엄의 삼촌인 컴벌런드 공작이었지만 왕위는 서열상 1820년에 세상을 떠난 윌리엄의 바로 아랫 동생 켄트 공작의 딸인 빅토리아에게 넘어가게 되었다. 그리고 차기 왕으로 결정된 빅토리아가 18살이 된 다음 달인 1837년 6월, 그는 "교회, 교회"라는 말을 마지막으로 중얼거리면서 세상을 떠났다.

대영 제국의 주인공 빅토리아 여왕

1837년 6월 20일 아침 9시, 수상이던 멜버른 자작은 추밀원장 예복으로 갈아입고 켄싱턴 궁으로 갔다. 궁에 도착한 그는 작은 접견실로 안내되었는데, 그곳에는 키가 5피트 채 되지 않는 한 소녀가 푸른 눈망울을 그에게 응시하며 조용히 서 있었다. 멜버른은 몸을 굽혀 예를 갖추고 그녀의 손등에 입맞춤을 하였다. 그녀는 그날 18살의 나이로 영국의 여왕으로 선포된 알렉산드리나 빅토리아였다.

빅토리아 여왕의 아버지는 조지 3세의 4남인 켄트 공(公)이다. 그녀가 태어난 이듬해 아버지가 죽자, 그녀는 어머니인 켄트 공작부인과 사랑에 빠져 있던 아일랜드 출신의 존 콘로이 경 밑에서 자라게 되었다. 당시 빅토리아는 아버지의 빈자리를 외삼촌이자 사촌 형부(샬럿 공주의 남편)인 레오폴드가 채워주고 있었다.

빅토리아와 레오폴드의 관계는 레오폴드가 1831년에 벨기에 초대 왕으로 선출되어 떠날 때까지 지속되었다. 한편 존 콘로이 경은 빅토리아가 왕위를 이을 혈통으로 정해지자 공작부인과 합세해서 빅토리아를 친가 쪽 사람들과 어울리지 못하게 고립시키고 자신의 영향력 아래 두어 장차 자신이 정치를 좌지우지하기 위해 온갖 술수를 부렸다. 이 때문에 빅토리아는 점차 어머니한테서 멀어졌고, 왕위에 오른 뒤에도 어머니를 용서하지 않았다.

1837년 빅토리아가 18세 생일을 맞은 뒤 26일 만에 큰아버지인 윌리엄 4세가 죽자 빅토리아는 왕위에 올랐다. 그녀는 홀로 왕권을 행사할 나이였지만 아직 어린 소녀였다. 대관식장에서의 그녀의 모습은 애처롭게만 보였다.

즉위 후 빅토리아 여왕은 일단 버킹엄 궁으로 들어가자 어머니를 여왕의 거처에서 멀리 떨어진 방으로 쫓아내고 콘로이도 연금을 주어 퇴직시켰다. 외삼촌 레오폴드도 정치에 간섭하지 말라는 내각의 정중한 경고를 받았다. 마침내 '혼자'가 된 빅토리아는

난생 처음 얻은 자유를 마음껏 즐겼다.

한편 여왕의 대관식은 100만이나 되는 국민들이 지켜보았다. 이때 여왕은 국민들이 자신에게 얼마나 많은 기대를 걸고 있는지를 읽게 되었다. 당시 영국 사회는 나폴레옹 전쟁이 끝난 후 불어

닥친 경제공황의 늪에서 헤어나지 못하고 있었다. 특히 1832년 선거법 개정으로 도시 중산층에 선거권이 주어지자 이에 영향을 받은 노동자들이 헌장을 선포하고 자신의 권익들이 관철되기를 요구하였다. 이를 차티스트 운동Chartism, 1835~1848이라고 하는데, 여왕은 그런 국민들의 모습을 어렴풋이 읽게 된 것이다.

그런 까닭에 식장에서의 어린 여왕의 모습과는 달리 왕으로서의 집무가 시작되자 매일 한 시간 이상을 멜버른 수상을 만나 자신이 해야 할 일들을 익혀 나갔다. 때때로 그녀는 하루에도 몇 차례나 수상을 부르기도 하였고, 왕실 만찬 때 중요한 손님이 여왕의 오른쪽에 자리하면 수상은 항상 그녀의 왼쪽에 앉았다.

멜버른에 대한 여왕의 각별한 배려로 인해 많은 사람들은 둘의 관계를 예사롭게 보지 않게 되었다. 사실 18세의 여왕과 57세의 수상, 이 두 사람의 관계가 별다른 것이 없음을 알면서도 마치 연인인 것처럼 소문이 나기에 이르렀던 것이다.

물론 그런 상상도 가능할 수도 있겠지만 어린 여왕은 정치라는 버거운 상대를 맞아서 그녀를 도와줄 신실한 조력자가 필요했다. 멜버른 수상은 바로 그런 역할이었다. 여왕은 당시 결혼을 전제로 교제하고 있던 앨버트 왕자에게도 "나는 멜버른 수상이 있는 휘그당을 신임해요."라는 심중의 글을 보내기도 하였다. 또 그녀의 일기에도 "멜버른 경은 오늘 하루 종일 내 곁에 머물렀다. 저녁시간을 줄곧 내 옆에 있었다. 나는 멜버른 경을 너무 좋아한다."는 등 멜버른을 의지하는 문구가 수없이 등장하고 있다.

빅토리아 치세의 첫번째 위기는 1839년에 두 차례 있었다. 둘다 빅토리아의 정치적 당파심 때문에 생겨난 위기였다.

먼저 '헤이스팅스 사건'의 발단은 이러하다. 휘그 쪽을 열렬히 지원하던 빅토리아는 토리당과 관련이 있는 궁중 시녀 플로라 헤이스팅스에 대하여 늘 못마땅하게 생각하고 있었다. 그러던 즈음 여왕은 그녀에게 임신했다는 혐의를 씌워 강제로 의사의 진단을 받게 했다. 만약 임신이 확인된다면 그녀를 쫓아낼 수 있기 때문이다. 진단 결과로 여왕의 오해였다는 사실로 밝혀졌는데, 문제는 뒷공론이 무성했다는 것이다. 그런데 공교롭게도 그해 말에 플로라 부인이 뜻밖의 질병으로 죽자, 훨씬 더 험악한 유언비어(?)가 유포되기 시작하였다. 이로 인해 1838년 대관식 때의 뜨거웠던 대중의 열정은 순식간에 사라져버렸다.

또 한 차례의 위기는 '침실 위기'라 불린다. 1833년 노예 해방령을 거부한 자메이카는 영국의 자치령이 되지 못하고 있었다. 그러나 이곳이 플랜테이션 경작지로 각광을 받자 멜버른은 이곳에 자치권을 주려 했다. 그러나 1839년 5월 그 안건이 다섯 표 차로 부결되면서 그도 수상의 자리에서 물러나게 되었다. 새로이 당선된 수상은 보수당(토리당의 후신) 당수인 로버트 필 경이었다. 그는 휘그당원 일색인 여왕의 시녀들이 왕의 침실 근처에 있는 한 공평한 정치가 이뤄질 수 없다고 보고 이들을 모두 쫓아내야 한다고 주장했다. 여왕은 멜버른의 격려를 받아 단호히 이 요구를 거부했다. 필은 수상직을 포기했고, 멜버른이 다시 그 자리에 올라섰다.

여왕의 남편-앨버트 공

빅토리아가 여왕 즉위식을 마친 얼마 뒤부터 혼사 문제가 입에 오르내리기 시작하였다. 그녀의 상대로 일 순위에 오른 인물은 빅토리아의 외사촌 동생(빅토리아보다 석 달 어렸다)인 앨버트 공이었다. 그가 영국 왕실을 방문하기 위해 윈저에 도착한 지 불과 5일 뒤인 1839년 10월 15일, 빅토리아는 잘생긴 앨버트의 외모에 매혹되어 사랑에 빠지게 되었다.

앨버트의 아버지는 워체스터 정도의 크기인 독일의 작센-고타 영지를 갖고 있는 공작이었다. 앨버트가 7살 되던 해 어머니는 간통죄를 저질러 스위스로 추방되어 그곳에서 여생을 보내게 되었는데, 물론 자식도 볼 수 없었기에 앨버트는 어머니를 모르고 자랐다. 그러나 떨어져 있었기에 어머니에 대한 애정은 더욱 간절하였다. 그런 과거를 안고 있던 앨버트는 빅토리아가 사랑의 감정을 전해오자 선뜻 받아들이지 못했다. 아직 그의 마음속에는 어머니가 가득했기 때문이다. 그러나 앨버트는 보지도 못하는 어머니보다 현실적으로 다가온 사랑을 선택하였고, 이로써 빅토리아와 앨버트의 사랑은 1840년 2월에 결혼으로 이어지게 되었다.

20살 선남선녀의 아름다운 결합은 정당 간에 정치성을 드러내는 하나의 시발점이 되었다. 빅토리아의 총애를 받던 멜버른과 휘그당이 주관한 결혼식에 토리당원들은 거의 초대받지 못하였다. 여기에 앙심을 품은 토리당원들은 빅토리아의 '여왕 다음 가는 지위와 우선권을 앨버트에게 주어야 한다.'는 요구를 거부했다. 동시에 앨버트와의 결혼으로 멜버른과 휘그당에 대한 여왕의 애착도 반감되었다. 결혼 후 여왕은 모든 일에서 남편에게 의지했고, 또 그에게서 왕실 통치의 요체와 궁중 생활의 미덕을 배웠기에 자연히 여왕과 멜버른과의 사이가 벌어지게 되었다.

한 예로 멜버른은 극빈자, 범죄 등을 다룬 찰스 디킨스의 《올리버 트위스트》를 읽지 말 것을 여왕에게 권유했다. 그러나 앨버

트 공은 광산에서 벌어지는 아동학
대에 관해 의회에서 문제를 제기한
애셜리 경을 궁으로 초대하여 여왕
에게 이런 상황을 소상히 들려주도
록 주선하기까지 하였다. 둘의 행동
은 극히 반대의 모습이었다. 이에 여
왕은 앨버트 쪽을 따랐던 것이다.

앨버트 공

　그렇다고 앨버트와 멜버른 사이
가 극단적으로 나빠진 것은 아니다.
사실 결혼 직후 여왕은 공공연히 앨
버트가 정치에 참여해서는 안 된다
고 주장했다. 그러나 재미있는 것은
멜버른의 거듭된 제안에 의해 여왕
의 마음이 바뀌어 '앨버트 공이 공문
서를 보아도 좋다.'는 특별 허가를 주었으며 얼마 후에는 여왕이
각료들을 만나는 자리에 배석할 수도 있게 하였다. 이후 여왕이
훗날 독일제국 황제 빌헬름 2세의 모후가 된 비키 공주를 임신했
을 때에 앨버트 공에게 '왕실의 비밀 상자를 여는 열쇠'를 주었
다. 둘 사이에 자녀들이 속속 태어나면서 빅토리아가 남편에 대해
차츰 더 의존하게 되자 앨버트의 정치적 역할도 점점 커졌다. 그
래서 언제인가부터 "여왕이라는 칭호는 빅토리아가 갖고 있었지
만, 실제로 왕의 기능을 수행하는 사람은 앨버트이다."라는 소문
도 있었다.

　한편 상대적으로 위치가 약해져가던 멜버른은 자신이 이끌던
내각이 1841년 총선에서 패배한 뒤 정계를 떠나게 되었다. 여왕

은 마지막으로 그녀를 보러온 멜버른을 맞으며 자기 곁을 떠나게 된 것을 무척 비통해 했다. 멜버른은 여왕의 이런 마음을 감사히 받고 충직한 신하로서의 마지막 임무를 수행하였다. 멜버른은 여왕이 자신의 견해를 재검토하고 자신의 판단을 재평가할 수 있는 인물임을 알고 있었다. 그렇기에 후임 총리인 필에게 국사를 논할 때 여왕에게 간단명료하면서도 자세히 설명해주는 것이 좋다고 그녀를 모시는 법을 충고했던 것이다.

사실 여왕은 필에 대하여 '차갑고 괴팍한 사람'이라고 평가했다. 그러나 멜버른의 충고 덕분에 여왕과 필의 첫 대면은 평안하고도 흡족한 대화를 나눌 수 있는 시간이 되었다. 이것이 기반이 되어, 1842년 여름에 여왕 암살 음모가 일어났을 때 필이 진심으로 걱정하자 여왕은 공석에서 필을 바라보며 "필 당신은 자신의 이익만을 추구하지 않는 위대한 정치가입니다."라고 말했다.

1846년 빅토리아는 기근에 시달리는 아일랜드의 고통을 구제하기 위해 곡물법* 폐지를 지지하였다. 게다가 빅토리아는 정부의 차티스트* 운동 탄압 정책을 전폭적으로 지지했는데, 배경에는 영국 노동자들이 현재 생활에 만족하고 있으며 여왕에게 충성한다고 믿었기 때문이다. 1848년에 런던에서 마지막으로 열린 대규모 차티스트 시위가 실패로 끝나자, 여왕은 무척 만족해 하면서 자신의 생각을 따라준 대다수 국민의 충성심에 감동했다고까지 말했다.

빅토리아 통치의 절정기는 '만국박람회'가 열린 1851년이었다. 과학문제에 관심이 많던 앨버트는 빅토리아 시대의 상징이 될 국제 무역박람회를 조직하는 일에 몰두했다. 당시 만국박람회를 위해 하이드 공원에 세워진 온실에서 착상을 얻은 유리 건물인 수

* 곡물법 : 영국 곡물 가격을 인위적으로 높게 유지하는 보호 무역법
* 차티스트 : 보편선거와 같은 정치적·사회적 개혁을 주장하는 당시로서는 급진적 사람들의 모임

정궁은 건축학의 경이라는 평가를 받았다. 그리고 이 건물에서 개
최된 박람회에서 영국은 자신의 부와 과학 기술을 전세계에 과시
했다. 다시 말해서 영국은 빅토리아 통치기에 대영 제국의 본격적
인 궤도에 올라선 것이다. 빅토리아는 이 박람회에서 얻은 수익금
은 사우스 켄싱턴 지역에 제조업을 육성할 복합 단지를 건립하는
데 투자하였다.

여왕의 치세

입헌군주제란 정치적 균형감각을 잃어버리면 안 된다. 그러나 빅
토리아는 정치에 있어 적극적으로 군주의 역할을 하곤 했는데, 이
는 당시의 유동적인 정치 상황 때문인지도 모른다. 1846년에 곡
물법이 폐지된 뒤, 어느 한 정파가 하원에서 절대적인 우세를 확

보하지 못하고 일시적인 제휴로 정치가 이루어지고 있었다. 1868년 총선 때까지 계속된 이런 정치적 분위기 덕분에 군주가 적극적으로 정치에 개입할 수 있었다. 구체적으로 군주는 내각 구성자의 역할을 맡았고, 연립내각을 구성할 때는 중재자가 되기도 했다.

그러나 여왕은 자신의 이런 역할을 남용하지 않고 입헌군주로서의 위상을 유지하였다. 단 영국 군주는 외교 문제에서 특별한 역할을 맡는 전통이 있었기에 이 분야에 남달리 신경을 썼다. 더군다나 빅토리아와 앨버트는 유럽 전역에 친인척이 있었고 그들은 자주 외국 군주를 방문하거나 방문을 받았기에 외교적 역할은 특별히 돋보였다. 그러다 보니 이 분야를 책임지고 있는 외상과의 충돌도 빈번하게 일어났다.

한 사건을 예로 들어보면, 1850년 앨버트와 빅토리아가 찬성하지 않는다는 것을 알면서도 외상 파머스턴은 오스트리아 제국을 해체의 위기로 놀아넣는 민족주의 운동을 조장하는 정책을 추진했다. 또 1851년에는 여왕과 상의하지 않고 루이 나폴레옹(나중에 나폴레옹 3세)의 쿠데타를 승인하자, 여왕은 심기가 불편해져 수상인 존 러셀 경에게 그의 해임 압력을 은근히 넣었고 마침내 러셀은 그를 해임했던 적이 있다. 이 당시 국민에게 인기가 높은 파머스턴은 해임된 지 불과 몇 달 뒤 내무상으로 다시 공직에 복귀했다.

여왕은 파머스턴이 반대했던 크림 전쟁(1854~1856)을 직간접으로 지지했다. 이로 인해 파머스턴의 인기와 비례하여 여왕에 대한 국민의 불만의 소리가 있었다. 그러나 전쟁이 계속될수록 그녀에 대한 국민들의 생각은 바뀌었다. 전쟁 중에 빅토리아는 부상병을 돕는 여성위원회를 직접 감독했고, 플로렌스 나이팅게일의

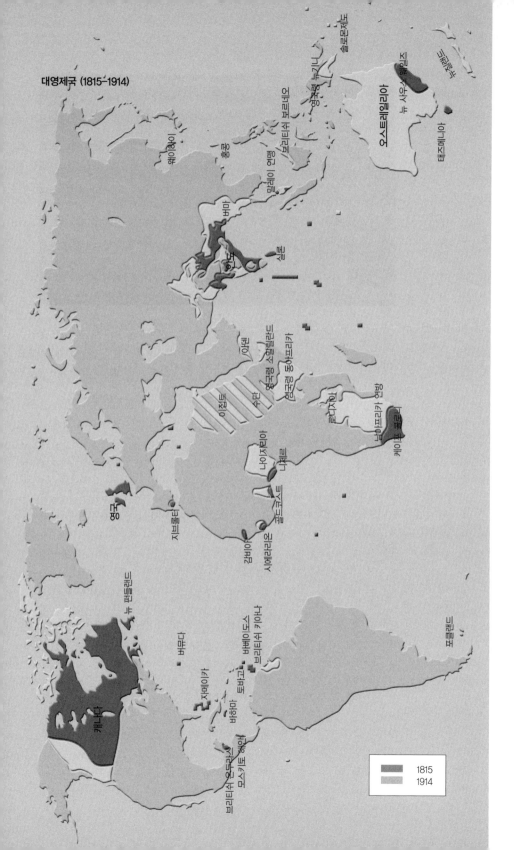

대영제국 (1815-1914)

솔로몬제도

뉴헤브리디스

영국령 뉴기니

오스트레일리아

뉴 사우스 웨일즈

태즈메이니아

해이난

홍콩

버마

말레이 연방

보르네오 보르네오

인도

실론

아덴

영국령 소말릴란드

수단

에집트

나이지리아

우간다

나이로비아 연방

케이프 식민지

영국령 동아프리카

영국령 동아프리카

잔지바르

황금 해안 나탈

감비아

시에라리온

영국

지브롤터

뉴 펀들랜드

포클랜드

캐나다

버뮤다

자메이카

바하마

토바고 바베이도스

브리티시 키아나

브리티시 온두라스

모스키토 해안

1815
1914

크림 전쟁에서 활약
한 나이팅게일

활동을 후원했다. 병원으로 부상병을 찾아가기도 했고, 빅토리아
십자훈장을 제정하여 용감한 병사에게 수여했기 때문이다.

슬럼프에 빠진 여왕

1861년 12월 4일에 앨버트 공이 세상을 떠나자, 빅토리아는 깊은
우울증에 빠졌다. 여왕은 군주로서 해야 할 의례적 기능조차 수행
하지 않은 채 해마다 4개월 동안을 밸모럴 성과 오즈번 궁에서 지
냈다.

빅토리아는 앨버트가 살아 있을 때에도 런던을 떠나 아일오
브와이트 섬의 오즈번 궁과 스코틀랜드의 밸모럴 성에서 가족들
과 함께 평범하고 소박한 사적 시간을 자주 보냈다. 특히 여왕이
밸모럴에 머물 때면 스코틀랜드 고지 사람들을 존중해 주면서 그
들과 친분을 갖는 시간도 행복의 한 부분이 되곤 했던 것이다.

여왕 부부가 스코틀랜드나 아일오브와이트에서 자주 시간을

보낸 것은 그들이 남의 눈을 의식할 필요가 없는 오붓한 사생활을
추구하면서 중산층 국민과 비슷한 생활 방식을 국민들에게 보여
준 것으로 영국 군주의 새로운 삶의 유형을 제시한 것이었다. 그
런 추억이 있는 곳에 미망인인 빅토리아가 칩거한 것이다.

　여왕은 자신의 칩거로 인해 각료들에게 주는 불편과 부담은
전혀 아랑곳하지 않았다. 국민도 처음에는 여왕의 슬픔을 동정했
지만, 자리를 비우는 군주에 대한 참을성을 점점 잃었다. 그러나
아무도 고집 센 여왕을 움직이지는 못했다. 게다가 여왕은 앨버트
공이 왕세자의 비도덕적인 행동에 대하여 크게 분노했던 시점에
서 얼마 되지 않아 장티푸스로 세상을 떠나자, 그의 죽음을 왕세
자 탓으로 돌렸다. 따라서 왕세자에게 책임 있는 정치적 권한을
주지 않기 때문에 여왕의 정치적 공백은 더욱 커 보였다.

제국주의와 인도의 여제

빅토리아 여왕은 영제국의 위신을 유지하려는 벤자민 디즈레일리 수상의 헌신적인 노력으로 점차 정치 전면으로 나오게 되었다. 디즈레일리는 "폐하께서 되도록 쉽게 일을 처리하실 수 있도록 해드리는 것이 저의 기쁨이며 의무입니다."라고 여왕에게 말하곤 했는데, 여왕은 이 말을 신뢰하기 시작하였다. 그러나 둘 사이에는 또다른 공통분모가 있었다. 그것은 '동방 정책'과 '제국 건설' 이었다. 비록 여왕은 디즈레일리가 추진했던 제2차 선거법 개정 (1867)은 지지했지만, 이후 추진되는 사회 개혁안에 대해서는 무관심하였다. 이에 반해 여왕은 디즈레일리가 펼쳐 보이는 제국주의에 입각한 대외정책에 관해서는 처음부터 줄곧 관심을 보였다.

1875년 디즈레일리가 프랑스가 독점하다시피 하던 수에즈 운하의 주식을 거의 절반 가까이 사들였을 때에도 여왕은 찬사를 보냈다. 급변하는 대외 사정을 감안할 때 인도를 영국의 일부로 편입시켜야 안심할 수 있다는 판단을 내린 디즈레일리는 1876년에 여왕에게 '인도의 황제'라는 칭호와 함께 인도를 대영 제국 영토의 일부로 편입시켰다. 여왕은 이런 디즈레일리의 정책에 감격했다.

한편 당시 몰락해가던 투르크 제국에 대한 러시아의 움직임이 심상찮았고, 제국 내에 편입된 여러 국가들의 독립 조짐도 심상치 않았다. 빅토리아와 디즈레일리는 이를 '동방 문제'라 하고 영국의 안정을 위해서는 투르크를 지지하여 이 지역의 외교 상황이 급속히 변화하는 것을 막는 것이 가장 이롭다는 입장을 취하였다. 그들의 생각은 투르크가 반란을 일으킨 불가리아인들에게 잔악 행위를 저질렀다는 소식이 전해졌을 때에도 변하지 않았다.

반면 1877년 러시아는 불가리아에 취한 투르크의 잔학성을 지적하면서 전쟁을 시작하였다. 물론 러시아는 이 전쟁을 빌미로 부동항을 획득하여 지중해로 무역로를 넓히려는 속셈이었다. 여왕은 투르크 입장에서뿐만 아니라 영국이 독점하고 있는 지중해 무역로에 대한 러시아의 침투를 막기 위해서라도 러시아에 선전포고를 하라고 요구했다. 이에 전쟁선포 일보 직전까지 갔으나 1878년의 베를린 회의에서 디즈레일리는 대화를 통한 외교로 승리를 거두었다.

이로써 발칸 반도에서 러시아의 영향력은 줄어들었고, 영국은 전략 요충인 키프로스 섬을 얻게 되었다. 이는 여왕을 무척 기쁘게 하였으며, 디즈레일리에 대한 총애도 남다르게 되었다. 그러던 중 여왕은 이전의 칩거를 버리고 어느덧 정치의 전면으로 나와 있었던 것이다.

당시 디즈레일리와 쌍벽을 이루던 글래드스턴도 여왕의 시기에 중요인물로 언급되어야 한다. 여왕은 정치와 외교문제에 도덕성을 주장하는 글래드스턴을 이상주의자라고 꼬집어 표현하면서 그에 대한 못마땅함을 노골적으로 드러내곤 하였다. 아일랜드 문제는 두 사람의 관계를 훨씬 더 멀어지게 만들었다.

여왕은 당시 아일랜드 자치를 원하는 사람들을 영국에 대해 충성스럽지 못한 자들로 보고 있었다. '아일랜드의 자치권 부여'를 위해 노력하는 글래드스턴의 모습이 여왕의 눈 밖에 나는 것이 당연하였다. 그러다 보니 여왕은 1874년 선거에서 글래드스턴이 패배하자 "선거가 중요한 전기를 이룩했다."며 기뻐했다.

하지만 1880년 선거에서 보수당이 패배하자, 여왕은 글래드스턴을 다시 총리로 임명할 수밖에 없었다. 그녀는 그의 집권이

글래드스턴

나라의 안정을 위협한다고 생각했으나 글래드스턴이 진행하던 1884년의 제3차 선거법 개정의 경우에는, 여왕이 상원과 하원을 중재하여 서로 타협점을 찾도록 하여 무사히 개정되었다.

여왕의 말년에 집권한 솔즈베리 내각(1895~1902)은 디즈레일리 시대의 제국주의를 재현시켜 그녀를 기쁘게 해주었다. 여왕은 보어 전쟁(1899~1902)이 터지자 수십 년 만에 대중 앞에 나타나 남아프리카에서 영국 병사들이 겪고 있는 고통에 동참하여 적극적으로 활동하기 시작했다. 그녀는 부대 시찰, 훈장 수여, 군 병원 방문 등을 통해서 근대적 군주의 본보기를 다시 보여주게 되었다.

국민들은 그녀를 사랑하였다. 그리하여 정치적 권력으로서가 아니라 정치적 제도로서 입헌군주제의 존속은 보장되었다. 빅토리아의 오랜 통치는 전설을 만들어냈고, 여왕의 권력이 쇠퇴할수록 여왕의 정치적 가치는 높아졌다. 여왕의 정치적 중요성은 '실무적' 기능보다 '의례적' 기능에 있었다. 이것이야말로 여왕이 영국 군주제에 가장 크게 이바지한 것이다.

여왕은 1901년 1월 22일에 오즈번에서 조용히 세상을 떠났다. 헨리 제임스는 이렇게 말했다.

오늘 우리는 모두 어머니를 잃은 듯한 기분을 느끼고 있다. 신비로운 빅토리아가 죽고, 평범한 뚱보 에드워드가 왕이 되었다.

빅토리아는 윈저 궁 근처의 프로그모어에 있는 영묘에 앨버트 공과 나란히 묻혔다.

7
과거와 미래의 사이에서

The History of United Kingdom

과거와 미래 사이에서

제1차 세계대전과 대공황, 제2차 세계대전으로 이어지면서 대영 제국의 위상은 점차 스러지게 되었다. 그러나 1918년 여성 참정권, 1924년 노동당의 첫 집권, 1928년의 보통선거 제도의 정착 등은 값진 민주주의 유산으로 남겨지게 되었다.

1945년 이후 세계는 급속하게 변화하였다. 영국도 과거에만 머물 수 없었기에 미래의 선택을 하였다. '요람에서 무덤까지'라는 사회보장제의 채택으로 '자유 사회주의'란 새로운 정치 체제의 시험장이 된 것이 그것이다. 그러나 '영국병'이란 오명만 남기고 역사 속에서 영국의 이름은 더욱 약해져만 갔다.

그런데 오늘날 영국을 의미하는 엘리자베스 여왕과 왕실 가족의 뉴스만큼은 약해지지 않고 있다. 여왕의 일상이나 찰스 왕세자 그리고 윌리엄 왕자, 1997년에 세상을 떠난 다이애나 왕세자비의 뉴스는 세계 언론을 장식했다. 특히 '왕권 제도'라는 과거의 흔적과 '군림하지 않는다.'는 민주주의의 특징을 적절하게 조화시키는 엘리자베스의 움직임은 21세기 영국만의 독특한 미래가 열리고 있음을 보여주고 있다.

평화중재자 에드워드 7세

에드워드Albert Edward는 빅토리아 여왕의 장남으로서, 1841년 11월 9일에 세인트 제임스 궁에서 태어났다. 역사 속에 많은 왕들이 어렵게 왕세자가 되는 것에 비해 에드워드는 태어난 지 25일만에 왕세자의 자격을 갖게 되었다.

　빅토리아 여왕의 부군이자 에드워드 왕세자의 부친인 앨버트 공은 미래의 왕으로서의 교육을 처음부터 철저하게 시켜나가야 한다는 생각을 하고 있었다. 그는 우수한 개인교사들을 궁에 머물게 하면서 철저한 시간관리 아래 에드워드 왕세자를 교육시켰다.

반항아 에드워드

에드워드의 핏속에는 즐거움만 추구하고 부도덕적인 짓을 서슴지 않았던 왕으로 알려진 조지 4세의 유전적 요소가 많았었던 것 같다. 그는 17살이 되었을 때까지도 바닥에 왁스를 쏟아놓고 갑작스레 소란을 피워 놀라 달려 나오는 하인들이 넘어지게 하는 등 유아적인 행동을 하였다. 성격도 무척 독단적인 면이 있었다. 브릿지나 골프 게임에서 지게 되면 일방적으로 게임을 중단하고 새로 시작하는 무례함을 저지르기도 했다. 때로는 친구가 입고 온 옷이 마음에 들지 않으면 그의 면전에서 신랄하게 이를 비판하곤 하였는데, 이런 소식을 접한 빅토리아 여왕 부처는 에드워드에 대한 실망이 커지게 되었다.

　여왕과 정부의 허락을 받은 에드워드는 왕세자로서의 최초의 공식행사로 18살 되던 1860년 미국과 캐나다 순방을 치르게 되었다. 여왕은 에드워드의 성정을 생각하여 못내 걱정하였다. 영국 정부로서도 식민지였던 미국이 왕족을 기쁘게 맞아줄지도 의문스러웠다.

하지만 에드워드가 버지니아의 워싱턴 묘를 참배하러 가자, 그곳 인도를 메운 인파들이 열렬하게 환영했고, 수도 워싱턴에서 열린 환영회나 무도회에서도 외교사절로서의 역할을 훌륭하게 수행해냄으로써 영국 정부의 우려를 말끔히 해소시켰다. 그의 첫 공식행사는 성공적이었다.

에드워드가 영국으로 돌아온 이듬해, 그에게 불행한 사건이 터졌다. 19살이 된 에드워드는 왕실전통의 일환으로 군에 입대하게 되어 아일랜드의 커러Curragh 지역 방위군의 기동연습에 참여하게 되었다. 어느 날 밤, 그는 동료 장교들과 함께 그곳 여배우를 자신의 막사로 끌어들여 파티를 벌였다. 이 사실은 곧 여왕 부처에게 알려지고 그에게는 소환 명령이 떨어졌다.

크게 노한 앨버트 공의 언성이 오고 간 몇 주 뒤, 공교롭게도 장티푸스에 걸린 앨버트 공은 세상을 떠났다. 빅토리아 여왕은 남편의 죽음이 에드워드의 커러 사건과 깊은 연관이 있다고 생각하고 다시는 그를 보지 않겠노라고 말하기에 이르렀다.

비록 어머니인 빅토리아 여왕과 불편한 관계에 있었지만 에드워드는 1863년 덴마크 크리스티안 9세의 큰딸인 알렉산드리아 공주와 결혼하였다. 여왕은 아들에 대한 분노는 여전하였지만 지성과 미를 겸비한 알렉산드리아 공주에 대해서는 깊은 호감을 가졌다. 그러나 슐레스비히-홀스타인 영토를 둘러싼 덴마크와 프러시아의 전쟁이 1864년에 시작되자 알렉산드리아 공주에 대한 호감도 사라지게 되었다. 당시 여왕은 프러시아 쪽에 동정심을 갖고 있었고, 에드워드는 당연히 덴마크 쪽이었기 때문이다.

여왕이 통치하던 27년 동안 에드워드는 철저히 공적 행사에서 배제되었다. 일부 각료들이 에드워드에게 국가 행정서류들을 심사하게 해야 한다는 의견도 일거에 묵살되었으며, 국제적 문제로 만나게 될 외교 고위층들과의 공적 접촉도 철저히 배제되었다. 이 기회에 에드워드는 자신의 즐거움을 채울 사적 외국 나들이를 더욱 자유롭게 할 수 있게 되었다.

그는 가는 곳마다 사냥과 노름 그리고 경마 등을 즐겼다. 런던에서도 자주 연회를 베풀고, 즉흥적으로 파리로 옮겨 즐기기도

에드워드 7세

하였다. 그는 취할 정도로 마시지는 않았지만 탐식은 많았다. 하루에 5차례의 정찬을 준비하게 하고 각 정찬마다 10코스 정도의 요리가 오가게 하였다. 또한 심한 끽연가였는데, 하루에 12개의 시가와 24개의 담배를 피웠다. 이처럼 건강관리를 소홀히 한 덕분으로 중년이 되었을 때의 그의 몸무게는 엄청나게 불어서 허리가 48인치(성인 남자는 보통 34~36인치)나 되었다.

여성편력도 대단했다. 여배우에서 사교계의 귀족 부인들까지 영국과 유럽 대륙 내의 많은 여인들이 세간의 입에 오르내렸다. 그러나 이런 복잡한 여성 관계에도 불구하고 부인인 알렉산드리아에 대한 사랑과 자녀들에 대한 헌신은 놀랄 만큼 적극적

이었다.

정치인 편력도 특이했다. 그가 주로 만나는 사람은 민족농업 노동조합 창시자인 조셉 아크나 노동계급 출신 의원인 헨리 브로드허스트 같은 사람들이었다. 에드워드는 노폭 주 샌딩햄에 있는 자신의 별장에 브로드허스트를 장기간 머물도록 배려했다. 더욱 특이한 것은 브로드허스트가 만찬 의상이 없어서 저녁에 홀로 내려오기를 머뭇거리자, 하인을 시켜 "음식을 그의 방으로 가져다주라."라고 했던 것은 두고두고 세인의 입에 오르내렸다.

에드워드는 파리에도 자주 들렀다. 그는 1871년 최초의 노동자 정부를 세우려던 파리코뮌군을 포위 공격하고 이를 탄압한 갈리페 장군과 친분을 쌓았다. 동시에 같은 해 국민의회에서 임시정부 수반으로 선출된 아돌프 티에르를 도와 왕당파와 보나파르트파에 맞서 새 정부체제를 의회제 공화국으로 바꾸는 데 이바지한 강베타와도 두터운 친분관계를 맺었다. 이런 그의 모습은 본국에서 노동계급 출신들과 친분을 쌓던 것과는 대비되는 모습이었다.

에드워드의 화려하고 황당한 사생활은 많은 스캔들을 만들었다. 그중 한두 가지만 소개하면 이렇다.

1870년 하원의원인 찰스 모던 경은 자신의 부인이 간통을 저질러 이혼절차를 밟고 있었다. 그때 모던 부인은 자신의 죄에 대한 자백서를 써냈는데, 자백서 안에 에드워드 왕세자의 이름이 있었던 것이다. 이로 인해 에드워드에 대한 추궁은 법정에까지 올라가게 되었다. 물론 에드워드는 법정에 나타나지 않았으며 모던 부인만 홀로 자신의 자백이 사실임을 입증하기 위해 발버둥쳤을 뿐이다. 결국 모던 경이 의회에 출석한 오후에 에드워드와 모던 부인이 몇 차례 만났던 증거가 드러났다. 그러나 사건은 증거를 입증하는 상태에서 무마되었다.

모던 경 스캔들과 비교도 안 되는 최고의 스캔들은 그로부터 20년 뒤에 터졌다. 1890년 세인트 라거 축제 기간 중 요크셔 지방 트랜비 크로프트에서 열리는 경마대회를 보기 위해 그 지방에 머물던 날, 지방 귀족이 개최한 파티에 참석하였다. 그때 카드게임이 벌어졌는데, 카드게임의 일원이던 윌리엄 고든—커밍 경이 속임수를 쓰다가 발각되었다. 당시 고든—커밍 경은 다시는 카드게임을 하지 않을 것이니 이 사실이 밖으로 나가지 않게 해달라고 사정하였다. 게임에 참여하고 있던 사람들 중에 에드워드도 있었는데, 모두가 그렇게 하겠노라 허락하였다.

그럼에도 불구하고 그날 있었던 사건은 누군가의 발설로 일순간에 밖으로 퍼져나갔다. 세인들은 왕세자의 신분으로 불법 도박을 한 것이나 속임수 사건을 덮으려던 에드워드의 부도덕성에 대하여 신랄하게 비판하기 시작하였다. 〈데일리 크로니컬〉지는 "앞으로 그의 통치를 받아야 하는 우리들로서는 이 사실을 말하기조차 역겹다."고 비난하였다.

왕의 치세

이렇듯 방탕한 에드워드의 삶은 청교도적 삶을 추구하는 여왕과의 관계를 더욱 멀어지게 만들었지만 그들의 관계는 1901년 여왕이 세상을 떠나자 해결되었다. 에드워드는 59살이란 늦은 나이에 왕위를 이어받아 에드워드 7세로 등극했다. 당시 국내외의 종합적인 상황은 제국주의의 소용돌이 속에 말려들면서 혼돈의 시기로 치닫고 있었다. 이런 상황 속에 에드워드는 고전극들이나 음악적인 코미디들을 더욱 즐기면서 외적인 상황이 내적 우울함으로 이어지지 않도록 하였다.

당시 사회상황을 보면, 1906년 총선에서 크게 이긴 자유당이 노인연금제와 국민보험 등을 선보임으로써 근대복지국가로 한 발짝 내딛게 되었다. 그러나 왕의 정치적 성향은 보수당 쪽이었다. 그러므로 심도있게 언급되던 여성 참정권 요구건이나 인도의 총독 위원회에 현지민을 위원으로 포함시키는 문제 등에 대해서는 개인적으로 강한 반대의 입장을 보였다. 그렇다고 에드워드의 정치성향이 보수당 쪽이라고 말할 수는 없다. 그는 보수당 수상인 솔즈베리와 남다른 친분관계를 쌓고 있었지만, 솔즈베리의 뒤를 이은 밸푸어 수상과는 그렇지 못하였다. 차라리 그를 이은 자유당의 켐벨—베너먼 수상에 대하여 더 호감을 갖고 있었다.

그렇다고 에드워드의 성향이 자유당 쪽이라고도 할 수도 없다. 왜냐하면 켐벨—베너먼을 이은 애스퀴스 수상에 대해서는 그리 친분이 없었기 때문이다. 결국 그의 보수적 성향은 공적이라기보다 개인적인 면에 의한 것이다.

국방 문제에 대해서 그는 무척 근대 지향적인 생각을 갖고 있었다. 당시 정책적으로 해군의 개혁이 시도되던 때였는데, 그는 전통적 견해를 가진 군 수뇌부들보다 근대적 생각을 갖고 있던 존 피셔 해군제독에 대한 신임이 남달랐기 때문이다.

사실 권리장전 이후 꾸준히 왕의 권력은 제한되어 가고 있었다. 그러므로 위에 언급된 정치 · 사회 · 군사적인 측면도 사실은 제한적인 상황 속에서의 일일 뿐이다. 그러므로 앞으로 언급하려는 외교적인 문제들에 대한 왕의 역할도 제한된 범위 내에서 이루어져 더욱 두드러져 보일 수 있다. 에드워드는 사실 공적이든 사적

이든 간에 왕세자의 자리에 있는 동안 자주 여행을 하였다. 이 과
정에서 지인들을 알게 되었고 그의 이름이 대외적으로 알려지게
된 것이다.

　그는 1903년 파리를 방문하여 당시 급성장하고 있던 독일에
대한 견제를 위한 영·프 협상을 이끌어내는 데 큰 역할을 하였
다. 그뿐 아니라 한 세기 동안 각축을 벌이던 러시아의 황제와 발
틱 해의 탈린에 정박해 있던 황제 소유의 요트에서 전격적인 회동
을 하기도 했다. 이렇게 유럽사회에서 평화를 추구했던 그는 '평
화중재자 에드워드'라는 이름으로 명성이 높았다.

　물론 전쟁을 준비하던 독일 측에서는 그를 곱게 놔두지 않았
다. 독일 황제는 에드워드를 반독일 동맹을 결성시킨 적으로 간주
했다. 1914년 세계대전이 발발했을 때도 독일 측 선전용 전단에
는 그에 대한 비난이 자주 오르내리게 되었다.

　한편 에드워드는 죽기 직전까지 풀지 못한 정치적 숙제를 남

겨두고 있었다. 그것은 자유당의 정치적 운명의 마지막을 쥐고 있던 두 인물 애스퀴스 수상과 당시 재무상이던 로이드 조지가 추진하던 '피플스 버젯People's Budget'으로 불리는 1909년의 세금법안 관련 문제였다. 연금제의 확대와 해군 재무장을 위한 소득세나 토지세 확대를 골자로 한 세금법안 통과는 사실 귀족들이나 자산가들의 재정적 부담과 비례하는 것이었다. 즉 그들이 속해 있던 귀족 상원 측에서 강한 반발을 하게 되는 것은 당연하다.

자유당 쪽도 자신의 정치적 생명이 걸린 이상 한 치의 양보도 하지 않으려 하였다. 오히려 자신들을 지지해줄 신흥 귀족들로 교체할 수 있는 상원의 개혁을 원했으며 이를 왕에게 간청하게 되었다. 에드워드는 양쪽이 모두 원만한 결론을 얻기를 바랐다. 그러나 애스퀴스는 확실한 결과를 원했으며 그의 정치생명을 건 선거를 실시하였다.

에드워드가 세상을 떠난 때는 이런 급박한 상황이었다. 그는 잠시 병상에 누워 있다가 1910년 5월 6일, 68세를 일기로 조용히 눈을 감았다.

윈저 왕조의 조지 5세

빅토리아 여왕이 오랫동안 왕좌에 머물면서 에드워드 7세는 황혼기인 59세가 되어서야 왕위에 오를 수가 있었다. 그는 자연의 이치에 따라 자신의 통치기간이 짧을 것으로 예상하고 아들 조지를 정식 왕세자로 명했다.

에드워드 7세는 처음부터 집무실에 왕세자의 책상을 함께 두고 공동으로 집무를 보았는데, 이에 따라 에드워드 7세가 세상을 떠나고 왕위를 잇게 된 조지 5세는 아무런 공백도 없이 통치를 유지해 갈 수 있었다. 결국 에드워드 7세가 남겨 놓은 숙제인 자유당의 상원개혁도 통치 초기에 상원을 잘 다독여 의회법(1911)을 통과시킬 수 있었다.

조지는 한 해 앞서 태어난 형 에디가 있었기에 처음부터 왕위에 오르도록 준비된 인물은 아니었다. 두 왕자는 나이 차이가 없다 보니 초기에는 같은 교육을 받았다. 하지만 조지가 18세가 될 즈음 둘의 교육방향은 달라졌다. 형인 에디는 본격적으로 왕세자로서 수업을 받게 되었고, 조지는 자신의 자질과 관련된 전문교육을 받게 되었다.

조지는 해군 장교의 길을 택했다. 외모만 보더라도 비록 키는 작았지만 다부진 체격과 푸른 눈, 그리고 우렁찬 목소리 등 해군 장교로서의 기질이 다분하였다. 그 자신 또한 군인으로서의 열정이 있어서 1889년에 어뢰정에 탑승하여 지휘 장교가 되었으며 두 해 뒤에는 어뢰정 함장으로 승진하기도 하였다.

조지가 택한 군인으로서의 삶은 1892년 1월 14일에 막을 내렸다. 왕세자 수업을 받고 있던 에디가 폐렴으로 급사하면서, 동시에 왕세자의 신분이 조지에게 넘어왔기 때문이다. 27살 되던 해부터 조지는 에디가 받던 왕세자 수업을 고스란히 받아야만 했다. 바다를 통해 자유로움을 느끼던 성격이었음에도 불구하고 그는 미래의 왕으로서 주어진 운명적인 새로운 환경을 받아들일 수밖에 없었다. 조지는 엄격한 할머니의 청교도적 교육을 받으며 자랐기 때문에 자기에게 주어진 상황을 수긍하고 받아들였다.

한편 그의 형 에디는 죽기 얼마 전 테크 가의 메리 공주와 약혼했었다. 비록 에디는 세상을 떠났지만 왕실에서는 정혼녀인 메리 공주와의 약속을 깨고 싶지 않았다. 결국 왕실은 조지와 메리의 결혼을 주선하였고 조지는 이를 받아들여 1893년에 결혼했다. 조지의 청교도적이고 순종적인 삶의 단면이 메리 공주와의 결혼에서도 역시 나타나고 있다.

특히 외교에 관심이 많았던 에드워드 7세는 자신뿐만 아니라 조지에게도 영제국을 순방할 기회를 주었다. 조지는 오스트레일리아, 뉴질랜드, 아일랜드, 캐나다, 인도를 두루 살펴보게 되었는데, 방문기간 동안 당연히 그곳에 정착한 영국민들의 복지에 일순위로 신경을 썼으며, 가능한 현지민들의 복지도 생각하였다. 이런 그의 포용적인 자세는 왕실뿐 아니라 국민들에게도 좋은 이미지를 심어주었다.

아일랜드 문제와 제1차 세계대전

조지가 왕이 되었을 때 그가 풀어야 할 큰 과제는 두 가지였다. 하나는 북아일랜드 신교인들의 반발로 내전상황으로 치닫는 아일랜드 문제와 점점 유럽 대륙에서 짙게 감도는 전운이었다. 아일랜드 문제가 위험수위에 이른 것으로 판단한 그는 어떻게든 내전을 피해야 한다고 생각하였다.

1914년 7월, 그는 버킹엄 궁전에서 정부 대표와 아일랜드 대표가 마주앉아 문제의 실마리를 풀도록 제의했다. 비록 버킹엄 궁전에서의 만남은 문제의 해결점을 찾은 것은 아니지만 서로가 논의의 필요성에 공감하는 기회가 되었다.

이즈음 세르비아 암살자에 의해 오스트리아 황태자 부처가 암살됐으며, 이로 인해 유럽이 전쟁 전야로 돌입했다는 소식이 들어왔다. 각국이 평화적인 해결을 원했던 것과 달리 독일이 오스트리아를 도와 전쟁을 시작할 조짐을 보이자, 조지는 자신과 사촌간인 독일 황제에 대한 불만을 토로하며 러시아 프랑스와 함께 이를 막아야 한다고 생각하기에 이르렀다.

제1차 세계대전 기간 동안, 조지는 조국을 위하여 헌신적인 활동을 하였다. 그는 수시로 육군 및 해군 부대들, 병원, 군수공장, 그리고 조선소를 방문하였으며, 전쟁 수행을 위한 기부금 모금에 앞장서곤 하였다. 무엇보다도 두드러져 보이는 그의 성과는 그동안 전통적으로 독일계 하노버 가문임을 표시하던 현재의 왕조명을 '윈저 왕조'라고 바꾼 사실이다. 이는 제1차 세계대전의 책임이 독일에게 전적으로 있다는 항거의 표시를 확실히 한 것으로써 영국민들이 전쟁수행의 목적을 확실히 세우는 데 큰 의미를 부여한 것이 되었다.

대전의 막이 내린 1918년 11월 11일, 조지 왕은 누구보다도 기뻐하였지만 아일랜드 문제로 인해 내심 걱정을 하고 있었다. 러시아의 사회주의 혁명이나 독일의 킬 군항의 수병폭동으로 시작하여 제정을 붕괴한 11월 혁명은 왕실을 고수하고 있던 여타 국가들에게는 예사롭지 않은 사건들이었다. 조지 왕도 이런 주변 국가들의 변화를 예사롭지 않게 보고 있었음은 분명하다. 그 즈음 독립 및 조지 왕의 통치를 거부하는 아일랜드 문제가 터진 것이다.

1916년 4월, 비록 실패는 했지만 부활절 봉기로 모습을 드러낸 신페인* 및 IRA* 요원들에 의해 시작된 아일랜드 민족운동은 대전 중에도 계속 이어졌다. 특히 아일랜드 남부는 징집을 거부하

* 신페인 : 우리 스스로란 뜻의 아일랜드 말
* IRA : 아일랜드 공화국군

고 조지왕에 대한 충성을 반대했으며, 북아일랜드 지방에서 개신
교 세력이 확대되는 것에 대해 물리적인 제재를 가하려는 움직임
을 보였다. 이 때문에 영국 정부는 아일랜드에 대하여 계엄령을
선포한 상태였다. 대전이 끝나자, 로이드 조지가 이끄는 영국 정

부는 이들을 무제한적으로 억압하여 문제를 해결하려 하였다. 하지만 영국 정부군의 탄압이 커질수록 아일랜드의 반발도 비례하여 커지게 되었다. 로이드 조지는 방향을 바꾸어 협상으로 문제를 풀어나가게 되었다.

당시 신페인 지도자들인 아서 그리피스, 마이클 콜린즈와의 협상 테이블에 마주앉은 결과 아일랜드 26개 가톨릭 주는 자치권을 얻었고, 개신교도들이 있는 북부 6개 주만 영국의 통치 하에 남는다는 결론을 맺게 되었다.

유럽에서의 정치적 변화와 아일랜드 문제의 상관관계가 왕실 존속의 위협이 되고 있다는 걱정을 버리지 못하고 있던 조지는 로이드 조지 정부의 아일랜드 문제 해결에 즉각적인 환영의 의사를 보였다.

사회주의 기운 속에 탄생한 노동당

조지 5세는 자신의 통치기에 심각하게 다뤄야 할 또 다른 정치적 문제에 직면하였다. 당시 러시아 정부를 무너뜨린 사회주의가 영국 내에서도 그 세력이 커지고 있는 것은 민감한 정치적 사안이었다. 1924년에 자유당의 붕괴 시기와 맞물리면서 어수선한 정계에서는 사회주의의 성격을 갖고 있는 램지 맥도널드의 노동당 정부가 들어서게 되었다.

조지는 "러시아 혁명과 연관하여 사회주의는 영국 왕실의 존폐에 영향을 줄 수 있다."고 생각하였다. 그러므로 그에게 노동당 정부의 등장은 무척 불만스러웠지만, 국민의 의사가 반영된 이상 노동당 정부를 승인할 수밖에 없었다.

단 그가 탐탁지 않게 생각한 것은 노동당의 정치적 노선이지 당수인 맥도널드가 아니었다. 그가 공공석상에서 자주 "맥도널드는 정책적으로 옳은 판단과 수행을 할 인물이다."라고 언급했던 점으로 알 수가 있다. 그런데 당시 조지 왕뿐만 아니라 보수당이나 약세의 자유당 모두가 노동당을 탐탁지 않게 생각하고 있었으며, 노동당을 몰아낼 기회를 보고 있었다. 그때 공교롭게도 러시아 볼셰비키의 지노비에브가 노동당 앞으로 보낸 위로의 편지가 정치적 악재로 작용되어 노동당 정부는 짧은 기간 통치로 그 막을 내렸다. 이로써 영국 정가는 물론 조지 왕도 일단 안심을 하게 되었다. 그리고 1923년에 왕이 선택한 사람이 총리가 되어야 한다고 조언과 함께 그가 지목했던 볼드윈 정부가 들어서면서 그는 흡족한 마음을 가질 수 있었다.

노동당 문제는 끝난 것이 아니었다. 1919년 이후부터 이미 조짐을 보여 오던 파업과 실업자 문제는 해를 거듭하면서 심각해져만 갔다. 급기야 볼드윈 정부 때인 1926년에는 총파업으로 치닫게 되었다. 볼드윈 정부는 이런 경제·사회적 문제를 해결할 대안을 제시하지 못하면서 다시 노동당의 부활이 점쳐지기 시작하였다. 1928년 왕을 비롯한 정가의 우려에도 불구하고 노동당은 두 번째로 정부를 인수했는데, 이 해에 보통선거가 실시되었다.*

이즈음 조지 5세도 심각하리 만큼 건강이 악화되었다. 한편 노동당 정부가 들어선 다음해 세계 대공황이 터지고, 1931년에는 파운드가 급락하면서 재정적인 위기에까지 치닫게 되었다. 그렇다고 노동당을 대신하여 다른 정당이 들어선다 해도 가시적인 해결책을 내놓을 대안은 없었다. 이는 곧 정치적 공황상태로 치닫게 되는 듯 보였다.

* 참고로 1918년에 30세 이상의 여성이 선거 참정권을 갖게 되었고, 1969년 국민법에서 남녀 선거참정권 연령이 18세로 낮추어졌다

이야기 영국사

이때 조지 5세는 공황상태로 이르지 않고 국가의 위기를 넘길 수 있는 강한 정부를 유지하기 위해서는 거국내각뿐이라는 생각을 했다. 그는 악화된 건강에도 불구하고 맥도널드, 볼드윈 사무엘 등과 회동하여 맥도널드를 수상으로 하고 내각은 노동당 및 보수당, 자유당 소속 장관들을 고루 섞어서 국민정부를 구성해 달라고 설득했다.

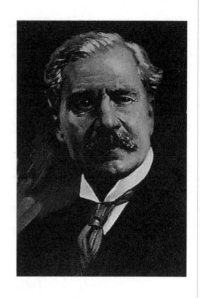

대공황의 영향이 너무나 커서 국민정부를 이끌던 맥도널드가 1935년에 자신의 지휘권을 다시 볼드윈에게 넘겨주었지만 영국 내

노동당 당수인 램지 맥도널드

의 정치적 상황은 거국내각 이전보다는 악화되지 않았다. 이는 영국의 전반적인 상황이 안정되어 간다는 신호이기도 했으며 동시에 조지 5세의 업적으로도 받아들여진다.

그해 5월, 조지 5세 즉위 25주년 기념행사 때 대중의 애정과 찬사는 환호가 되어 쏟아졌다. 국민들의 환호는 무엇을 의미하는가? 지난 25년 동안의 세월은 국내외적으로 어느 때보다도 격동의 시대였으며, 영국 왕실의 존폐 위기는 수 차례 있었다. 그러나 지금의 환호는 영국 입헌왕정의 존속을 보장하는 증거가 된 것이다. 국민들의 환호소리가 아직 왕의 귓전에 맴돌 즈음인 1936년 1월 20일, 조지는 세상과 이별을 하였다.

사랑과 왕위를 맞바꾼 에드워드 8세

조지가 왕이 되던 1910년, 16살 된 에드워드(에드워드 8세)는 왕세자로 책봉된 뒤 해군장교 출신이던 부친의 요구에 의해 해군사관 생도로서 엄격하고 규칙적인 생활을 시작했다. 이런 생활에 염증을 내던 그는 두 해 뒤인 18살 되던 때, 옥스퍼드 대학의 막달린 칼리지에 들어가면서 내심 규칙적인 생활에서 벗어나게 될 것으로 짐작하고 기뻐했다. 그러나 학문에 그리 흥미가 없던 그에게 모든 교육 과정은 '지루하고 싫은 일'일 뿐이었다. 그가 대학생활에서 가장 흥미를 보였던 것은 테니스와 골프 강좌였을 뿐이다.

대학에서조차 능동적이며 흥미로운 삶의 기회를 찾지 못한 그는 전운이 감돌던 1914년에 근위보병 제1연대 장교로 부임하였다. 얼마 후 제1차 세계대전이 터지자 에드워드 자신도 전방 소대장으로 참전할 준비를 하고 있었다. 그러나 이번에도 왕세자인 자신의 신분 때문에 전방 소대장이 될 수는 없었다. 당시 육군상이던 키치너 경이 에드워드의 전방 투입을 강력히 반대하자, 그는 키치너 경을 찾아가 자신의 불만을 토로했다.

그러자 키치너는 왕세자가 포로가 되어 적에게 이용당할 경우의 파장을 생각해 보라며 에드워드를 설득했다.

결국 에드워드는 상황을 판단하고 군사고문관직을 맡는 선에서 자신의 기대를 접게 되었다. 사실 키치너 경의 우려는 이후 현실로 나타났다. 에드워드가 전방 군대를 시찰하는 중 독일 특수부대에 의해 자신이 타고 온 차가 습격당해 운전사가 피살되는 사건이 일어났기 때문이다.

해외순방을 통한 통치자 수업

에드워드는 조부인 에드워드 7세처럼 내적 자유로움이 충만해 있던 인물이었다. 그러나 왕세자란 위치와 부친의 엄격한 교육 때문에 자유로울 수 없었던 에드워드는 불만이 자꾸 쌓여 갔다. 그리고 자신의 불만을 어떻게든 해소하기 위해 장애물 마상경기를 즐기고 비행술을 익혔다. 그러나 이 모든 것들도 부친인 조지 5세는 '위험하다.'는 하나의 이유로 금지시켰다.

조지 왕도 에드워드의 고충을 모르는 바는 아니었지만 앞으로 왕실을 이어갈 인물이기에 고삐를 더욱 죄어야 한다고 생각하고 있었다. 그러나 에드워드의 불만을 가시적으로 느끼게 된 조지 왕은 아들의 불만 해소를 위해 자신도 왕세자 시절에 했었던 영제국에 대한 순방을 명하였다. 일차적으로 1919년 캐나다를 시작으로 오스트레일리아, 뉴질랜드를 돌아오는 과정이었다. 순방 도중 들른 미국에서 열렬한 환영을 받은 에드워드는 잠시 기쁨을 느끼기도 했지만, 오스트레일리아에서 기차 전복 사고로 수행원들이 다친 사건 등 간담이 서늘했던 경험들도 많았다.

순방을 마치고 온 그는 부친이 기대했던 내적 회복보다는 육체적 피곤만 가중됐다고 느끼고 있었다.

심프슨 부인과의 운명적 만남

대서양과 태평양을 넘어온 그에게 이차적으로 인도양에 위치한 인도를 순방하라는 부친의 명이 떨어졌다. 그가 1921년 인도를 방문했을 때, 인도에서는 간디의 지도 하에 추진된 납세 거부·취업 거부·상품 불매 등 영국에 대한 비협력 운동이 절정을 이루고

있었다. 에드워드는 간디의 행동에 대하여 감정적으로 동의를 하고 있었기에 아무런 조치도 취하지 않고 영국으로 돌아왔다. 그러자 조지 5세는 불같이 화를 낸 뒤에 이후 그에게 국정에 관한 어떤 일에도 관여하지 못하게 하였다.

그러나 1929년 세계 대공황의 여파로 매년 전례 없는 실업률을 보이기 시작하자, 에드워드는 부친의 엄명에도 불구하고 전국에 조직되어 있는 임금노동자 클럽들을 방문하면서 실업자 구제계획을 구상하

에드워드 8세와 심프슨 부인

는 등 나름대로 국사에 관심을 보이곤 하였다.

이에 본심과 달리 에드워드에게 가혹한 견책을 한 조지 5세는 부성애를 발휘하여 서닝데일 근처에 있는 왕실 소유의 18세기 저택인 벨비디어 요새를 에드워드에게 주었다. 조지는 그곳에서 에드워드가 자유롭기를 바랐고, 에드워드는 이곳을 공적 생활을 떠날 수 있는 유일한 피난처로 생각하였다. 이곳에서 정원을 가꾸기에 열심을 내다보니 장미재배 분야에서는 권위자가 되었으며, 자신이 편하게 만날 수 있는 사람들과 교제하는 그런 사교모임도 자주 갖게 되었다. 바로 이곳에서 에드워드는 심프슨 부인과 운명적인 조우를 하게 된다.

당시 심프슨 부인은 미국 태생이지만 영국국적을 취득한 인물인 어니스트 심프슨과 재혼한 상태였다. 심프슨 부부는 벨비디

어에서 갖는 사교모임에 일원으로 자주 들렀다가 에드워드의 눈에 띄었던 것이다. 모든 것으로부터 자유롭기를 원하던 그에게 평범한 여인이자 모든 면에서 왕실의 전통 및 명예에 어긋나는 심프슨 부인과의 사랑은 자신의 내적 불만을 모두 해소시켜주는 최고의 명약이었다. 두 사람의 사랑은 1935년에 공개되었다. 에드워드는 결혼을 결심하고 아버지에게 청을 넣으려 했으나 조지 5세가 1936년 1월에 세상을 떠나면서 기회를 놓치고 만다. 이제 결혼 문제는 에드워드가 왕으로 즉위하면서 스스로가 풀어나가야 할 숙제가 된 것이다.

즉위와 퇴위의 갈림길

에드워드 8세로 즉위한 에드워드는 경제적으로 고통을 받고 있는 영국민들에게 왕가의 영지 중 일부를 국고로 돌려 경제회복의 일환으로 활용하도록 조처한 것은 그의 업적이다. 그러면서 어니스트와 법적 이혼절차가 끝난 심프슨 부인과의 결혼을 추진했다. '영제국의 국왕과 평범한 이혼녀'라는 전혀 맞지 않는 둘의 관계는 전 세계의 신문지상을 지속적으로 화려하게 장식했다.

하지만 정작 영국 내 여론이나 정계는 조용히 사태의 추이를 예의 주시할 뿐이었다. 왕은 자신을 지원해줄 측근들을 찾았다. 그나마 약간의 동정적인 제스처를 취해준 인물은 그와 가까웠던 윈스턴 처칠 정도였다. 그 외 모든 정치 종교계는 이 사건이 결코 수월히 진행되도록 놓아주지 않을 기세였다.

한동안의 팽팽한 탐색이 있던 이 문제는 에드워드 쪽에서 먼저 손을 내밀기 시작했다. 그는 평민 출신과 결혼함으로써 그의 자녀들이 왕실의 상속을 받지 못해도 괜찮다는 귀천상혼Morganatic marriage 형식의 결혼을 볼드윈 수상에게 제의하였다. 그러나 이 제의는 거절되었고 드디어 의회와 여론 쪽에서 반대의 포문을 열기 시작했다. 1936년 12월 3일자 신문에서는 왕의 '퇴위'가 운운되었다.

이를 매듭짓기 위해 왕은 퇴위를 결정하였고, 그 절차는 신속히 이루어졌다. 12월 11일 라디오 방송을 통해 왕은 자신의 심경을 국민들에게 공식적인 표현을 하였다.

"나는 사랑하는 여인의 도움과 지지 없이는 왕으로서의 의무를 다 할 수 없고 그 무거운 책임을 짊어질 수도 없음을 알았다."

방송이 나간 얼마 후, 그는 영국을 떠나 오스트리아로 갔다. 그리고 1937년 6월 3일 프랑스의 드캉데에서 영국 국교회 신부의 주례로 심프슨 부인과 결혼하였다.

에드워드의 퇴위와 함께 왕위는 그의 동생인 조지가 물려받았다. 조지 6세는 형인 에드워드에게는 윈저 공작 작위를 내렸지만 내각의 충고를 받아들여 심프슨 부인에게는 동등한 작위 부여를 거부했다. 야인으로 돌아간 에드워드(윈저 공)는 프랑스에 주로 머무르면서 자유롭게 여행하며 삶을 보냈다. 제2차 세계대전이 발발하자, 윈저 공은 조국을 위하여 프랑스 연락장교직으로 나섰지만, 프랑스가 함락되자 마드리드로 옮겨 갔으며, 안전 등 여러 가지를 고려한 당시 처칠 수상의 제의에 의해 서인도 제도에 있는 영국 식민지인 바하마의 총독직을 맡아 전쟁 기간 동안 그곳에 머물렀다.

전쟁이 끝난 후 그는 다시 파리로 돌아와 심프슨 부인과 그곳에서 생을 마감하였다. 윈저 공작부인이 된 심프슨 부인은 항상 패션 감각과 품위를 잃지 않았으며, 그녀는 "사람은 부유할수록 좋고 몸은 날씬할수록 좋다."는 말을 했다고 전해진다.

입헌군주의 모범을 보인 조지 6세

자신의 왕위를 포기한다는 발표를 한 다음날인 1936년 12월 11일, 에드워드는 자신의 동생이자 이어 새로운 왕이 될 앨버트 조지를 윈저 궁에서 만났다. 그는 한동안 앨버트 조지를 바라보다 예를 갖춘 후 그 자리를 떠나려 하였다. 그러자 선천적으로 말을 더듬었던 앨버트 조지는 천천히 "이런 일은… 있을 수가… 없어요. 나에게 왕위가 넘어오는 것을… 승낙할 수… 없어요. 이런 일이 도대체…"라는 말을 되풀이하며 에드워드의 예를 받으려 하지 않았다. 그러나 모든 절차는 대의를 위해 진행이 되었다.

앨버트 조지는 조지 6세로 왕위에 오르면서 많은 부담감을 갖고 있었다. 에드워드 8세의 폐위는 전격적으로 이뤄졌기 때문에, 조지는 3주간의 간단한 준비 후에 공식적인 행사에 들어가야만 했다. 그도 에드워드 못지 않게 왕실의 화려함이나 형식적인 삶을 내켜하지 않았다. 조지는 여러 지병이 있었는데, 특히 위염 때문에 자주 고생했으며, 말을 더듬었다. 그러나 그는 형처럼 자리를 차고 나올 성격은 아니었다. 어쩌면 부친인 조지 5세처럼 철저한 내면적 순종형이라고 할 수 있을 것이다.

조지 6세 요크 공

　가족들 사이에서 '버티'라고 불린 조지는 둘째였기에 어릴 때부터 자신이 원하는 방향으로 자질을 키울 수가 있었다. 앞서 언급한 것처럼 말더듬는 지병이 있어서 무척 약하리라 생각되지만 그가 학창시절에 가장 두각을 나타낸 분야는 체육이었다. 그는 부친이 원한 바도 있었기 때문에 형과 함께 해군 사관학교에 들어갔다. 형인 에드워드는 사관생도 상태에서 그만두었지만 그는 모든 과정을 다 이수하여 제1차 세계대전 중에는 유틀란트 전투에서 활약하던 콜링우드 호의 장교로서 활약했다. 특히 그는 공군에서 능력을 발휘했는데, 1917년부터 전후에는 전투조종사로서의 모든 자질을 다 갖추게 되었다.

1920년 요크 공작의 지위에 오른 그는 부친을 도와 공적인 일들을 맡게 되었다. 그러나 그의 주된 활동은 비공식적인 기구인 산업복지회 회장이었다. 이곳에서 그는 공장들의 여러 후생조건들에 대해 자신이 제일 먼저 알기를 바란다는 명령을 내려 공장 복지개선에 큰 기여를 하게 되었다. 그러다 보니 그에게 '산업공작'이라는 새로운 별명이 붙기도 하였다. 그는 자주 공장들을 돌아보았는데, 번거로움을 원치 않았기 때문에 왕실에서 방문할 때마다 깔리던 자주빛 카펫은 생략되었다.

이듬해인 1921년에는 '요크공작의 캠프'라는 행사를 만들어 이를 주관했다. 젊은 직업인들과 학교 학생들 간의 자매를 맺어 '기술과 학문이란 서로의 필요를 나누는 것'이라며 진행된 이 행사는 국민들에게 큰 호응을 얻었다.

영국 왕실의 결혼은 국내외적으로 항상 화제가 되었는데, 조지 왕의 경우도 예외가 아니었다. 다만 역대 왕들은 공적으로 인정받는 공주를 신부로 맞는 경우가 드물었는데, 조지의 경우는 인정받는 공주를 왕비로 맞아들인 몇 안 되는 경우에 해당하였다. 스코틀랜드 왕실의 핏줄인 엘리자베스 공주*가 바로 그녀였다. 그녀의 신선함과 자연스럽게 우러나는 우아함은 국민들의 마음을 흡족하게 해주고도 남았다. 그러다 보니 가뜩이나 국민들의 호감을 끌었던 조지에 대한 인기는 결혼을 통해 더욱 높아졌다.

이런 소식은 부친인 조지 5세를 흐뭇하게 해주어 공작 부부 동반으로 자주 해외여행을 시키곤 하였다. 그의 말더듬는 병을

* 엘리자베스 공주 : 엘리자베스 2세의 모친, 2002년에 100세를 넘기고 세상을 떠남

고치도록 그 분야의 최고인 오스트레일리아인 치료사를 지원해 주기도 하였다. 그러나 병의 치료에 큰 효과가 없자, 왕은 윈저 내의 왕실 별장을 조지에게 내어주고는 자주 요양하면서 병을 치료하도록 배려했다. 이렇게 조지 5세의 배려 속에 행복한 가정생활을 꾸려가던 조지 공작의 삶이 1936년 형인 에드워드 8세의 폐위와 함께 완전히 바뀌게 되었다.

사실 조지 6세의 부친인 조지 5세도 형이 일찍 죽는 바람에 왕위에 올랐었다. 그러나 조지 5세는 형이 죽고 난 다음 충분한 시간에 거쳐 왕세자로서의 수업을 받을 수가 있었고, 에드워드 7세가 즉위한 후에도 공동으로 직무를 수행하는 등 왕으로서의 준비가 수월하게 진행된 경우였다. 그러나 조지 6세 경우는 그렇지 않았다. 건강하고 젊은 나이에 왕위에 오른 형이 있었기에 자신이 왕이 된다는 사실은 꿈에도 생각지 않았었다. 그러나 갑작스런 형의 폐위와 함께 그가 왕위에 오르게 되자 모든 것이 조심스러울 수밖에 없었다. 결국 그는 정치를 함에 있어서 한 가지씩 시험대상에 올려놓고 얼마간 지켜본 후 결정을 내리는 조심스러움을 보이곤 하였다.

당시 유럽에는 극우파인 파시즘, 나치즘이 팽배해 있었고 독일의 히틀러가 가장 위협적인 존재로 부각되고 있었다. 자칫 전쟁의 조짐마저 보이자 그는 평화를 대내외 정치의 우선 원칙으로 삼게 되었다. 그런 가운데 유화 정책과 평화를 내세우는 네이빌 체임벌린이 수상에 오르자 왕은 그를 일단 지지하였다.

제2차 세계대전에서 보인 왕의 위상

체임벌린의 노력으로 외교적으로 평화적인 결과가 나타나기를 바랐지만 독일의 움직임은 그렇지 않은 쪽으로 진행되어 갔다. 여기서 왕은 평화보다는 다른 방법이 필요한 때인 것 같다는 생각을 했다. 그러나 제1차 세계대전 때의 고통 속으로 국민들을 다시 몰아넣을 수는 없다고 생각하고, 평화적인 방법을 모색하려 하였다.

그러나 히틀러의 끝없는 욕망의 움직임을 보면서 왕의 생각은 바뀌게 되었다. 1939년 6월에 미국을 방문하여 영미공조의 방안을 마련하고 돌아온 조지는 곧 전쟁을 준비하게 되었다.

조지는 1939년 9월 3일 일기에 "우리는 전쟁을 다시 시작하였다. 나는 더이상 해군장교가 아닌 왕이지만, 나 개인은 어떤 방식으로든 전쟁에 참여할 것이다."라고 남겼다. 그날 밤 방송을 통해 왕은 영국 및 연방 전역에 전쟁 선포를 알리게 되었다.

> 우리가 지켜온 자유와 평등의 원칙을 지키기 위해 각자의 역할을 다 해주기를 바란다. 그리고 영연방 모든 국민들도 함께 동참해주길 바란다.

평화를 원했고 국민들과 함께 해왔던 그는, 국민들을 죽음의 구렁텅이로 몰아넣는 것에 대해 무척 괴로워했지만 전개되고 있는 전쟁 상황을 피할 수는 없었다.

1940년 9월에 체임벌린의 사임으로 윈스턴 처칠이 전시 수상이 되자 왕은 언제나 그랬듯이 처칠을 선뜻 받아들이지 않고 지켜보았다. 전쟁이 깊어지면서 둘 사이의 관계는 아주 돈독해졌다. 이듬해 새해에 쓴 그의 일기에서 보면 "이제까지 그만한 수상을 본

몽고메리 장군

적이 없다."라고 극구 칭찬을 아끼지 않았던 것을 알 수 있다.

제2차 세계대전은 공습 때문에 어느 전쟁 때보다 영국에 막대한 피해를 안겨 주었다. 버킹엄 궁을 떠나지 않고 국민들과 함께 한 왕과 왕비는 1940년 9월 공습 때 포격으로 죽을 뻔하기도 하였다. 이렇듯 위험한 상황인데도 왕과 왕비는 인근 '이스트 엔드' 지역의 상처와 굶주림으로 고통 받고 있는 국민들을 만나 그들을 위로하곤 하였다. 왕과 왕비가 국민들과 함께 한 시간은 동생인 켄트 공작이 비행기 사고로 죽은 1942년까지 지속되었다. 그는 지난 제1차 세계대전 중에 부친이 행했던 것처럼 1943년부터 군사단과 병기 제조 공장 등을 수시로 시찰하였다. 그는 노르망디 상륙작전 10일 전에 몽고메리 장군의 지휘 하에 출정을 기다리는 영국병사들과 함께 할 정도로 열성을 보였다. 그리고 5월 8일 독일이 항복하자 조지 6세는 버킹엄 궁에서 누구보다도 큰 기쁨을 표시하였다.

딸에게 왕위를

전쟁이 끝난 후, 피폐해진 국내 경제를 풀어야 될 총선거가 있었다. 여기서 사회보장제를 들고 나온 애틀리가 전쟁을 승리로 이끈 처칠을 물리치고 수상이 되었다. 왕은 애틀리에게도 역시 처음부터 관심을 주지 않았다. 그리고 그의 정책을 뒤에서 조용히 지켜보았다. 그러나 시간이 지나도 애틀리와 마음을 터놓을 수는 없었던 것 같다. 특히 애틀리의 국유화를 향한 급진적인 과정에 대하여서는 우려를 표명하기도 하였다.

조지는 선천적으로 건강한 인물은 아니었다. 지병이 있던 그가 전쟁기간 동안 보여준 행동은 어쩌면 정신력 하나로 버틴 기적과 같은 경우라 하겠다. 전후 그는 건강이 급속히 악화되었음에도 불구하고 1947년에 남아프리카, 로디지아 등 인종 문제가 되고 있는 지역을 방문하는 열성을 보였다.

하지만 이듬해의 오스트레일리아, 뉴질랜드 방문을 앞두고 약간의 동맥경화증을 보이면서 방문 일정이 취소되었으며, 이때부터 그는 건강을 회복하지 못하였다. 그는 처칠이 다시 내각을 맡게 된 것을 반갑게 생각하던 1951년 다시 병이 악화되어 이듬해 2월 6일 잠자는 도중 세상을 떠났다.

조지에게는 두 딸이 있었다. 왕은 그중 큰딸인 엘리자베스와는 유달리 친근한 관계를 갖고 있었으며, 부녀간에 줄곧 정치를 두고 의견을 교환하곤 했다. 바로 이 엘리자베스 공주가 부친의 뒤를 이어 빅토리아 이후 여왕으로서 왕위에 오르게 된다.

엘리자베스가 무난히 왕위를 계승하게 된 것은 조지 6세의 역할이 컸다. 에드워드 8세 때는 왕실의 존폐 여부가 거론될 정도였지만, 조지 6세가 그 뒤를 이어 국민들과 함께 호흡하며 왕실의 위치를 다시 세워놓았기 때문이다. 특히 공습이 계속되던 런던 하늘 아래 국민들을 버리지 않고 왕이 함께 숨 쉬고 있다는 사실은 국민들로 하여금 자랑스러움을 느끼게 해주었다. 이런 사실들이 왕실의 존속이 가능하게 만들어주었던 것이다.

21세기의 첫 여왕, 엘리자베스 2세

1926년 4월 21일에 태어난 엘리자베스에 대한 첫 기록은 할머니 인 메리 왕비(조지 5세의 부인)의 일기 속에 "오 하얀 피부와 예쁜 금발의 자그마한 나의 아가야"라는 기록이다. 그로부터 10년 뒤에 에드워드 8세가 하야하고 부친이 조지 6세로 즉위하자 그녀는 차기 왕위를 이어받을 1순위에 놓이게 되었다. 그리고 이때부터 엘리자베스는 통치자 수업을 받기 시작했다.

엄격한 왕이 되기 위한 수업은 다른 소녀들과 비교했을 때 감수성 많은 소녀 시기를 망쳐놓았을 것으로 생각할 수 있다. 그러나 그녀는 묵묵히 자신의 길을 준비했으며, 특히 엘리자베스의 교육에는 어머니의 공이 컸다고 알려져 있다. 즉 어머니는 엘리자베스의 학문적 성취도 중요했겠지만 한 국가를 다스릴 왕으로서 갖추어야 할 사회성을 기르는 데 소홀해지지 않도록 세심하게 구상하여 준비시켰다.

당시 엘리자베스의 모친의 교육 방식을 실천한 가정교사는 매리언 크로퍼트이며, 역사교육은 후에 이튼 학교의 교장이 된 C. 마틴이 담당하였다. 숨 쉴 틈 없이 짜여진 교육 일정에서 그녀의 유일한 취미는 시골길을 말을 타고 달리는 것이다. 이 때문인지 그녀는 "내가 왕이 되지 않았더라면 시골에서 말과 개들을 많이 사육하면서 지냈을 거야."라고 측근들에게 자주 말하곤 하였다. 물론 그녀는 아직까지 승마를 즐기고 있다.

제2차 세계대전이 터졌을 때 그녀와 동생 마거릿 로즈 공주는 런던에서 국민들과 함께 한 조지 6세 부처와는 떨어져 스코틀

엘리자베스와 필립 공

랜드의 밸모럴 성과 윈저 궁 및 궁 부속별장 등으로 옮겨 다니며 시간을 보냈다. 그러나 대전 마지막 해인 1945년 초 엘리자베스는 부친인 조지 6세를 찾아가 "저도 무엇인가 조국을 위해 봉사하고 싶어요. 허락해 주세요." 라고 부탁하게 되었다.

아버지의 허락을 얻은 엘리자베스는 또래 소녀들이 봉사하고 있는 '구호품 전달 서비스' 부서에 배치되었다. 그곳에서 그녀는 또래의 여자친구들과 사귀면서 그동안 통치자가 되기 위한 꽉 짜여진 통제와 계획 그리고 피난생활로 오는 무료함으로부터 잠시나마 자유로움을 느끼게 되었다. 그녀는 비록 여자이기는 하지만, 그곳에서 소위 계급장을 달고 활동하면서 왕위계승자들이 치러야 할 군복무까지 치르는 효과도 얻었다. 한편 왕위를 계승하기 위해 받아왔던 이론적인 수업을 현장에서 경험하고 다듬는 좋은 기회도 갖게 되었으며, 또 그녀의 남편이 될 그리스의 필립 왕자를 만나게 된다.

여기서 필립 왕자에 대하여 잠시 언급해보자. 필립 공은 1922년 군사혁명으로 추방당한 그리스 및 덴마크의 안드레아스 공의 아들이다. 안드레아스 공은 당시 발칸 위기의 소용돌이 속에서 필립을 키우기를 원하지 않았기에 부인 앨리스의 집안인 영국의 마운트배턴 가로 보내져 그곳에서 양육되었다. 최초의 마운트배턴 가문은 13세기 독일의 바텐베르크 백작으로부터 시작되었으며, 그 집안의 루드비히 알렉산더(1854~1921)가 영국의 해군제독이 되면서 영국왕실과 인연을 맺었다. 그 후 그는 빅토리아 여왕의 손녀이며 조지 5세의 사촌 여동생인 빅토리아 공주와 결혼하여 밀퍼드 해이번 후작이 되었는데, 1917년에 조지 5세의 요구로 해이번 후작은 자신의 집안인 바텐베르크 가를 마운트배턴 가로 바꾸게 되었던 것이다.

바로 이 집안에서 자라난 필립 왕자는 몰락한 그리스 왕가의 성을 버리고 외가의 성인 마운트배턴을 쓰게 되어 그의 공식이름도 필립 마운트배턴이 되었다. 필립 왕자는 스코틀랜드 고든스 타운 학교와 다트머스의 왕립 해군사관학교에서 수학한 뒤 전쟁이 터지자 왕실 해군에 들어가 중위 계급장을 달고 장교로서의 역할을 수행했다. 그 와중에 그는 구호품 수송 분야에서 활동하던 엘리자베스 소위의 초대를 받아 윈저 성에서 그녀와 자주 만날 기회를 갖게 되었던 것이다.

사실 엘리자베스와 필립은 먼 친척 관계였기 때문에 처음에는 부담 없이 만나면서 조국의 안위, 애국의 길, 그리고 해군장교의 역할 등에 대한 이야기를 나누는 사이였다. 그리고 그것이 인연이 되어 전쟁이 끝난 뒤에도 자주 만났고, 드디어 연인 관계로 바뀌게 되었던 것이다.

둘의 관계를 알고 있던 조지 6세는 엘리자베스가 21세 생일을 맞기 전에 그들의 관계를 공식적으로 발표했다. 1947년 7월, 약혼이 선포되고 11월 20일에 웨스트민스터 대성당에서 거행된 그들의 결혼식이 전세계로 전해지면서 안정적인 영국 왕실의 미래가 보장되었다.

결혼 전날, 조지 6세는 필립에게 에든버러 공작, 메리어니스 백작, 그리니치 남작이란 작위를 수여하여 미래 여왕의 부군에 걸맞는 위상을 갖추어 주었다. 이들 부부는 결혼 후 런던에 있는 클래런스 대저택에서 생활하게 되었는데, 이곳에서 엘리자베스의 장남이자 현재의 왕세자인 찰스가 태어났다.

1951년에 들어서 조지 6세의 건강이 악화되면서 엘리자베스

맥밀런 수상

는 자주 왕실 행사를 대행하게 되었다. 특히 건강을 일순위로 요구하는 해외순방의 경우는 더욱 엘리자베스 부처의 몫이었다. 그해 10월부터 시작된 캐나다, 미국, 그리고 이듬해 1월 오스트레일리아, 뉴질랜드를 거쳐 아프리카 케냐에 이르렀을 때 그녀는 아버지 조지 6세의 서거 소식을 듣게 되었다.

부친의 서거는 자동적으로 그녀에게 왕위가 주어짐을 의미한다. 그녀는 영국에 돌아온 후에도 한동안 공적인 일을 하지 않고 슬픔에 잠겨 있었다. 그러나 자신의 위치를 알고 있던 엘리자베스는 1953년 6월 2일 TV를 통해 전세계 2,500만 명이 지켜보는 가운데 웨스트민스터 성당에서 웅장한 대관식을 거행하였다. 그녀에게 주어진 공식명칭은 '엘리자베스 2세, 신의 가호 아래 그레이트 브리튼, 북아일랜드, 그리고 모든 그녀의 소유지의 통치자, 영연방의 수장이며 신앙의 옹호자*' 였다.

* 헨리 8세 이후의 영국 왕의 전통적인 칭호

당시 엘리자베스 여왕 즉위식이 화려하게 진행된 것은 대전 후 위축되어 가던 영국의 대외적 위상회복과 국내적인 자긍심을 고취하기 위한 처칠 수상의 의도에 따른 것이었다. 처칠은 15세기의 엘리자베스 1세를 염두에 둔 것이었다.

변화의 길목에 선 여왕

처칠의 의도에서도 잠깐 보였지만 제2차 세계대전 후 대영 제국의 위상은 거의 무너지다시피 했으며 이는 왕실과도 직결되는 문제였다. 1947년 조지 6세 재위 시에 빅토리아 여왕부터 시작된 인도 황제의 위치를 끝낸 것은 실론, 버마, 말라야, 이집트, 로디지아 등으로 줄줄이 이어졌다. 심지어 영연방들도 모국인 영국과는 큰 틀만 유지하고 독립된 정치구조를 구성하고자 하는 움직임이 보였던 것이다.

　　이런 대외적인 문제뿐만 아니라 대내적으로도 복지국가를 지향하는 국민들에게 왕실의 존재가 과연 필요한 것인가 하는 의문을 갖기 시작하였다. 이즈음에 왕위에 오른 엘리자베스 2세는 어떤 형태로든 왕실의 변화를 이루지 않는다면 존속 자체가 위협을 받게 될지 모른다고 생각했다.

　　여왕 부처는 이미 독립한 옛 식민지국가들은 제외하고라도 영연방만은 돈독한 관계를 유지하여야 한다는 생각으로 1953년 11월부터 6개월간 이곳을 순회할 계획을 세웠다. 사실 오스트레일리아와 뉴질랜드의 순방은 왕으로서는 처음 갖는 행사로 그들과 새로운 유대를 기대할 수 있게 해주었다. 또 인도에는 영국 군주로서는 50년 만에 방문하는 기록도 세웠으며 이후 남아프리카

찰스와 다이애나

와 페르시아만 연안 국가들을 꾸준히 순방하게 되었다. 그녀의 적극적 행동은 성과를 거두어 1977년 즉위 25주년에는 35개국의 영연방 지도자들이 축하 연회에 참석하는 결실을 맺었다. 한마디로 급속하게 추락하던 영국 왕실의 위상을 유지시키는데 큰 역할을 한 것이다.

엘리자베스는 적절한 선에서 정치에도 관여를 하였다. 이집트 민족주의자인 나세르 수상이 일방적으로 취한 수에즈 운하 봉쇄 및 국유화에 대해 강한 불만을 품은 이든은 1956년에 드디어 무력을 행사하게 되었다. 사실 엘리자베스는 수에즈 사건의 경우는 이든이 권력을 남용하고 있다는 불만을 갖고 있었다. 입헌군주제에서 수상의 일이니 간섭할 수는 없지만 당시 여론이 이든을 등지기 시작하자 그녀는 사적인 견해임을 전제로 보수당인 맥밀런에게 차기 수상직을 준비하도록 권하였다.

여왕이 맥밀런을 염두에 둔 것은 대외적인 위신을 중요시하는 보수당이 계속 정권을 유지하여야 왕권도 유지된다는 계산이었다. 여왕의 바람대로 맥밀런이 수상에 오르게 되었으며 이는 여왕의 정치적 역할이 확실히 있음을 느낄 수 있게 해주는 부분이었다. 그녀의 정치적 영향력은 맥밀런의 뒤를 이어 더글라스 홈이 수상에 오르는 것으로 이어졌다가 노동당의 윌슨 정부가 들어서는 1974년에 가서야 끝을 내었다. 여하튼 보수당과의 연계속에서 정치적으로 흔들리던 왕실의 중심을 다시 세울 수 있었던 것이다.

실망과 좌절의 온상이 된 왕실 가족들

이렇게 조심스레 입지를 세운 왕실의 권위는 그녀의 자녀들에 의해 실추되기 시작했다. 딸인 앤 공주는 당시 소시지와 고기 파이를 만드는 회사를 갖고 있는 보통 사람의 자녀인 마크 필립 대위와 결혼을 하면서 왕실의 권위를 떨어뜨렸다. 이 결혼은 결국 1982년에 이혼으로 끝나면서 더욱 국민들을 실망시켰다. 그리고 엘리자베스의 여동생인 마거릿 로즈 공주마저 1978년에 공식적인 파혼을 하면서 위기감을 고조시켰다.

결혼 전부터 염문을 많이 뿌리고 다니던 왕세자 찰스는 1981년 7월, 정숙하고 가문 좋은 스펜스 집안의 자녀이며 유치원 보모로 일하던 다이애나와 세인트 폴 대성당에서 결혼식을 올렸다. 이

결혼으로 왕실의 권위는 다시 회복되는 듯 하였다. 둘 사이에서 윌리엄, 해리 왕자가 연이어 탄생하면서 국민들 사이에서 인기가 절정에 다다랐다.

그러나 결혼 전부터 사귀던 카밀라 파커 볼스와의 관계를 잊지 못하던 찰스는 결혼 1년쯤 뒤부터 다이애나와 불화를 일으키기 시작했다. 1986년부터 심심찮게 왕세자 부처의 불편한 관계가 언론에 보도되기 시작하더니 결국 1996년 이혼을 하면서 국민들의 실망은 더욱 커지게 되었다. 거기에 같은 해 둘째 왕자인 앤드

류도 사라 퍼거슨과 이혼을 하면서 충격을 더했다.

무엇보다도 심각한 사건은 1997년 8월 31일 다이애나가 파리에서 연인 도디 알 파예트와 함께 파파라치를 따돌리려는 와중에 자동차 사고로 세상을 떠나자 국민들의 원망이 찰스에게로 돌려지면서 왕실 권위에 치명적인 타격을 입기 시작했다.

1992년 다이애나는 자신의 결혼 생활과 왕실의 뒷이야기를 다룬《다이애나—그녀의 진실》이란 책을 통해서 자신의 삶이 얼마나 힘든지를 밝혔었다. 그 내용은 매스미디어를 타고 영국 내뿐 아니라 세계로 퍼져나갔고, 이로써 그녀에 대한 동정과 왕실과 찰스에 대한 안 좋은 시각은 커져 갔다. 이후 찰스를 폐위하고 아들인 윌리엄을 후계자로 삼자, 심지어는 영국 왕실을 폐지하자는 의견까지 언급되기 시작하였다.

군주제의 존속과 엘리자베스 여왕

이렇듯 언급된 여러 문제에도 불구하고 엘리자베스 여왕이 상징적 통치자로 존재하는 군주제가 지속되는 것은 그녀의 지혜로운 처신 때문으로 볼 수 있다. 엘리자베스는 세계에서 가장 부유한 여성 중의 한 명이지만 늘 검소함을 잃지 않고 있다. 또 그녀가 즉위한 초기 때만큼은 정치에 관여하지 않지만, 지금까지도 중심을 잃지 않는 범위에서 신중하게 정치적인 목소리를 내곤 한다.

대처 수상이 포클랜드 전쟁을 시작했을 때는 명목적이지만 전쟁에 대한 그녀의 승인을 받아야 했다. 그녀는 승인을 하면서도 나름대로 전쟁에 대한 불만을 표시하였다.

"솔직히 나는 앤드류 왕자가 전투기 조종사로 그 전쟁에 참가하기에 부모로서 매우 걱정스럽다."

과연 이런 표현이 부모가 된 입장에서, 앤드류만 생각한 내용일까? 마거릿 대처가 수상직을 끝낸 다음 엘리자베스 여왕은 "나는 무슨 일이든 강하게 밀어붙이는 그녀를 싫어했다."고 사석에서 말했다. 이런 여왕의 신중하면서도 정치적인 표현은 국민들에게 묘한 매력을 발휘하였다. 다시 말해서 여왕의 존재는 상징적인 것 이상으로 국민과 정치를 중재해 주는 완충의 역할을 한다는 느낌을 갖게 한다.

영국의 40번째 군주인 엘리자베스 2세가 이끄는 영국의 입헌군주제는 이제 21세기로 넘어 왔다. 오늘 이 순간에도 여왕은 군림하지만 통치하지는 않는다. 그녀는 국가수반으로서 의회를 소집하고 해산하며 매년 가을 영국 정부의 정책을 요약하는 개회사와 함께 의회의 새로운 회기를 연다. 또한 여왕은 선거를 통해 수상이 선출되면 그를 임명한다.

그리고 정치에도 일정 부분 관여하고 있다. 매주 화요일, 그녀는 수상과 개별회의를 하며 그와 함께 영국의 미래를 풀어나간다. 지금까지 여왕은 토니 블레어 총리를 포함한 열 명의 총리와 함께 일해오고 있다.

대외적으로 엘리자베스는 모든 영연방 54개 회원국의 수장으로 인정되며, 다수의 영연방 회원국들의 여왕이기도 하다. 여왕은 2년에 한 번씩 열리는 영연방 국가수반 회의에 참석하여 각국의 수장들과 개별 회담을 갖는다. 매년 크리스마스에 여왕은 모든 영연방 회원국들에 라디오와 텔레비전으로 사적인 메시지를 방송하

며, 매년 3월 영연방 기념일에는 라디오
를 통해 축하 메시지를 방송한다.

  사회적으로는 여왕부처 모두 영국
각지의 기관, 기업체, 지역사회 등을 방
문하며 버킹엄 궁에서 많은 내외국인 방
문객들을 맞고 있다. 여왕은 적십자사,
영국 문화원, 영국 학술원 등을 포함한
다양한 종류의 자선 단체들의 후원자이
다. 에든버러 공도 과학, 기술, 스포츠,
자연보존, 청소년 복지 등과 관련된 많
은 단체들의 총재 겸 후원자이다. 특히
에든버러 공은 세계 자연보호기금의 명
예총재로 널리 알려져 있다.

마거릿 대처

  이제 지속되는 과거의 역사를 잊지 않으면서도 새로운 도전
에 대응할 수 있는 잠재력을 보유한 '엘리자베스 2세'란 상징적
존재와 영국의 미래를 겹쳐 보며《이야기 영국사》의 매듭을 짓고
자 한다.

영국왕실계보 The dates of the reigns of the Monarchs

	국왕		왕가	재위 연도
잉글랜드	참회왕 에드워드	Edward the Confessor	색슨	1042–1066
	해럴드	Harold	"	1066
	윌리엄 1세	William I	노르만	1066–1087
	윌리엄 2세	William II	"	1087–1100
	헨리 1세	Henry I	"	1100–1135
	스티븐	Stephen	블루아	1135–1154
	마틸다	Matilda declared Queen	플랜태저넷	1135
	헨리 2세	Henry II	"	1154–1189
	리처드 1세	Richard I	"	1189–1199
	존	John	"	1199–1216
	헨리 3세	Henry III	"	1216–1272
	에드워드 1세	Edward I	"	1272–1307
	에드워드 2세	Edward II	"	1307–1327
	에드워드 3세	Edward III	"	1327–1377
	리처드 2세	Richard II	"	1377–1399
	헨리 4세	Henry IV	플랜태저넷 : 랭커스터	1399–1413
	헨리 5세	Henry V	"	1413–1422
	헨리 6세	Henry VI	"	1422–1461, 1470–1471
	에드워드 4세	Edward IV	플랜태저넷 : 요크	1461–1470, 1471–1473
	에드워드 5세	Edward V	"	1483
	리처드 3세	Richard III	"	1483–1485
	헨리 7세	Henry VII	튜더	1485–1509
	헨리 8세	Henry VIII	"	1509–1547
	에드워드 6세	Edward VI	"	1547–1553
	메리 1세	Mary I	"	1553–1558
	엘리자베스 1세	Elizabeth I	"	1558–1603
영국	제임스 1세	James I	스튜어트	1603–1625
	찰스 1세	Charles I	"	1625–1649
	크롬웰의 공화정	Commonwealth		1649–1660
	찰스 2세	Charles II	스튜어트	1660–1685
	제임스 2세	James II		1685–1688
	윌리엄 3세와 메리 2세	William and Mary	오라녜, 스튜어트	1688–1702
	앤	Anne	스튜어트	1702–1714
	조지 1세	George I	하노버	1714–1727
	조지 2세	George II	"	1727–1760
	조지 3세	George III	"	1760–1820
	조지 4세	George IV	"	1820–1830
	윌리엄 4세	William IV	"	1830–1837
	빅토리아	Victoria	"	1837–1901
	에드워드 7세	Edward VII	작센-고타	1901–1910
	조지 5세	George V	윈저	1910–1936
	에드워드 8세	Edward VIII	"	1936
	조지 6세	George VI	"	1936–1952
	엘리자베스 2세	Elizabeth II	"	1952–

찾아보기